개정판

유아를 위한 복지의 이론과 실제

이은화 · 이경우 · 유희정 · 문미옥 · 조한숙

창지사

머리말

대학에서 아동들과 관련하여 강의를 하다보면 학생들에게 아동들이 자라나고 있는 현장에 대한 실태들을 전달해야 할 필요성을 절감하게 된다. 이런 이유에서 본서를 집필하게 되었다.

아동들에게는 건강하게 자랄 권리, 적절한 보호와 교육을 받을 권리가 있다. 아동들은 태어나는 순간부터 행복하게 자랄 권리가 있고, 어른들은 아동들이 잘 자라날 수 있도록 도와주어야 하는 의무가 있다. 이를 아동의 복지권이라고 설명하기도 한다.

현대 사회에서의 변화는 많은 사회 발전을 이룩한 한편 동시에 다양한 사회 문제가 야기되고 있다. 그리고 이러한 사회 변화는 곧 아동들이 자라나는 환경이 되어 아동들의 성장, 발달에 중대한 영향을 미치고 있다. 그러나 아동들이란 스스로 독립적인 삶을 살아가기 어려운 미성년자이다. 따라서 사회가 다양해지고 변화하면 할수록 어른들과 사회는 아동들이 건전하게 자라날 수 있도록 아동들의 복지를 보장해 주어야 하는 책임이 커진다고 하겠다.

본서는 아동 복지에 관한 이론을 토대로 하여 유아를 위한 복지의 실제를 유아 교육 현장과 연관하여 포괄적이면서도 구체적으로 다루려고 노력하였다. 본서는 1999년도 첫 번째 출판서를 중심으로 그간 아동 복지 환경의 변화를 고려하여 수정, 보완하였다는 데에 의의가 있다.

제1부에서는 아동 복지의 이론을 다루었으며, 아동 복지의 개념, 아동 복지의 발달 과정, 아동 복지의 대상과 아동 발달의 특징, 아동 복지의 기본 조건, 아동 복지 사업의 내용을 살펴보았다.

제2부에서는 아동 복지의 실제를 다루었으며, 지지적 아동 복지 사업, 보충적 아동 복지 사업, 대리적 아동 복지 사업으로 분류하여 접근하고자 하였다. 나아가 우리나라 아동 복지 사업 수행의 구체적인 현황 및 사례들을 수록하려고 노력하였다.

머리말

본서는 전문 대학 및 대학에서 유아를 위한 복지를 연구할 때 사용될 수 있으며, 아동 복지 또는 유아 교육의 현장에 종사하고 있는 교사 및 종사자들도 활용할 수 있도록 집필하였다.

이 책이 나오기까지 도움을 주신 여러 교수님들께 감사드리며 아울러 출판을 맡아주신 창지사 김기섭 사장님께 깊은 감사를 드린다.

2011년 2월

저자

차례

제1부 아동 복지의 이론

제2부 아동 복지의 실제

아동 복지의 이론

제1부

제 1 장

아동 복지의 개념

아동 복지의 개념을 이해하기 위해서는 아동 복지의 대상이 되는 아동과 복지의 기본 개념을 알아야 할 것이다. 본 장에서는 아동 복지에서 어느 연령까지를 아동이라고 하는지 살펴보기로 한다. 또한 아동 복지에서 사용하는 용어의 어원과 정의, 아동 복지의 실천 분야를 결정하는 가치체계인 아동 복지 이념 등에 대해 살펴보기로 한다.

I. 아동의 개념

아동이란 일반적으로 '신체적 · 정신적으로 아직 미성숙한 상태의 인간'을 말한다. 아동 복지의 대상으로 언급되는 아동은 과연 어느 연령까지를 포함하는가 하는 연령적 구분을 중심으로 아동의 개념을 살펴보기로 한다.

『교육학대사전』(1996)에 의하면 아동은 "넓은 뜻으로는 어린이를 의미한다. 즉, 신생아와 유아까지 포함하고, 사춘기와 청년기에 도달하기 전까지를 말한다. 학교로 말하면 초등학교를 마칠 때까지를 말한다. 그러나 엄격히 말하면 초등학교 시기, 즉 6세~12세경 사이를 말하는 것이 원칙이다. 특히 발달 단계를 구분하는 경우에는 그러하다."라고 되어 있다. 다시 말하면 광범위하게는 출생에서 만 12세인 초등학교까지를 말하고, 좁은 의미로는 초등학교 시기만을 의미한다고 되어 있다. 그러나 교육학 혹은 심리학에서도 학자에 따라 연령 구분은 다소 차이가 있다.

「아동복지법」(제2조1항)에서는 "아동이라 함은 18세 미만의 자를 말한다."라고 규정하고 있다. 또한 근로기준법에 의하면 "여자와 18세 미만의 자는 도덕상 또는 보건상 위험한 사업에 사용치 못한다." 민법에서는 "만 20세 미만의 자를 미성년이라고 한다."고 되어 있으며 소년법에서는 "19세 미만의 자를 소년이라 한다."고 규정짓고 있다.

이상에서와 같이 아동복지법, 근로기준법 등 아동 복지와 관련된 법규에서 정의하고 있는 아동은 만 18세 미만의 자를 말한다. 따라서 교육학과 아동 복지 관련 법규의 정의를 총괄하여 볼 때 '아동'의 개념은 출생에서 만 18세까지의 미성숙한 사람을 일컬음을 알 수 있다.

〈표 1-1〉 국내 법률의 아동 관련 개념

법률	호칭	연령구분
아동복지법	아동	18세 미만의 자
영유아보육법	영유아	6세 미만의 취학 전 아동
유아교육법	유아	만 3세부터 초등학교 취학 전까지의 어린이
청소년기본법	청소년	9세 이상 24세 이하의 자
청소년보호법	청소년	만 19세 미만의 자(단, 만 19세에 도달하는 해의 1월 1일을 맞이한 자는 제외)
청소년복지지원법	청소년	9세 이상 24세 이하의 자
근로기준법	연소자	18세 미만의 자
소년법	소년	19세 미만의 자
모자보건법	영유아	출생 후 6년 미만의 자
한부모가정지원법	아동	18세 미만의 자 (취학 중인 경우에는 22세 미만을 말한다)
민법	미성년자	만 20세 미만의 자
형법	형사 미성년자	14세 되지 아니한 자

출처 : 법제처(www.moleg.go.kr).

II. 아동 복지의 개념

1. 아동 복지의 어원과 정의

아동 복지라는 단어는 '아동'(child)과 '복지'(welfare)가 합해진 합성어이다. 복지의 welfare는 well이라는 부사와 fare라는 동사가 합해진 말이다. well은 '잘', '훌륭히', '능숙히'라는 의미의 부사이다. fare라는 단어는 인도어에서 발견된 단어로써 '통과하다', '지나가다'라는 의미의 동사이다. 이 두 단어가 합쳐진 farewell이라는 동사는 '순조롭게 되어 가다', '편히 살아가다'라는 뜻을 이룬다. 명사인 welfare라는 합성 용어는 '편안히 잘 지내는 상태'를 의미한다. 이러한 어원적 측면에서 볼 때, 아동 복지(child welfare)란 만 18세까지의 미성숙한 사람의 보다 나은 행복한 삶에 대한 이념뿐 아니라 그 상태로 향한 실천적인 행동까지도 포함하는 능동적인 개념을 포함하고 있음을 알 수 있다.

아동 복지의 정의를 이해하려면 먼저 아동 복지가 각종 사회 문제를 해결하려는 응용 과학인 사회 복지의 한 분야이고, 단지 그 대상이 아동이라는 점을 유념해 둘 필요가 있다. 이러한 사회 복지의 한 분야인 아동 복지에 대한 정의는 학자에 따라 다소의 차이가 있다. 예를 들면, 어떤 학자는 아동 복지의 역사성을 강조하는 측면에서 정의를 내리고, 어떤 학자는 아동 중에서도 특정 관심 아동에 중점을 두고 정의를 내린다든지, 혹은 특정 프로그램이나 서비스(사업)의 종류를 강조하여 정의를 내리는 경우 등 여러 측면에서 달리 정의를 내리고 있다. 그 중에서 대표적으로 거론되는 몇몇 정의를 살펴보면 아동 복지의 일반적인 정의를 찾을 수 있다.

아동 복지란 단지 빈곤 · 방치 · 유기(遺棄) · 질병 · 결손 등을 지닌 아동, 또는 환경에 적응하지 못하는 비행 아동에게만 관심을 두는 것이 아니라, 모든 아동이 신체적 · 지적 · 정서적 발달에 있어서 안전하며 행복할 수 있도록, 위험으로부터 보호하기 위하여 공적 · 사적 제반기관에서 실시하는 사회적 · 경제적 · 보건적인 모든 활동들을 말한다(Friedlander, 1980).

Kadushin(1988)은 넓은 의미의 아동 복지란 모든 아동들의 행복 및 사회 적응을 위해 심리적 · 사회적 · 신체적 잠재력을 개발시켜 주기 위한 각종의 방법이며, 좁은 의미의 아동 복지는 특수한 문제를 가진 아동과 그 가정을 대상으로 전문적인 기관에서 행하는 특수한 서비스라고 말한다.

현대의 아동 복지라는 말은 보다 넓은 의미를 가지는 것으로 아동의 신체 · 지능 · 정서적 발달에 관하여 모든 아동의 복지를 지키며 보호하고자 하는 활동 일체를 말한다. 미국 아동복지연맹에 따르면 "아동 복지는 부모가 양육의 책임을 다할 수 없거나 지역 사회가 아동과 그 가족이 요구하는 자원 및 보호를 제공하지 못하는 아동에게 사회적 서비스를 제공하는 것"이라고 정의하며 아동 복지 서비스는 부모가 할 수 없는 기능을 보강, 보충 또는 대체하며 기존의 사회제도를 수정하거나 새로운 제도로써 아동과 그 상태를 개량하도록 설계된다고 하여 비교적 '협의의 실체로써의 아동 복지' 개념의 입장을 취하고 있다(도미향 외, 2007).

이상과 같은 아동 복지의 여러 정의들을 통해 볼 때 아동 복지란 광의의 개념 및 협의의 개념이 있다. 광의의 아동 복지란 아동과 관련된 보건 · 교육 · 오락 · 노동 등의 여러 분야가 아동 복지의 내용이 되며, 아동이 가족 및 사회의 일원으로서 건전하게 성장하고 발달할 수 있도록 개인이나 사회 단체에 의해 행해지는 모든 활동을 포함한다. 반면 협의의 아동 복지란 정상적인 삶을 살아가는 데 문제가 발생하였거나 혹은 특수한 장애가 있는 아동을 대상으로 제반 분야의 전문가들이 행하는 조직적인 활동을 말한다.

이와 같이 아동 복지의 목적 혹은 이념은 아동이 사회 속에서 살아가면서 신체적 · 정신적으로 잘 적응하여 자신의 잠재력을 최대로 실현함으로써 행복한 상태가 되도록 하는 것임을 알 수 있다. 또한 아동 복지의 대상은 특수한 장애 아동은 물론이고 모든 아동들을 다 포함하며, 아동의 전인적 발달을 위하여 아동의 모든 발달 영역을 대상으로 한다. 아동 복지의 영역은 이념과 이념 실현을 위한 사업 계획과 그 시행까지를 모두 포함하고 있다. 아동 복지 사업은 공 · 사 단체나 기관 혹은 국가의 사회적인 차원에서 이루어진다.

20세기는 아동의 세기로 문을 열었다. 아동의 권리가 어떻게 주장되고 어떻게 지켜졌는가, 또한 권리의 개념이 어떻게 발전되었는가를 조망하고자 한다. 그리하여 아동의 교육과 보호가 세계적인 수준에서 어떻게 인식되고 다루어졌는지 확인하고 지금의 유아를 위한 교육과 보육이 유아를 권리의 주체로 인식하여 운영되고 있는지에 대한 깊은 성찰이 필요하다(이상금, 2005).

2. 아동권리선언

아동의 권리는 선언과 헌장의 형식으로 작성되어 널리 선포하여 성인의 각성을 촉구해 왔다. 국제적인 규모로 선포된 「아동권리선언」은 1924년 국제연맹이 결의한 「아동권리선언」과 1959년의 국제연합이 결의한 「아동권리선언」이다. 20세기에는 두 번의 대전을 치렀다. 1924년의 이른바 「제네바 아동권리선언」은 제1차 세계대전 후에 선포되었고, 1959년의 「UN아동권리선언」은 제2차 세계대전 후에 선포되었으며, 「인권선언」 선포 과정에서 성인이 일으킨 재앙으로 말미암아 도처에서 수많은 아동의 인권이 손상되고 박탈되는 것을 확인하였음으로 그것을 막아야 하고 지켜야 한다는 결연한 의지를 담은 것이 「아동권리선언」이다. 세계는 어떤 위기 속에서도 어린이를 보호해야 하고 그들에게 필요한 최선, 최상의 것을 제공할 의무가 있음을 온 인류에게 엄숙하게 경고하는 것이 「아동권리선언」이다(이상금, 2005).

1) 제네바 아동권리선언

일반적으로 이것이 세계 최초의 「아동권리선언」이라고 인식하고 있다. 제1차 세계대전을 겪으며 영국에서는 '아동구제기금단체'가 조직되어 아동구호에 임한다. 그들은 4년간의 경험을 토대로 하여 1922년 「세계아동헌장」을 작성하고 일반이 받아줄 것을 제의한 바 있다. 총칙 4개항과 본 조문 28개항으로 된 장문의 헌장이다. 이것을 국제연맹이 받아들이고 요약한 것이 최초의 「아동권리선언」이며, 이 선언은 5개 조항으로 정리되었다(이상금, 2005).

① 아동은 심신이 모두 정상적으로 발달할 수 있도록 그에 필요한 모든 수단이 제공되어야 한다.
② 굶주린 아동에게는 음식이 주어져야 한다. 병든 아동은 간호를 받아야 한다. 이해가 느린 아동은 도움을 받아야 한다. 사회에 적응할 수 없는 아동은 구호되어야 한다. 고아나 부랑아는 주거를 주어 구조해야 한다.
③ 아동은 위기에 처했을 때 최우선으로 구제되어야 한다.
④ 아동은 생계를 세우는 위치에 놓이거나 모든 형태의 착취로부터 보호받아야 한다.
⑤ 아동은 그 재능이 인류동포를 위해 이바지한다는 자각 아래 길러야 한다.

2) 한국 어린이운동의 기초조항

1923년 소파 방정환과 소푼 김기전에 의해 추진된 한국 어린이 운동에 즈음해서 그들은 그 운동의 기본 정신을 「소년운동의 기초조항」으로 묶어서 선포했다.

① 어린이를 재래의 윤리적 압박으로부터 해방하여 그들에게 대한 완전한 인격적 예우를 허하게 하라.
② 어린이를 재래의 경제적 압박으로부터 해방하여 14세 이하의 그들에게 대한 무상 또는 유상의 노동을 폐하게 하라.
③ 어린이 그들이 고요히 배우고 즐거이 놀기에 족할 각양의 가정 또는 사회적 시설을 행하게 하라.

3) UN 아동권리선언

1959년에는 UN 제14회 총회에서 「아동권리선언」이 만장일치로 채택되었다. 전문에서 "인류는 아동에 대해 최선의 것을 제공할 의무를 진다."고 전제하였고, 전 조항 10조에 이르는 선언문이다. 제네바 선언과 다른 것은 제7조에 교육받을 권리를 독립조항으로 제정하여 상조한 점이다. 제네바 선언에서는 '심신이 발달하는 데 필요한 수단' 이라는 표현으로 교육 받을 권리를 포함하였으나, UN

의 선언에서는 하부조항 3개항에 강조점을 따로 기술하여 ① 학교 교육을 받을 권리, ② 아동 교육에 대한 부모의 책임, ③ 놀이와 레크리에이션의 충분한 기회 제공 등이 강조되었으며, 모든 아동에게 교육 받을 권리를 특별히 강조한 것은 그들의 온전한 성장을 보장하려는 의도이다(이상금, 2005).

4) 아동헌장 선포

미국에 경제공황이 닥쳐와서 가정과 사회, 국가가 경제적 위기에 직면했을 때 Hoover대통령은 백악관회의를 소집하여 아동의 건강과 보호에 관한 헌장을 선포했다. 1930년의 일이며, 아동 생활 전반에 관해서 세세한 배려와 철저한 대책을 명시한 내용으로 이루어진 헌장이다. 미국의 지도자들은 미국의 아동권리를 시민권리의 첫째가는 권리로 인식하고 아동을 위한 19개항의 목표를 설정하여 그 목표를 지킬 것을 서약한다고 선포한 것이다. 국가가 위기에 처했을 때 국가 원수를 위시하여 정계와 사회지도자들이 모여서 아동의 보호와 교육을 굳건한 목표 아래 지킬 것이라는 서약을 공개 발표한 것이 저 유명한 White House Conference였고 미국 「아동헌장」이었다. 그들은 인종에 상관하지 않고 성조기 보호 아래 사는 모든 아동의 권리를 위해 여기에 거론한 목표 달성을 엄숙히 서약하였다(이상금, 2005).

일본이 「아동헌장」을 만든 것은 1951년이고, 대한민국이 「어린이 헌장」을 선포한 것은 1957년이다. 일본은 패전을 겪은 후였고, 우리는 6 · 25전쟁으로 온 국토와 국민이 큰 상처를 입은 후였다. 대한민국의 「어린이 헌장」은 마해송 · 강소천 두 아동문학가가 기초한 것이다. 마해송은 소파 방정환과 함께 어린이 운동을 추진하던 사람이며, 헌장 속에 담긴 정신이나 내용에서 소파의 어린이 정신이 반영된 것을 볼 수 있다. 1988년 보건복지부는 먼저의 헌장 9개 조항을 11개 조항으로 수정 보완해서 선포하여 오늘에 이르고 있다(이상금, 2005).

3. 아동 복지와 관련된 국제기구

1979년은 UN이 정한 '세계아동의 해'였다. 1959년에 「아동권리선언」을 선포한 UN이 20년이 지난 그 시점에서 「아동권리선언」이 어떻게 적용되고 있는지 살피고 각국 및 지역적 사정에 맞는 후속 조치를 취하고 「아동권리선언」의 의의를 각성하게 하려는 의도였다. '세계아동의 해' 활동은 유니세프가 주동이 되어 추진하게 된다. 우리나라도 상당한 기간 수혜국이었으나 현재는 기금을 지원하는 국가가 되었다(이상금, 2005).

「아동권리협약」과 같은 선언이나 헌장은 아동권리에 대하여 가치기준을 제시하고 활동 내용과 방향을 제시하여 경각심을 일깨우지만 법적인 구속력은 없다. UN 「아동권리선언」으로부터 30년이 지난 1989에 UN은 강력한 대안을 채택하기에 이른다. 「아동권리에 대한 협약(Convention on the Rights of the Children)」 이것은 국제법 수준의 법적 근거와 구속력을 갖는다. 따라서 국가의 이름으로 서명하고 비준서를 제출해야 하며, 가입국은 협약을 준수할 의무를 갖는 것이다. 한국은 1990년 9월 25일에 서명을 했고, 1991년 12월 23일에 비준서를 기탁하였다. 현재 이 협약에 가입한 국가는 192개국에 이르며, 세계의 대부분 나라가 회원국임을 알 수 있다(이상금, 2005).

1) OMEP(세계유아교육기구)의 활동

제2차 세계대전 종전 이후 세계는 전쟁을 지양하고 평화를 구축하기 위한 강력한 국제기구를 조직한다. 국제연합(UN)을 정점으로 그 산하에 각종 비영리 기구들이 속속 출범하고 있다. 유아 교육을 포함한 아동과 관련된 단체로는 1946년에 각각 설립한 유니세프(UNICEF)와 유네스코(UNESCO)가 있다. 유니세프는 긴급하게 구제를 요하는 아동을 위해 기금을 조성하여 원조하는 단체이다. 앞에서 언급했듯이 1979년 '세계아동의 해'를 주도한 것도 이 기구이다.

1946년 유네스코가 창립될 당시 교육 부문에 취학 전 교육이 포함되지 않는 것을 지적하고 유아 교육의 국제적인 조직이 필요하다는 것을 영국의 보육학교 협의회장 Lady Allen of Hurtwood가 재개하였다. 이에 노르웨이의 보육학교협의회장 Miss Ella Eps와 스웨덴의 사회교육 양성대학 학장이자 UN대표이기도 한 Mrs. Alva Myrdal의 동의로 곧 준비회가 조직된다. 여기에 유네스코 교육 부문 고문이 참여하고, 영국 보육학교 관계자들이 참여해서 창립 준비에 들어갔다. 1948년 17개 회원국으로 OMEP(Organisation Mondiale Pour L'education Prescolaire)이 발족하게 되었으며, 준비위원장이었던 Myrdal 부인이 초대 회장을 맡았다. 그리고 다음과 같은 목적이 승인되었다.

① 어린이와 가정의 세계평화의 중요성에 대한 이해 고양
② 모든 국가의 유아 교육 보급 추진
③ 교육 실천, 건강 보건, 교사의 자격, 시설에 관한 진보적 기준 형성
④ 유아 교육에 관심이 있는 조직이나 공공기관의 협력체제 수립

OMEP은 유아 교육만을 위한 국제조직으로 가장 큰 단체이며, UN산하기구의 유네스코와 밀접한 연관성을 가지고 세계 유아 교육의 보급과 발전을 위해 활발하게 활동을 전개하고 있다. 2005년 현재 회원국은 60~70개국이며, 초대 회장 Myrdal 부인은 스웨덴을 대표하는 교육자이자 평화운동가로 1982년에 노벨평화상을 수상하였다(이상금, 2005).

2) 세계보건기구(WHO)

세계 모든 사람이 가능한 한 최고의 건강수준에 도달할 것을 목적으로 설립되었으며, 아동 복지와 관련된 사업으로는 모 · 부자보건의 향상을 위한 교육과 훈련을 실시하고, 각종 의료기기와 용품 등을 지원하고 있다. 구체적인 사업의 예로 모유 먹이기 캠페인, 낙태를 방지하기 위한 효과적인 피임의 실시 등이 있다(도미향 외, 2007).

3) 국제노동기구(ILO)

근로자의 완전고용과 생활수준의 향상을 위해 설립되었다. 아동 복지 관련 사업으로는 근로 아동의 복지를 위한 제 협약을 설정하여 세계 여러 나라에 권고함과 동시에 그 준수를 촉구하는 일을 한다. 협약 내용으로는 최저 고용 연령,

연령별 근로 시간, 고용 금지 업종 등이 있다. 우리나라에서는 이 기구의 협약 사항을 관계법에 반영하여 준수하도록 노력하고 있다(도미향 외, 2007).

4) 국제연합 교육 · 과학 · 문화기구(UNESCO)

국제연합은 교육, 과학, 문화의 보급 및 교류를 통해서 세계 여러 나라 사이의 이해를 돈독히 하고, 협력관계를 촉진함으로써 국제 평화에 이바지하기 위해 설립되었다. 교육 부문에서는 문맹 퇴치와 의무교육의 실시와 연장, 과학 부문에서는 환경문제, 문화 부문에서는 세계 문화유산의 보존 사업에 역점을 두고 있다. 최근에는 이러한 활동에 시청각 매체를 개발, 활용함으로써 효과를 거두고 있다(도미향 외, 2007).

5) 국제아동기금(UNICEF)

1946년 국제연합이 창설한 기구이며, 전쟁으로 어려움을 겪고 있는 지역이나 신생국가 및 개발도상국의 아동을 보호하는 데 주력하고 있다. 주요 사업은 재해에 대한 긴급 원조로써 식량 및 의료 지원을 하고 있다. 우리나라에서도 활발한 활동을 전개하고 있으며, 저소득층의 자녀를 대상으로 한 유아 교육과 보육, 부모 교육 및 학대 아동을 방지하는 사업도 지원하고 있다(도미향 외, 2007).

6) 국제아동복지연합(IWCW)

1959년 국제연합에서 선포한 「아동권리선언」에 명시한 바를 실현하기 위해 설립되었으며, 모자보건, 심신장애 아동재활, 사회부적응 아동의 보호와 교육을 지원하고 있다(도미향 외, 2007).

참고 문헌

교육학대사전 (1996). "아동" 항목. 서울 : 교육과학사.

남세진 (1978). 아동의 권리. 사회복지, 57, 31-39.

도미향 · 남연희 · 이무영 · 변미희 (2006). 아동복지론. 경기도: 공동체.

법제처 (2010). 아동복지법, 청소년기본법, 영유아보육법. 유아교육법, 청소년보호법, 청소년복지지원법, 근로기준법, 소년법, 모자보건법, 한부모가정지원법, 민법, 형법(www.moleg.go.kr - 법제처).

사회복지사전 (1985). "아동복지" 항목. 서울 : 경진사.

사회사업사전 (1996). "아동복지" 항목. 서울 : 이론과 실천.

오미영 · 정기원 (1994). 우리나라 아동의 권리 상황. 사회복지, 123, 94-114.

이상금 (2005). 2005학년도 한국유아교육학술대회 기조강연.

주정일 · 이소희 (1993). 아동복지학. 서울 : 교문사.

Encyclopedia of Social Work (19th ed., s.v.) (1995). "Child Welfare Overview".

Friedlander, W. A. (1980). *Introduction to social welfare.* Englewood Cliffs, New Jersey : Prentice-Hall. Inc.

Kadushin, A. (1988). *Child welfare services* (4th ed.). New York : Macmillan Publishing Co., Inc.

제 2 장

아동 복지의 발달 과정

아동이 하나의 인격체로 대우받고 그 존엄성과 생존에 관한 기본 권리를 인정받기까지는 역사적으로 많은 어려움이 있었다. 본 장에서는 아동 복지의 발전 과정을 시대별(고대, 중세, 근대 및 현대 사회)로 나누어 각 시대의 아동관에 따라 아동 복지의 개념, 복지 사업 등이 어떻게 변하였는지 살펴본다. 또한 우리나라의 아동 복지의 발달 과정을 알아보고자 한다.

I. 고대 사회(고대~기원 후 4세기)

가족 · 씨족 중심의 원시 사회에서는 자녀들을 부부의 성관계로 인한 불가피한 소산으로 여겼으며, 영아 살해, 유기, 낙태 및 아동의 인신 매매가 빈번하게 행해졌다. 따라서 이 시기의 아동들은 종족 보존의 수단으로 여겨졌으며, 아동 개개인의 가치나 존엄성은 무시되었고, 아동들이 생산이나 부족 보존에 기여할 수 있을지의 여부가 생존 가치의 중요한 판정 기준이 되었다.

한 예를 들면, 아마존 강 유역의 인디언들은 아기가 태어나면 우선 그 아이를 강물에 넣어 보아 건강한 아이만을 꺼내 키웠다(Kadushin, 1988). 이처럼 아동의 생명을 종족 보존의 수단으로써만 그 가치를 인정했으므로 병약하거나 신체적 결함이 있는 아이는 생명의 위협을 받아야만 했다. 요컨대 원시 고대 사회의 아동은 인격적 · 권리적 존재라기보다는 본능적인 존재로 간주되었으며 그 사회 내의 풍습이나 미신에 의해 생명의 위협을 크게 받아야 하는 무력한 존재였다(Osborn, 1981).

따라서 이 시기에는 아동 복지를 위한 이념이나 실천은 거의 없었다고 할 수 있다.

II. 중세 사회(4~17세기)

중세는 봉건 사회로써 신분의 계층 구분을 중요시하며 종교의 사회적 영향이 강했던 시기였다. 중세의 사회 구조는 장원 제도로 특징지을 수 있다. 또한 영주와 영민, 국왕과 신하의 주종관계가 엄격한 사회이기도 했다.

이 시기의 아동관은 아동 자체에 대해서는 큰 관심이 없었다. 아동에 대한 관심은 아동이 장차 장원을 위한 군사력 · 경제력을 확보하기 위한 수단이라는 데에서 비롯되었다. 영주들은 각기 자기 권력을 증대하고 유지하기 위하여 농노를 통해 경제력을 얻고 이들을 군사로 활용하여 안전과 군사력을 강화하는 것을 중요한 목표로 삼았다.

중세에 들어와서는 고대 사회에서 만연되던 영아 살해가 초기 기독교 철학자들에 의해 비난을 받기 시작하였다. 기독교에서는 "갓난 아이도 영혼을 가진 존재이며, 영아 살해는 이교도들이나 하는 짓이며 엄연한 살인이다."라며 아동도 인격체임을 강조하였다.

기원 후 400년, 즉 5세기경 기독교 교회는 니케인(Nicene) 의회 명령에 의하여 영아 살해와 유기를 금하였고 고아원을 설립하였다. 이처럼 기독교가 영아 살해에 대한 태도를 바꾸기 위해 노력하면서 영아 살해는 조금씩 감소되기는 하였으나, 18세기까지 계속되었다(Osborn, 1981).

중세에는 과거의 영아 살해 관습의 잔재가 계속되는 가운데 기독교의 인권 존중 사상이 전개되어 중세의 보편적인 양육 형태는 갈등형 또는 양면적인 형(ambivalent mode)이라는 특성을 띠었다(이원영, 1985). 이러한 갈등형 혹은 양면적인 형이란 아동을 쉽게 죽이거나 포기하지는 않지만 갈등을 느끼는 두 가지 가치체계로 인하여 일관성 있는 양육을 하지 못하는 형태를 말한다. 즉, 아동도 인간적으로 대우해 주어야 한다는 기독교적 생각과 어린이의 내면에는 악함과

못된 성품이 도사리고 있기 때문에 모질게 다루어야 한다는 예전의 가치체계를 동시에 갖고 있으므로 어린이에게 잘 대해 주다가도 비합리적으로 엄중하게 다루기도 하였다.

15~16세기의 르네상스 이후 유럽의 상류 계층 부모들은 자녀를 다른 집으로 보내어 키우지는 않았으나 어린이들의 마음에는 악이 존재한다고 믿고 엄하고 무섭게 대하게 되었다. 그리하여 어른들은 어린이들의 악을 제거 또는 제어할 수 있는 방법을 생각해 내었다. 그 한 예로써, 어른들은 규칙적으로 도깨비 형상이나 흡혈귀로 분장하고 잠자는 어린이들을 놀래 주곤 하였다(Kilpatrik, 1916). 이처럼 계속 공포를 느끼게 한 이유는 "네가 나쁜 행동을 해서 그런 거야. 이젠 나쁜 행동을 하면 못쓴다."라는 뜻을 깨닫게 해 주기 위해서였다고 한다. 어떤 경우에는 교수대로 데리고 가서 나쁜 사람은 어떻게 되는지를 보여 주었으며, 집에 돌아와서는 매질을 해서 본 것을 기억하게 만들었다고 한다(Commenius, 1956).

중세는 엄격한 신분의 계층, 즉 상하 질서가 확고 부동한 사회였기 때문에 아동의 지위도 신분에 따라서 존중되었다. 즉, 신분이 높은 계층의 아동들은 신분상 혈통의 계승자로 존중시되었고, 신분이 낮은 아동들은 농노로서 무가치한 생명으로 취급될 수밖에 없었다.

중세 사회는 종교 단체 등에서 보듯이 생명을 빼앗는 행위를 죄악으로 금지했으며, 가난하거나 의지할 곳 없는 아동들을 보호해 주기 위한 시설을 활용하려는 노력을 시작했다. 이때부터 교회의 아동 보호 사업이나 서비스가 싹트기 시작했다. 또한 아동을 하나의 인격체로 보는 현대의 아동 존중 사상이 최초로 강력히 주장되기 시작한 것이 중세의 말기인 17세기였다는 점도 중세의 중요한 역사적 사실이다. 즉, Commenius는 당시 중세의 아동관인 '성인의 축소판으로서의 아동'을 강력히 거부하고 아동을 하나의 인격체로 보고 그들을 존중할 것을 강조하였다. Commenius의 이러한 사상은 18세기의 Rousseau, Pestalozzi 등에게 전달되어 현대 아동관의 뿌리가 되었다.

종합하면, 중세 사회에서는 신분에 따라 일부 아동들의 권리가 인정되었고, 기독교적인 단체 활동을 통해서 아동 보호가 시작되었다는 점에서 그 역사적 의의를 찾을 수 있다. 그러나 이 시기의 아동 보호는 동정적인 감정에 근거를 둔 종교적 자선 행위였고 개인의 욕구나 권리를 중심으로 하는 근대적인 아동 복지 사업은 전개되지 않았다.

Ⅲ. 근대 사회(18~19세기)

근대 사회로 들어서면서 상공업의 발달, 산업혁명의 시작과 더불어 봉건 제도가 점차 붕괴되면서 자본주의 제도가 탄생하였다. 자본주의 제도가 갖는 개인주의, 자유주의의 논리는 종래의 사회 제도에 근본적으로 충격을 주게 되었다. 즉, 산업혁명에 의한 자본가 계층과 노동자 계층의 탄생, 노인 · 아동 및 기타 구호를 요하는 사회적 약자에 대한 보호 등의 제반 문제가 이 시기의 중요한 사회 문제로 등장하기 시작했다. 빈곤이란 더 이상 개인적인 차원에서가 아니라 사회적 · 국가적인 책임이라는 범위로 확대하게 되어서 이에 대한 해결책을 제시해야 했다.

영국은 국가가 빈곤 계층에 대해 책임을 지는 구민법을 제정하게 되었고 이 법에 따라서 아동들이 보호를 받기 시작하였다. 1601년에 제정된 영국의 구민법은 일반 빈곤자들뿐만 아니라 보호를 요하는 아동에 대한 규정도 세워서 오늘날 아동 복지의 기원을 이루고 있다고 할 수 있다. 이 법률은 수혜자를 세 범주로 나누었다. 첫째로 노동 가능한 빈민(ablebodied poor), 둘째로 노동 불능한 빈민(impotent poor), 셋째로 요부양 아동(dependent children)으로 구분하였으며 각각의 범주에 따른 요구를 법으로 규정하고 있다.

19세기 전까지 동 · 서양의 보편적인 양육 형태는 강요형, 즉 엄격한 훈련형(intrusive mode)이었다. 이러한 양육 형태는 어린이의 악한 성향은 어릴 때에 교정되어야 한다는 기본 가정을 갖고 있음을 알 수 있다. 이러한 아동관은 아동의 입장에서 그들을 이해하는 것이 아니라 어른의 가치관, 행동 규준 등을 어린이에게 강요하는 것이다. 아무리 연령이 어리다 하여도 어른의 기대 기준을 따라오지 못하는 것은 어린이의 능력이 부족하기 때문이며, 어린이가 문제 행동을 보이는 것은 성품이 본래부터 사악하기 때문이라고 보는 입장이다(DeMause, 1975).

아동의 발달 특성을 이해하지 않았던 좋은 예를 19세기 이전까지의 아동의 옷에서 찾을 수 있다. 아동은 자유롭게 뛰어 놀 수 있는 옷이 아니라 성인의 옷을 축소한 것이거나 어른의 기호에 맞는 옷을 입고 있다. 이러한 예를 통해 17세기의 Commenius, 18세기의 Rousseau, Pestalozzi 등의 주장에도 불구하고 18세기 및 19세기까지만 해도 진정한 의미의 아동 교육관 및 양육관은 존재하지 않았음을 알 수 있다.

근대 사회의 또 다른 특색으로는 인간이 주도하는 자발적인 아동 보호 사업이 전개되어 종전의 비합리적인 수용 위주의 보호에서 합리적인 분리 수용 보호 등으로 점차 발전하게 되었다는 점이다. 아동을 성인 혹은 범죄자와 분리 수용하며 교육 사상의 진전으로 맹아, 농아, 정신 장애 아동, 심신 장애 아동 등으로 분류하는 등 아동 복지 발달사적 견지에서 볼 때 커다란 발전이 이루어진 시기였다.

한편 근대 사회에 들어 아동 보호가 크게 발전하였음은 분명하지만 산업혁명으로 인해 봉건 제도가 붕괴되고, 자본주의 사회가 형성됨에 따라서 아동 착취의 문제가 동시에 나타난 것도 사실이다. 자본가와 노동자 계층이 형성되어 자본가들은 임금이 저렴한 아동을 고용하여 노동력을 착취하였으며 이것은 아동의 복지권을 박탈하는 결과를 초래했다.

IV. 현대 사회(20세기 이후)

아동 교육 사상에 있어서 새로운 관점을 조명했던 중세 말(17세기)의 Commenius, Rousseau, Pestalozzi 등은 아동의 자연적 발달, 자발성을 강조하면서 아동은 그들 나름대로 독자적인 세계를 가진 존재이므로 아동에게 맞는 교육 방법이 요구된다고 하였으며, 이것은 근대 사회를 거쳐 현대 사회에서 진정한 의미로 실현되기 시작하였다.

Freud, Erikson, Piaget, Kohlberg 등 심리학자들의 독자적 연구 업적을 통해 아동기의 중요성이 강조되기도 하였다. 20세기의 아동에 관한 연구는 아동에 대한 새로운 개념이 정립되는 데 기여했다. 아동은 이제 더 이상 성인의 종속물도, 어른의 축소판도 아닌 하나의 독립된 인격을 지닌 존재임을 선언한 것이다. 또한 모든 아동은 각자의 독자성을 지닌 존재로서 서로 같지 않다는 개인차를 전제로 하며 무한한 잠재 능력을 지닌 가능성의 존재라는 것을 인정하고 있다.

현대 사회의 특징인 산업 사회와 도시 사회라는 개념 속에서 모든 아동들은 그 가치를 인정받고, 권리가 보장되며, 현대적 사회 성격에 호응할 수 있는가가 중시되고 있다. 즉, 현대화, 산업화와 함께 사회 구조, 생활 방식, 아동관의 변화에 대한 인정과 같은 이유 때문에 아동의 권리는 인정받게 된다(김현용, 1997). 이는 동정과 구호라는 소극적인 복지 단계에서 벗어나 권리와 적응이라는 적극적인 복지로 나가고 있음을 의미한다. 현대는 수동적인 보호 형태에서 능동적인 권리 보장이라는 사상으로 발전해 나가고 있는 것이다.

현대적 개념으로써 아동 복지의 이념은 앞장에서 보았듯이 국제연합의 국제적인 아동 권리 운동에 잘 나타나 있다. 즉, 1924년 국제연맹총회의 「아동의 권리에 관한 제네바 선언」, 1959년 국제연합총회의 「아동권리선언」, 1989년 국제연합의 「아동권리에 관한 국제협약」은 적극적이며 능동적인 아동 복지의 이념과 아동 권리의 옹호에 대한 이념을 강력하게 주장하고 있다.

아동에 대한 관심과 주의를 기울이는 것과 동시에 현대 산업 사회로 변화되면서 아동 양육도 과거의 방식을 유지할 수 없게 되었다. 특히 아동 발달에 대한 연구, 아동의 지위 변화 등으로 인해 모든 아동을 복지적 차원에서 대우하게 되었다.

V. 우리나라 아동 복지의 발달 과정

1. 근대 이전의 아동 복지

고대 우리나라의 아동은 아동 자신에 대한 권리나 인격체로서가 아닌, 가계를 계승시키기 위한 수단으로써 관심의 대상이 되었다. 조선시대의 아동 복지 법령인 「수양임시사목(收養臨時事目)」(1696)과 「자휼전칙(字恤典則)」(1783)에서는 유기, 부랑하는 어린이의 생명을 절대적으로 보호하려면 국가에서 수양 보호하거나 또는 민간에서 수양관계의 보호, 집단 수용 보호 등을 해야 한다고 나타나 있다. 따라서 조선 시대까지 우리나라에서 실시되어 온 아동 복지 제도는 부랑아 및 유기아 등에 대한 구호가 주된 사업이었다. 그 시대의 복지 사업은 생명의 구활에만 치중한 나머지, 빈민자를 노예 또는 머슴으로 보내어 평생을 중노동에 속박되게 하는 등 인간의 자유와 존엄성을 모독한 처사라고도 볼 수 있다. 그러나 수만 명에 달하는 고아, 부랑아들에게 머슴이라는 직업을 갖게 한 것은 수용과 급식의 수준을 넘어 대부분 자립 · 자활의 정신을 굳게 하였다고 하는 것이 옳을 것이다(구자헌, 1968).

2. 근대 이후의 아동 복지

근대 우리나라 아동 복지 사업은 갑오경장 이후 외국의 선교사들에 의해 육아 및 구제 사업이 시도되었으며, 종래의 자선적인 개인 구제 사업에서 탈피하여 개인의 궁핍과 곤란이 개인의 책임뿐만 아니라 사회의 공동 책임이라는 인식하에 사회적이며 집단적인 아동 복지 사업을 실시하기 시작하였다. 1855년 메스트로 신부에 의한 고아 구제 사업이 근대 육아 사업의 효시이다. 1930년대에 들어서면서부터 각 지방에 보육원 등 사회 복지 시설이 설립되었다.

3. 현대 사회의 아동 복지

1945년의 대한민국 해방, 1950년의 한국전쟁, 1950~60년대에 발생한 요보호 아동에 대한 긴급 구조의 형태로 현대적 의미의 아동 복지 서비스가 시작되었다. 1946년에 아동 노동 법규의 공포로 아동의 노동권을 보호하였다. 우리나라에서 본격적인 아동 복지 사업의 시작은 한국전쟁으로 인해 부모를 잃은 아동에게 임시 거처를 마련해 주는 것이었다고 할 수 있다.

광복 이후 한국전쟁으로 인한 수많은 전쟁고아, 기아를 보호하기 위하여 국가 및 국내·외의 민간단체는 아동 보호 시설을 설립하여 응급 구호를 실시하였다. 그러면서 아동·청소년 보호 사업은 1950년대 급속하게 증가하였으며, 1960년도 당시 아동 복지 시설은 전국에 472개소로써 전체 사회 복지 시설 592개소의 약 80%에 달하였다(도미향 외, 2007).

광복 이후 아동 복지 관련 법령의 공포는 다음과 같다. 미군정은 법령 112호로 「아동노동법」을 공포하여 14세 미만의 아동 고용을 금지하였고, 16세 미만 아동의 유해한 노동 금지, 18세 미만 아동의 유해 또는 위해한 노동을 금지하였다. 1947년에는 「미성년자노동보호법」을 공포하고 12세 미만 아동의 노동 절대 금지와 18세 미만 아동의 위험한 직종의 노동을 금지하였다. 1957년 5월 5일에는 「어린이 헌장」이 선포되었고, 1961년에는 「아동복리법」이 제정되어 그 다음 해부터 실시되었다. 이 법에서는 요보호 아동에 대한 소극적인 보호 선도에 그치지 않고 아동이 요보호 상태에 빠지는 것을 사전에 방지하는 예방적인 작용과 나아가서는 아동이 몸과 마음이 함께 건전하게 육성되도록 조성하는 적극적인 작용을 같이 규정하였다(구자헌, 1970). 그러나 1961년의 「아동복리법」은 실제적으로는 요보호 아동을 중심으로 한 것이었으며, 이것은 1981년에 이르러 모든 아동을 대상으로 한 「아동복지법」으로 개정되었다. 이즈음 복지 사업에 정부의 힘이 고루 미치지 못하자 외국의 각종 원조 단체의 지원으로 아동 보호 시설이 격증하였다. 예컨대, 기독교 아동복리회, 세계선명회 등이다. 이 시기에 부모가 없는 아동을 대상으로 하는 입양 사업은 컴패션, 홀트아동복지회 등과 같은 단체에서 이루어졌다. 아동 복지 시설의 수와 수용 아동 인구는 1960년대에도 계속 증가하였고, 1967년에는 568개 시설에 수용 아동 인구가 65,121명에 이르렀다. 1960년대까지 외원이 아동 복지 시설 운영 재원 구성의 50%를 넘었으며 1970년대부터 외원단체의 점진적인 철수에 따라 국가 보조가 증가하였다. 아울러 국외 입양을 위해 「고아입양특례법」(1961)이 제정되었고, 기아 또는 결손 가정의 아동과 같은 요보호 아동의 시설 보호를 억제하고 국내 건전 가정에 입양하여 건전하게 양육되도록 하는 「입양특례법」(1976)이 제정되었다(도미향 외, 2007).

5 · 16 정부가 들어선 이후 아동 보호에 관한 법률을 정비하였는데 5 · 16 이후 약 20년 동안에 펼쳐진 아동 복지 사업 중 특기할 만한 것은 다음과 같다.

첫째, 탁아기관의 설치 운영을 들 수 있다. 「아동복리법」의 제정을 계기로 탁아기관인 '어린이집' 사업이 일반 수용 시설로부터 분리되어 일반 가정 아동을 가정에서 보호하기 위한 적극적인 시책으로 채택되기에 이르렀다. 1968년 보건사회부는 '어린이집' 으로 그 칭호를 부르도록 권장하였다. 그러나 1981년에는 '새마을 협동 유아원' 으로 바뀌었다가 1982년 「유아교육진흥법」의 공포와 동시에 '새마을유아원' 으로 흡수되었다. 또한 보건사회부가 관장하던 탁아 사업은 이때부터 내무부의 새마을 사업으로 흡수되어 그 면모를 달리 하게 되었으며 이전보다 교육의 성격을 많이 강조하게 되었다. 다만 빈곤 지역이나 소외된 지역에 우선적으로 취원시키는 데 역점을 두었다. 1991년 「영유아보육법」이 제정된 후에는 새마을유아원은 다시 어린이집 또는 놀이방이라는 명칭으로 바뀌었고 소관 부서도 다시 보건복지부로 옮겨졌다(유희정, 1997; 김영옥 외, 1995).

둘째로는 요보호 아동의 발생을 미연에 방지하기 위하여 극빈 가정과 모자 세대 등 생활이 어려운 가정을 지원해 주기 위해 실시된 거택 보호 사업이다. 우리나라의 거택 보호 사업에는 두 가지가 있는데, 하나는 정부에서 실시하고 있는 보호 사업으로 생활 보호 대상자와 영세민을 대상으로 거택 보호 · 시설 보호 · 자활 보호 등으로 나누어 도와 주는 공적 부조이고, 다른 하나는 사회사업기관에 의해 아동 복지 사업의 일환으로 실시하고 있는 생계비 보조 · 장학금 지원 및 가정 복지 사업 등이다.

셋째, 정부는 또한 불우 아동 결연 사업을 펼쳤다. 이 사업은 민간 사회사업기관을 통해 부분적으로 시도되어 왔으나 제도적인 뒷받침이 없고 일반 국민의 인식 부족으로 실효를 거두지는 못하였다. 그러나 정부가 경제 성장으로 국력이 신장되고 국민 생활수준이 향상됨에 따라 불우 아동을 우리 스스로 돌보아야 할 필요성을 깨닫고 불우 아동 결연 사업을 추진하여 실효를 거두고 있다.

결연 사업 개시 연도인 1976년 7월에는 전국의 417개소의 아동 복지 시설에 약 4만 명의 불우한 어린이들이 수용 · 보호되어 있었다. 이들 중 약 반수는 외국의 후원자로부터 지원을 받았고, 나머지 아동들은 후원자 없이 정부 지원과 일부 비정기적인 외부의 원조에 의존한 채 어려운 생활을 해 왔었다. 정부는 1976년도에 이 사업을 시작하면서 시설 보호 아동 중 후원자가 없는 아동을 1차 대상으로 하여 국내의 뜻있는 후원자와 결연해 주기로 방침을 세우고, 관계기관과 언론기관의 협조를 얻어 대대적인 결연 운동을 전개하였다. 이 결과 많은 시설 아동들이 국내 후원자들로부터 교육비의 지원을 받아 학업을 지속하게 되었으며 주말 또는 연말 · 연시에 후원자가 결연을 맺은 아동을 가정에 초대하거나 시설을 방문하여 위로해 주었다. 이러한 결연 사업은 불우한 아동들에게 가정적 분위기의 따사로움과 인간애의 고귀함을 느끼게 해줌으로써 이들이 정서적으로 밝고 건강하게 자라도록 하는데 기여하였다(성영혜 · 김연진, 1997).

이 밖에 성장 고아를 대상으로 한 직장 주기와 같은 사업이 있다. 「아동복지법」상 시설 수용 아동은 18세가 되면 퇴소하도록 규정되어 있다. 따라서 이들이 퇴소한 후 사회에 진출하여 자립할 수 있도록 하기 위해서는 시설에 수용되어 있을 때 자립의 능력을 키워주는 것이 필요하다. 이러한 점을 고려하여 시설에서는 자체내의 설비를 활용하거나 다른 국 · 공립 직업훈련기관에서 기능 훈련을 실시하도록 하였다. 정부에서는 기능 훈련에만 국한하지 않고 기업체에 취직을 알선함으로써 적극적인 육성책을 펴 왔으며, 각 기업체도 적극 호응하여 성장 고아가 한층 더 자활할 수 있는 기틀을 마련하게 되었다.

1990년대에는 「아동권리협약」에 서명하고 국제연합에 비준서를 기탁함으로써 아동권리협약의 당사국이 되었다. 아동의 건강과 복지에 관한 권리 · 교육 · 휴식 · 여가 및 문화 활동에 관한 권리 · 위급한 상황 및 착취로부터 보호받을 권리를 준수하게 된 것이다. 1993년부터 지역사회복지관에서 학교부적응 학생 프로그램을 운영하기 시작하였고 1997년에는 민간사회복지재단에서 학교 사회 복지 프로그램을 지원하였다. 이후 1998년과 1999년에 경기도 교육청과 대구광역시 교육청이 각 지역 내의 사회복지관을 사회 봉사 명령을 받은 학생들의 특별교육이수기관으로 지정함으로써 보다 적극적으로 학교 사회 복지를 시행하게 되었다. 1997년에 IMF 경제 위기로 인한 부모의 실직과 어려움으로 많은 가정이 해체되었고, 핵가족 구조에서 아동이 시설에 맡겨지는 상황이 증가되면서 경제적 원조를 제공하고 있으며, 빈곤 아동의 방과 후 교실도 운영하였다.

2000년 한국 보건사회연구원이 실시한 아동 복지 시설 평가 결과에 의하면, 아동에 대한 정서적 치유와 성장, 자립과 관련된 프로그램이 많이 미흡한 것으로 나타났고 그로 인하여 서비스의 질적인 변화가 요구되고 있다(도미향 외, 2007).

참고 문헌

구자헌 (1968). 개정판 아동복지. 서울 : 한국사회복지연구소.

______ (1970). 한국사회복지사. 서울 : 홍익재.

김영옥 · 박혜경 · 양옥승 · 이기숙 · 이영자 · 이원영 · 이윤경 · 장영희 · 정미라 · 주영희 (1995). 한국 현대 유아 교육사. 서울 : 양서원.

김현용 · 윤현숙 · 노혜련 · 김연옥 · 최균 · 이배근 (1997). 현대사회와 아동. 서울 : 소화출판사.

도미향 · 남연희 · 이무영 · 변미희 (2006). 아동복지론. 경기도: 공동체.

성영혜 · 김연진 (1997). 아동복지. 서울 : 동문사.

유희정 (1997). 어린이집의 설립유형에 따른 질적 수준 분석. 이화여자대학교 박사학위 논문.

이원영 (1985). 부모교육론. 서울 : 교문사.

표갑수 (1994). 아동 · 청소년 복지론. 청주 : 청주대학교 출판부.

Commenius, J. A. (1956). *School of Infancy*. Chapel Hill : The University of North Carolina Press.

DeMause, L. (1975). Our forebears made childhood a nightmare. *Psychology Today, 8*, 85-8.

Kadushin, A. (1988). *Child Welfare Services* (4th ed.). New York : Macmillan Publishing Co., Inc.

Kilpatrik, W. H. (1916). *Froebel' s Kindergarten Principles Critically Examined*. New York : Macmillan Co.

Osborn, K. (1981). 유아교육의 역사적 고찰. (이경우 역). 서울 : 정민사.

제 3 장 아동 복지의 대상과 아동 발달의 특징

아동 복지를 이해하기 위해서는 아동 복지의 대상이 누구인지, 그리고 그 대상이 되는 아동의 구체적인 특성이 무엇인지를 알아야 한다. 현대적인 개념의 아동 복지는 요보호 아동이나 신체 · 정신상의 장애아를 위한 구제책뿐만 아니라, 모든 일반 아동이 여러 발달 영역에서 최대한의 가능성을 실현하도록 그 방해 요인을 제거해 주는 것을 목적으로 한다.

본 장에서는 아동 복지의 대상을 알아보고, 아동의 일반적인 발달 특징을 알아 봄으로써 아동에 대한 이해를 높이고자 한다.

I. 아동 복지의 대상

아동 복지가 처음 시작될 때는 빈곤, 방치, 유기, 질병, 특별한 신체적 · 정신적 결함 등을 가진 아동이나 환경에 적응하지 못하는 비행아들에게만 관심을 두었다. 하지만 현대 사회에 와서는 모든 아동이 신체적 · 지적 · 정서적 발달에 있어서 안전하며 행복할 수 있도록 위험으로부터 보호하기 위하여 공 · 사의 여러 기관에서 실시하는 사회적 · 경제적 · 보건적인 모든 생활을 의미하는 것으로 확대되었다(Friedlander, 1980).

따라서 아동 복지는 빈곤, 학대, 질병, 장애 등의 문제로 보호가 필요한 아동뿐만 아니라 일반 아동 모두를 대상으로 한다고 할 수 있다. 또한 사회 복지의 다른 분야와 달리 아동의 양육자이며 보호자인 성인도 그 대상으로 포함하고 있다. 아동은 미성숙한 상태에 있기 때문에 부모의 보호와 양육을 계속하여 받아야 한다는 것이 그 이유이다.

『Encyclopedia of Social Work』(19th)에서도 아동 복지의 대상에 관하여 다음과 같이 설명하고 있다. “아동 복지는 전체 아동들의 복리(福利 : well-being)에 관심을 가진다. 그러나 아동 복지는 특별히 최상의 발달을 가로막는 그들 가족이나 지역 사회에서 자라는 아동들에게 초점을 둔다.” 현대 사회의 아동 복지는 일반 아동과 요보호 아동, 그리고 아동이 속한 가정의 모든 부모들을 대상으로 하고 있다. 이러한 점에서 Kadushin(1988)은 아동 복지 사업이 부모의 역할을 지지, 보충, 대리하는 것으로 실시된다고 말한다.

1. 일반 아동

1981년 「아동복지법」의 전면개정 이후 일반 아동의 복지에 대한 사회적 관심은 증대되었다. 일반 아동은 외부로부터의 특별한 도움이 필요하지 않은 아동을 뜻한다. 즉, 아동이 그의 친부모와 가족과 함께 그의 친가정에서 외부로부터 특별한 도움을 받지 않고도 생활할 수 있는 아동을 말한다(이소희, 2002; 곽형식 외, 2008, 재인용)

1995년 이후 10년 동안 19세 이하의 아동 인구 변화를 연령과 성별로 살펴보면 아래의 표와 같다.

〈표 3-1〉 연령 계층 및 성별 인구 구성과 성비 (1995, 2000, 2005) (단위 : 천 명, %)

연령	1995			2000			2005		
	여자	남자	성비	여자	남자	성비	여자	남자	성비
0~4	1,606	1,821	113.4	1,489	1,641	110.2	1,145	1,237	108.1
5~9	1,469	1,626	110.7	1,612	1,831	113.6	1,514	1,654	109.2
10~14	1,798	1,913	106.4	1,449	1,615	111.4	1,618	1,816	112.2
15~19	1,876	1,987	105.9	1,777	1,913	107.6	1,474	1,626	110.3
계	6,749	7,347	108.9	6,327	7,000	110.6	5,751	6,333	110.1

출처 : 통계청(2005). 조사관리국 인구총조사과.

아동의 인구는 1995년 1,400만 명에서 2000년 1,300만 명, 2005년 1,200만 명으로 점점 줄어드는 추세이다. 2005년 현재 19세 이하의 아동 인구는 전체 인구의 25.5%를 차지하고 있다. 이렇듯 아동 인구의 규모는 지속적으로 감소하고 있으며, 통계청의 장래인구추계에 따르면 1~14세 인구의 비율이 2020년에는 12.4%, 2030년에는 11.4%, 2040년에는 10.3%가 될 것으로 예측되었다(통계청, 2006).

통계표명 : 남녀별 인구 (단위 : 천 명, 여자 백 명당 남자 수)

	1970	1980	1990	2000	2005	2010	2020	2030	2040	2050
총인구	32,241	38,124	42,869	47,008	48,138	48,875	49,326	48,635	46,343	42,343
남자	16,309	19,236	21,568	23,667	24,191	24,540	24,680	24,190	22,854	20,734
여자	15,932	18,888	21,301	23,341	23,947	24,334	24,646	24,444	23,489	21,609
성비	102.4	101.8	101.3	101.4	101	100.8	100.1	99	97.3	96

출처 : 통계청(2006). 장래인구추계.

통계표명 : 연령별 인구 (단위 : 천 명, %)

		1970	1980	1990	2000	2005	2010	2020	2030	2040	2050
인구수	0~14세	13,709	12,951	10,974	9,911	9,241	7,907	6,118	5,525	4,777	3,763
	15~64세	17,540	23,717	29,701	33,702	34,530	35,611	35,506	31,299	26,525	22,424
	65세 이상	991	1,456	2,195	3,395	4,367	5,357	7,701	11,811	15,041	16,156
구성비	0~14세	42.5	34	25.6	21.1	19.2	16.2	12.4	11.4	10.3	8.9
	15~64세	54.4	62.2	69.3	71.7	71.7	72.9	72	64.4	57.2	53
	65세 이상	3.1	3.8	5.1	7.2	9.1	11	15.6	24.3	32.5	38.2
	계	100	100	100	100	100	100	100	100	100	100

출처 : 통계청(2006). 장래인구추계.

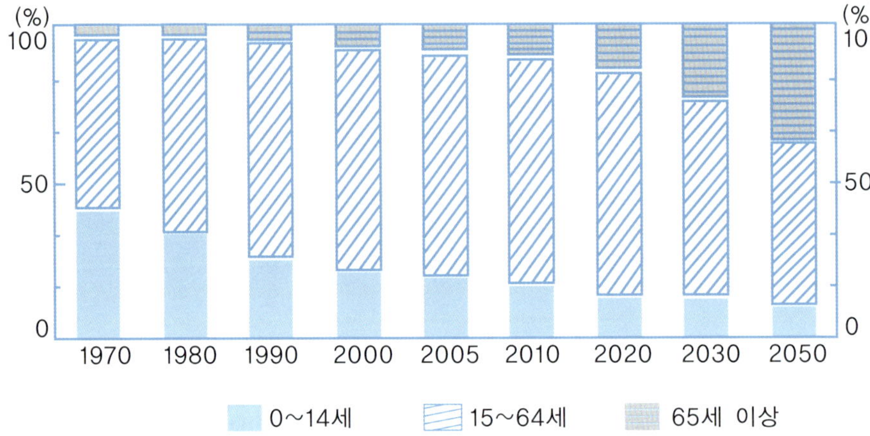

〈그림 3-1〉 연령 계층별 인구 구성비

출처 : 통계청(2006). 장래인구추계.

2. 요보호 아동

요보호 아동은 아동 자신이나 그 아동을 양육하는 친부모 혹은 가족 구성원에게 개인적인 문제나 장애가 있거나, 가정환경에 문제가 있어 외부로부터 특별한 도움을 받아야만 생활할 수 있는 아동이다(이소희, 2002, 2005; 곽형식 외, 2008, 재인용). 요보호 아동을 위한 사업은 일반 아동을 위한 사업과 마찬가지로 아동을 대상으로 직접 실행되기도 하지만 아동의 부모를 대상으로 하여 여러 가지 사업이 이루어지기도 한다.

현대 사회에서 요보호 아동에 대한 가장 적절한 보호는 가족과 함께 살거나 혹은 가족과 유사한 환경에서 살 수 있도록 하는 것이라고 제안되고 있다. 그러나 우리나라에서는 이와 같은 요보호 아동에 대한 적절한 보호가 충분히 이루어지지 못하고 있다.

요보호 아동은 2008년 연간 8,861명이 발생하고 있는데, 그 가운데 약 60%가 빈곤, 실직, 학대 등으로 인한 것이며 그 다음이 미혼모 아동으로 약 27%이다. 이 가운데 36.6%가 시설 보호되고 있고, 위탁 보호는 38%, 입양은 22.4%이다. 1995년도에 입양이 10%였던 것을 참고한다면 입양 수치가 증가하였음을 알 수 있다.

2008년 우리나라의 요보호 대상 아동의 발생 유형과 보호 내용을 살펴보면 다음과 같다.

〈표 3-2〉 요보호 대상 아동의 발생 및 보호 내용

(단위 : 명)

구분	계	발생 유형별 아동수					보호 내용					
							시설 보호			가정 보호		
		기아	미혼모 아동	미아	비행 가출 부랑아	빈곤, 실직, 학대 등 기타	아동	장애아	미혼모	위탁 보호	입양	소년소녀 가장 책정
2001	10,586	717	4,897	98	728	4,146	4,671	41	62	3,090	1,848	874
2002	10,057	634	4,337	74	749	4,263	4,547	57	59	2,177	2,544	673
2003	10,222	628	4,457	79	595	4,463	4,747	42	35	2,392	2,506	500
2004	9,393	481	4,004	62	581	4,265	4,680	38	64	2,212	2,100	299
2005	9,420	429	2,638	63	1,413	4,877	4,769	48	1	2,322	1,873	407
2006	9,034	230	3,022	55	802	4,925	4,313	53	-	3,101	1,259	308
2007	8,861	305	2,417	37	748	5,354	3,189	39	17	3,378	1,991	247

출처 : 보건복지가족부(2008). 아동청소년복지과.

요보호 아동은 위의 표에서 집계하고 있는 기아, 미아, 가출아, 미혼모 아동 외에도 빈곤 및 한부모가정의 아동, 부모의 별거, 이혼, 사망 등으로 인해 방임되고 있는 아동, 학대 및 유기당하고 있는 아동, 정서 및 행동에 문제가 있는 아동, 비행 아동, 신체 기능에 장애가 있는 아동 등이 있다.

이상에서 살펴본 바대로 아동 복지는 일반 아동과 요보호 아동을 대상으로 하며 아동에게 영향을 미치는 부모 및 성인까지도 그 대상에 포함하고 있다. 아동과의 관계에 있어서 보호 지도를 필요로 하는 성년자로는 임산부, 일반 자녀의 부모, 문제아를 가진 부모 등이 포함된다. 또한 질병, 경제 곤란, 실업 등의 문제를 가진 부모를 대상으로 한다. 그 이유는 그들 자녀의 복지를 추구하려면 그 부모의 문제를 해결해야 하기 때문이다. 좀 더 넓은 의미에서 보면 일반인, 일반사회도 아동 복지의 보급 향상에 큰 역할을 할 수 있으므로 일반인들도 이에 해당된다고 할 수 있다.

그리고 우리나라를 위시하여 많은 나라에서 「아동복지법」의 대상에 요보호 아동뿐만 아니라 모든 아동을 포함시키고 있는데 이것은 요보호 아동을 위한 치료적 대책에 머물렀던 과거의 입장에서 진일보하여, 보편 · 평등의 원칙을 지향하고 있음을 알 수 있다. 따라서 어떠한 종류의 아동 복지 관계법이 어느 정도의 수준에서 제정되어 있느냐 하는 것은 그 나라의 정치 이념이나 사회 · 문화적 여건을 고려해야 하지만, 그 국가의 아동 복지에 대한 책임 정도를 파악할 수 있는 척도가 될 수 있다. 더욱이 입법 결정에 국민의 의사가 반영되고 있다는 점, 아동은 자신의 권익을 주장하거나, 사회 행동을 할 위치에 놓여 있지 못한다는 점을 고려한다면 아동 복지 관계법은 바로 아동에 대한 그 사회의 태도를 반영한 것이라 볼 수 있으며, 이에 아동 복지 관계법의 의의가 있다(주정일 외, 2000; 도미향 외, 2006, 재인용).

Ⅱ. 아동기 발달의 특징

아동들을 위한 사업을 수행해 나가기 위해서는 아동들의 발달에 대한 이해가 우선되어야 한다. 앞서 연령적 개념으로 아동이란 0세아에서 18세까지를 지칭한다고 하였다. 그러나 실제적으로 중 · 고등학교 시기의 13~18세는 청소년으로 구분하여 별도로 언급되고 있으므로 본 장에서는 0세아부터 초등학교 시기인 12세까지의 발달 특징을 살펴보았다.

1. 영유아 발달의 특징

영아기 동안의 성장은 지속적이고 안정성을 가지며 신체 조절 능력이 발달하고 새로 획득한 기술이 더 세련되어진다. 유아는 매우 빠른 속도로 신체적, 심리적으로 성숙하고 새로운 사회 현실에 직면하게 된다. 영유아기 동안의 발달의 특징을 각 영역별로 살펴 보면 아래와 같다.

1) 사회성 발달

사회성 발달이란 사회관계의 성숙에 도달하는 것을 뜻하며 내면적으로는 행동의 새로운 형, 즉 관심의 변화와 흥미의 변화 그리고 새로운 형의 친구 선택을 포함하는 사회적 관계에 대한 외면적으로는 사회적 행동(social behavior)이 문제가 된다. 사회적 행동이란 타인에 대한 반응 행동으로, 정서적 혹은 기계적 반응을 나타내는 것을 의미한다. 이러한 사회적 행동은 출생 직후부터 아기와 접촉하는 모든 것에 의하여 발달하게 된다. 신생아기에는 다른 사람에 대한 애정이나 미움, 호감 등의 감정이 별로 구분되지 않는다. 그러나 이때에 아기와 접촉하는 것이 무엇이며, 어떠한가에 의하여 영아의 장래 타인에 대한 사회적 행동 유형이 형성된다.

가. 2세아의 특징

- 자기 자신의 기술들을 인식하기 시작한다. 먹고 마시는 것이 자유롭고, 신을 신거나 모자를 쓰는 행동 등이 자유롭게 된다.
- 탈중심적이 되어 자기 통제 능력이 향상되어 고집이 약화되고, 충동이 감소되기 시작한다.
- 도덕적 행동에 대한 초보적인 개념이 형성되는 시기로 양심이 발달한다.
- 독립성을 보인다.
- 다른 사람들의 관심을 얻으려고 한다. 어른들을 기쁘게 하기 위하여 활동하고 그것을 확인하려 한다.
- 다른 사람과의 접촉을 원한다. 항상 누군가와 함께 있고 싶어하고, 놀고 싶어하며, 누군가가 자기의 이야기를 들어주기를 원한다.
- 가정의 역할과 책임을 배우기 시작한다.
- 남과 나누어 갖기 시작한다.

나. 3세아의 특징

- 상대방으로부터 호감 있는 반응과 주의 집중을 얻고자 노력한다.
- 남을 위할 줄 알고 차차 반항적인 언행이 없어진다.
- 가지고 놀았던 장난감을 정돈하며 사람을 기억한다.
- 친구를 적극적으로 구하기 시작하나 놀이의 내용을 자기 뜻대로 하려고 하여 싸움이 많아진다.
- 친구들과 나누어 가질 줄도 알게 된다.
- 의무감과 책임감이 생기기 시작하면서 이로 인해 어린 시절로 되돌아가는 퇴행 현상을 보여 성을 내거나 짓궂어지기도 한다. 그러나 반면 많은 일들을 올바르게 적절히 수행한다
- 성 역할을 배우기 시작한다.

다. 4세아의 특징

- 스스로 자기 일을 처리할 수 있게 된다.
- 다소 자제심이 많아지고 친구와의 관계도 깊어진다.
- 구체적인 지도가 가능하다.
- 보다 더 생산적인 상황에 몰입하여 무언가 만들어내기 시작한다
- 연극놀이, 복잡한 놀이가 가능하다.
- 친구들과 다투기도 하지만 우정이 필요한 것을 알고 공동의 목적을 가지고 논다.
- 상상놀이를 하며 상대가 있고 역할을 분담한다. 조직적으로 놀이를 전개하고 리더가 나타나기도 한다.
- 소꿉놀이, 모험적인 놀이를 선호한다.
- 행동이 활발해진다.
- 상당한 시간 동안 집단 활동이 가능하다
- 남녀의 성 차이에 관심이 커진다.
- 경쟁심이 강화되면서 싸움의 원인이 된다.

라. 5세 이후

- 가정, 또래, 사회 속에서 사회적 제도를 배운다.
- 학령전 시기는 성 역할을 배우는 시기이다. 가정, TV, 친구들에게서 문화적인 관습을 익히게 되며 남자 아이는 자신이 남자답다고 생각되는 일을 하려고 한다. 여자 아이는 여자답다고 생각되는 일을 하려고 한다.
- 대인관계가 차츰 확대되어 사교 범위도 사회로까지 미치게 되는데 이로 인해 규칙 준수에 대한 의미를 배우기 시작한다.
- 양심이 발달하여 나쁜 것은 피하고 좋다고 여겨지는 것에 접근하려 한다.
- 5세가 되면 협동적 놀이가 증가되어 협동심과 책임감을 갖게 되며, 6세가 되면 사회적 행동이 발달되어 집단 생활에 적응하는 것을 배워 나간다. 동정심이 생겨 약한 친구를 보살피기도 한다.
- 한 놀이에 20분 이상 집중할 수 있다.
- 5세가 지나면서 학습 도구로써 놀이 기구의 중요성은 점점 적어지고 활동은 단순한 활동에서 좀 더 지구력 있는 취미 활동으로 바뀌어진다.

2) 정서 발달

가. 2세아의 특징

- 부정적으로 활동한다.
- 열정적으로 배운다.
- 2세말쯤이 되면 성인에게서 볼 수 있는 거의 모든 정서로 자신의 감정을 표현하기 시작하여 기쁨, 애정, 웃음, 공포, 분노, 질투, 울음 등이 나타난다.
- 공포는 1세경부터 분노는 더 어려서부터 나타나며 1~2세 사이에 떼쓰기가 나타난다
- 질투는 1.5세경부터 나타나며 애정은 1.5~2세 사이에 나타난다. 자신을 귀여워 해주기를 원하며 인형, 장난감, 곰 같은 것들을 안고 귀여워하기 시작한다.
- 가끔씩 반항심을 갖고 좌절하거나 성질을 부린다.

나. 3세아의 특징

- 긴장이 증가되어 눈을 깜박거리고, 손톱을 물어뜯거나 코를 후비거나, 성기를 만지작거리기도 한다. 엄지 손가락을 빨기도 하며 안면 근육이 떨리는 현상이 나타나기도 한다.
- 시각적인 것에 공포를 나타내어 개, 고양이 등에 겁을 내기도 한다.
- 분노가 일어나면 땅바닥을 뒹굴기도 한다.
- 질투가 심해진다.
- 울음은 다소 감소한다.
- 언어가 발달함에 따라 말이나 웃음으로 기쁨을 표현한다.
- 1세 반쯤 시작된 저항심은 3세에 절정을 이룬다.

다. 4~5세아의 특징

- 학령전기는 모든 감정이 분화되어 표정, 태도, 의사 표현, 동작 등이 풍부해진다.
- 자신감이 증가하여 허풍을 떨기도 하고 과장하기도 한다.
- 독립심이 커지고 점차 주체성이 확립된다.
- 인내심이 적고 기다리지 못한다. 공포심이 증가하고, 자기 주장이 강해진다.
- 과제에 의욕적이며 일의 성취에 기쁨을 느끼나, 자신의 솜씨에 구애를 받는다.
- 창조성이 풍부해지고 자신의 생각으로 의욕적으로 활동한다.
- 기초적인 정서 표현이 성숙해지고, 가정 교육에 영향을 받는다.
- 5세가 되면서 아동은 활력적이고 열심히 배우고자 하며 호기심이 많고 새로운 시도에 쉽게 흥미를 느낀다.
- 학령전기에는 구체적인 지도를 받기 시작할 수 있다.

3) 인지 발달

가. 2세아의 특징

- 모양과 색깔에 따라 사물의 분류가 가능하다.
- 개인적인 의미로 단어를 사용하기 시작한다.
- 한 종류의 유목에 이름 붙이기를 한다.
- 하나의 속성에 초점을 맞춘다.

- 자기가 사용하는 말보다 더 많은 말을 알고 있다.
- 물체의 형체가 변하면 크기, 무게, 부피가 변한다고 생각한다.
- 상상력이 발달한다.
- 없는 물건이나 상상을 나타내기 위하여 신호와 상징을 사용하기 시작한다.
- 거울에서 자기를 확인한다.
- 언어적으로 원인과 결과를 따지기 시작한다.
- 크고 작은 것의 차이를 안다.
- '약간', '더', '작다', '큰', '없다', '더 많은' 등을 이해한다.

나. 3세아의 특징

- 지능의 대부분이 형성된다.
- 궤변적이고 통찰력이 발달하여 직접적이고 사적인 문제에 관하여 질문이 많아진다.
- 가상놀이를 시작한다.
- 자기 나이를 안다.
- 크고 작은 것의 차이를 인지한다.
- 수나 양을 단위로 보기보다는 지각적 총체로 파악하기 때문에 길이나 양 어느 하나에만 주의를 집중하여 정확한 수 개념을 파악하지 못한다.
- 모든 것에 이유가 있거나 목적이 있다고 생각하여 끊임없이 질문을 되풀이한다.
- 어느 정도의 수를 셀 수는 있으나 의미 있게 세는 것이 어려우며 10이 3보다 크다는 것을 이해하기 어렵다.

다. 4~5세아의 특징

- 차분히 이야기하고 세밀하게 설명한다.
- 가능한 것과 불가능한 것의 구분이 더 많아진다.
- 오늘, 내일, 어제의 개념을 이해한다.
- 원인과 결과를 때때로 혼동하면서 이치를 알고자 한다.
- 불완전한 지식 때문에 지적받는 행동은 대부분 직관적인 생각과 행동으로 제한된다.

라. 5세 이후의 특징

- 정신적 이미지를 활용하여 사고하거나, 조작적 사고력이 없으므로 보존이 불가능하다.
- 점차 논리적으로 되어가며, 놀이 및 유아 교육 프로그램으로부터 영향을 받는다.
- 불완전한 지식 때문에 지적받는다.
- 행동은 대부분 직관적인 생각과 행동으로 제한되나 물건의 상대적인 크기를 잘 이해한다
- 능력, 동기, 기억, 문화적 배경, 인지 스타일 등에 의하여 성취가 영향을 받는다.

4) 언어 발달

가. 2세아의 특징

- 다른 사람과의 대화에 흥미가 증가한다.
- 자기와 계속 이야기하기를 원하며 사람이나 물체에 대한 이름을 질문한다.
- 중얼거리며 소꿉놀이를 한다
- 단어 수가 확대되어 약 1,000개 정도의 단어를 알아 자기가 사용하는 단어보다 더 많은 말을 알고 있다.
- 자기 이름, 물건의 이름, 친근한 동물, 꽃의 이름을 알며, 친근한 사람의 호칭을 부르기 시작한다.
- 수를 말하기 시작한다.
- 색 이름을 알기 시작한다.
- 질문하고, 질문에 답하기 시작한다.
- 물체의 이름을 물어보면 이름을 말하기 시작한다.
- 욕구, 느낌, 문제점 등을 표현하기 위하여 말을 사용하기 시작한다.
- 적절한 제스처를 쓸 줄 알며, 단어 · 문구 · 문법 등을 알려고 혼자 중얼거리기 시작한다.
- 복수, 과거형, 동사 변화를 사용하기 시작한다.
- 대명사, 의문사를 사용하기 시작하여 무엇, 어디, 누구를 반복하기 시작한다.
- 전문적 언어가 발달하여 2~3단어, 3단어 이상의 문장을 사용하기 시작한다.
- 단어의 순서를 배우기 시작한다.
- 주어-동사, 동사-목적어, 전치사와 같은 기능어의 생략을 사용하기 시작한다.
- 의사 소통 능력이 증가한다.
- 이야기를 듣는다.
- 그림보기, 그림에 관한 단어 말하기를 시작한다.
- 반복되는 이야기를 좋아한다.

나. 3세아의 특징

- 성인과 같은 언어를 사용하게 되며 언어 발달이 가속화된다.
- 애매한 단어들과 무의미한 음률을 좋아하며 과장적인 언어를 사용하기 시작한다.
- 시제를 혼동하기도 하나 항상 정확한 메시지를 전달하려고 노력한다.
- 언어 기술이 점차 향상되면서 변명을 하기도 한다.
- 창의적으로 단어와 개념을 조화시키는 일이 가능하다.
- 언어적인 공격을 사용한다.
- 언어를 사용하여 어른들의 칭찬이나 주의를 끌고자 한다.
- 언어를 사용하여 상대방과 인사를 나누기도 하고 성 역할을 수행하기도 한다.
- 의문사인 '무엇', '어디', '누구'를 반복한다.
- 폭발적으로 말이 많아지기도 한다.

다. 4세아의 특징

- 불분명하고 천진스럽던 말들이 사라지고 억양이 정확해진다.
- 언어의 형태와 구조가 거의 완전해진다.
- 복문을 포함한 모든 문장을 사용한다.
- 목적 있는 대화를 한다.
- 요령 있고 적절한 형태의 질문, 정보를 얻기 위한 질문을 한다.
- 구문을 이해하고 자신의 의사를 말로 정확히 표현한다.
- 사회적인 성숙을 언어로 표현한다.

라. 5세아의 특징

- 5세가 넘으면서 발음 체계가 완성된다.
- 풍부한 어휘를 사용한다.
- 친구들과 이야기를 나누고 수수께끼나 동화를 즐겨 듣는다.
- 점차 문법 규칙이 숙달되며 구어를 완전히 습득한다.
- 구체적인 명사의 사용 의미를 설명하고, 의미를 묻기도 한다.
- 문장을 정확하게 반복할 수 있게 된다.
- 읽기, 쓰기 학습이 가능해진다.
- 6세가 되면 이어지는 글자를 맞춰 쓸 수 있게 되고, 요일을 말할 수 있다.
- 왼쪽과 오른쪽의 구별이 가능해진다.
- 한편 저속한 언어를 사용해 주위를 놀라게 한다.

5) 신체 발달

가. 2세아의 특징

- 평행선 따라 걷기, 반듯한 선 따라 걷기, 뒤로 걷기를 한다.
- 얕은 평균대 위에서 불안정하지만 발 바꿔 걷기를 한다.
- 한 발로 서기를 한다.
- 평행 커브길 뛰기, 한 발로 뛰기(걷기보다 뛰기 선호)를 한다.
- 뛰다 갑자기 서기 등 속도 조절이 가능하다.
- 물건 주위 돌기를 한다.
- 도움 없이 물건이나 낮은 의자 위를 오르고 내리기를 한다.
- 세발자전거를 탄다.
- 두 발로 제자리에서 점프하기를 한다.
- 정지해 있는 큰 공을 발로 찬다.
- 도움 받아 앞으로 구르기를 한다.
- 발 바꿔 층계 오르내리기를 한다.
- 도움 받아 혼자 옷 벗고 입기를 한다.
- 균형 잃지 않고 물건 집기를 한다.
- 숟가락 사용, 스트로를 사용하여 우유 마시기를 한다.
- 작은 우유갑에 든 우유를 우유잔에 붓기를 할 수 있다.
- 밑으로 공던지기를 한다.
- 만지기, 비틀기를 한다.
- 책장 한 장씩 넘기기를 한다.
- 바퀴 달린 장난감 끈으로 끌기를 한다.
- 원에 색칠하기를 한다.
- 주먹에서 손가락으로 크레용 잡기를 한다.
- 큰 구슬 꿰기를 한다.
- 문 손잡이나 핸들 돌리기를 한다.
- 블록으로 탑 쌓기를 한다.
- 다른 사람 따라서 종이를 반으로 접기 한다.
- 찰흙으로 공 만들기를 한다.
- 양치질을 한다.

- 연필의 촉 가까이를 첫째, 둘째 손가락으로 잡고 원을 그리거나 점을 찍거나 수직선을 비슷하게 그리기 한다.
- 1세~2세 반 사이는 무작위로 긁적거리는 시기로 팔 전체를 사용하여 점이나 선을 그리며 점차 손목의 움직임이 증가하여 곡선이나 동그라미를 그린다.
- 2세 반부터 1년 가량은 통제된 긁적거리기가 나타나는 시기로 크레용의 움직임이 일관성 있게 된다.
- 2세쯤에는 세로줄을 보고 따라 그릴 수 있고 2세 반에는 가로줄을 따라 긋기를 한다.

나. 3세아의 특징

- 대근육 사용을 즐기며 몸의 균형이 증가한다.
- 자기 주장이 강해지고 어떤 경우에는 행동이 점차 거칠고 난폭해진다.
- 반듯한 선 따라 걷기를 한다
- 발 바꿔가며 계단 오르내리기를 한다.
- 혼자 옷 벗기를 한다.
- 얕은 평균대 걷기를 한다.
- 한 발 들고 서서 몇 초 동안 균형잡기를 한다.
- 발끝으로 걷기를 한다.
- 장애물을 피하여 진로 바꾸어 뛰기를 한다.
- 앞, 옆, 뒤로 걷기를 한다.
- 적목 쌓기를 한다.
- 연필을 잘 잡을 수 있다.
- 원을 그리며 글자를 보고 그리기를 한다.
- 몸을 두 부분으로 나누어 머리와 몸 그리기를 한다.
- 종이에 색칠을 한 후 '그림'이라고 부를 수 있다.

다. 4~5세

- 대근육의 균형을 이루어 기본적인 운동 기능이 모두 가능하다. 선 따라 걷기, 5초간 한 발로 서 있기(4세), 8~10초간 한 발로 서 있기(5세), 한 발로 뛰기, 장애물을 피해가며 자전거 타기, 한 손으로 매달리기, 계단 오르내리기, 미끄럼타기, 기어오르기를 한다.

- 흘리지 않고 물컵에 물을 받아 식탁에 놓을 수 있다.
- 친구와 공 주고받기를 한다.
- 음악에 맞춰 춤추기를 한다.
- 운동의 속도나 정확도가 증가한다.
- 넓은 운동장 뛰어다니기를 한다.
- 혼자서 옷 입고 벗기, 벨트 풀기, 단추 끼우기, 지퍼 올리고 내리기, 양말 신고 벗기, 혼자 먹기를 할 수 있다.
- 어른들이 보여주는 대로 선 따라 가위질이 가능하다.
- 핑거페인팅에 손가락, 손, 팔을 모두 사용한다.
- 연필을 제대로 쥐고 십자가, 사각형, 세모 등을 그리며 간단한 단어를 쓴다.
- 사람을 머리, 다리, 팔, 몸으로 구분하여 그리기를 한다.
- 스푼 사용, 양치질, 손 씻기 등이 익숙해진다.
- 손놀림이 아주 능숙해져 무엇이든 들어서 보려 하고 꽤 섬세한 작업까지 가능해진다.
- 실 끼워 바느질하기/실감기/식탁 차리기를 한다.
- 글 쓰기와 그림 그리기가 점차 세련되어진다.
- 가위질이 능숙해지고 네모를 자른다.
- 종이를 접어 봉투에 넣을 수 있다.
- 10~12가지 색깔 맞추기를 한다.
- 사람의 얼굴, 머리, 몸, 팔, 다리 등을 그린다.
- 집의 지붕, 창문, 문, 굴뚝 등을 그린다.
- 그림을 그리고 조심성 있게 색칠한다.
- 사선을 능숙히 그린다.
- 자신의 이름 중 한두 자 쓰기를 한다.

2. 아동기 발달의 특징

본 장에서는 초등학생들의 발달 특징에 대해 중점적으로 알아보도록 한다. 이 시기는 정신적으로나 신체적, 사회적으로 발달상의 여러 가지 특징을 가진다. 즉, 신체적으로 발달 속도가 완만하게 이루어지며, 정신적으로는 두뇌의 발달에 있어서 거의 성인에 가까워지고, 그 기능도 조직적으로 분화 · 발달한다(김행자, 1994).

1) 신체 및 운동 발달

초등학교 시기 아동의 신체의 성장과 발달은 완만하게 이루어진다. 남아의 경우 평균 6년 동안 신장이 113㎝에서 136㎝로 약 23㎝가 자라며, 체중은 20㎏에서 30㎏으로 증가하여 10㎏ 정도의 증가를 보인다. 12세경 아동의 신장은 출생시의 약 2.8배, 체중은 약 8배가 된다. 이와 같이 신체 발달에 변화가 일어남에 따라 신체 각 부분의 비율은 달라진다. 머리는 체격에 비해서 큰 편이지만 얼굴의 면적은 전체 면적의 10%로 줄고, 머리 둘레는 성인의 95%가 된다. 영구치가 생겨나 입매가 달라지고 얼굴의 하부가 커지므로 어릴 때의 얼굴 모습은 없어진다. 그리고 출생시에는 가슴이 둥글고, 목이 짧으며, 어깨가 올라가 있는 것이 특징인데, 3세부터 10세까지는 가슴이 넓어지고 편편해지며, 늑골은 수평적이던 것이 굽어지게 된다. 그리고 목이 길어짐에 따라 어깨는 내려온다. 골반은 나이가 들어감에 따라서 커지고 넓어지며 수직적인 것이 줄어간다(김행자, 1994).

운동 기능의 발달은 신체의 발달과 병행하며 작은골의 발달과 밀접한 관계가 있다. 작은골은 걷기를 배우기 시작하는 영아기에 가장 빨리 발달하고, 5세가 되면 거의 성인의 크기에 도달하게 된다. 아동은 이 시기에 일생을 통해 활동하게 될 모든 기초를 다 습득하게 된다. 이러한 운동 기능의 발달은 지적, 정서적, 사회적 발달을 촉진시킬 뿐 아니라 성격 형성에도 중요한 영향을 준다. 이 시기의 운동 기능은 유아기에 비해서 속도, 정확성, 안정성, 호응성, 역량 등이 더욱 발달하고 교묘해진다(김계숙, 1984).

2) 인지 발달

아동기에 이르면서 아동은 인지 발달에 몇 가지 중요한 발전이 이루어진다. 탈중심화와 함께 논리적 사고가 가능해지고 다양한 방법으로 상징을 사용하게 된다. 즉, 유아기의 직관적 사고에서 논리적 사고로 발전이 되며 자기중심적 사고에서 벗어나 가역적 사고도 할 수 있게 된다(강문희, 2004). Piaget는 각 개인의 지식 발달뿐 아니라 같은 문화 내에서의 지식과 지능의 발달을 이해하고자 하는 것으로 Piaget의 발달 단계 이론 등 제반 발달 이론이나 뇌 발달 이론을 통해서도 유아 교육 대상 연령인 5세까지는 발달 심리학적 특성상 6세 이후와 구분되어져야 함을 말해 주고 있다. 유아기는 상상력, 자율성, 창의성이 가장 활발하게 계발될 수 있는 시기이다(김병성, 1971; 윤희준, 박종기, 1971; 이은규, 1989; Hyman, 1978; Goetz, 1981). 어린이의 창의적 상상력은 4세부터 4살 반 사이에 절정을 이루나 초등학교 입학 시기를 기점으로 그 발달 정도가 급격히 감소하고 있다. 그 이유로는 과제 중심의 구조적인 초등학교 교육을 준비하는 과정에서 창의성 발달이 위축되고 있기 때문임을 창의성 연구자들이 보고하고 있다(Torrance, 1963, 1988). 즉, 유아들에게 창의성은 보편적인 특성이지만 경직된 학교 제도, 교육 과정 운영 및 사회 문화 등의 영향으로 감퇴하기 시작하는 것이라고 해석할 수 있다.

그러므로 만 5세까지는 초등학교와는 다른 목표와 교육방법이 절대적으로 필요한 시기이다. 유아 교육은 타고난 성향을 발현시키는 것을 중심으로 자율성과 창의성 교육이 강조되어야 하며 감각적 경험과 전 논리적 사고체계에 적합한 놀이 중심, 생활 중심 교육이 이루어져야 하는 시기이며 유치원이 독립적 학교로 존재해 온 이유가 바로 유아 교육이 초등교육과 다른 특성이 있어야 하기 때문이다(문미옥, 2009). 또한 만 3세에서 만 5세에 해당하는 유아기는 종합적 사고 능력을 관장하는 전두엽이 발달하며 논리적, 분석적, 언어적 능력에 뛰어난 좌뇌적 특성을 지니는 만 6세 아이들과는 달리 직관적 사고의 특성을 지니며 언어보다 이미지와 형상을 통한 우뇌적 사고의 특성을 가지고 있어 놀이 중심 교육을 전담하는 교육기관이 보다 적합하다(김유미, 2006; 신의진, 2004; Banich, 1997; National Research Council: Commission on Behavioral and Social Sciences and Education, 2000, 2005; Nelson, 2000). 따라서 논리적 사고를 담당하는 두정엽 및 언어 능력을 관장하는 측두엽 등이 형성되는 시기(Huttenlocher, 1994)가 충분히 되었을 때 초등교육이 시작되는 것이 적합하다(교육혁신위원회, 교육인적자원부 주최 토론회, 2006).

3) 기억의 발달

아동기의 기억을 발달시키는 조건은 정신적 · 신체적인 상태와 기억하려는 사물 등과 밀접한 관계가 있다(김계숙, 1984). 기억에는 기계적 기억과 논리적 기억이 있는데, 기계적 기억은 8~9세경에 현저하게 발달하고, 11세경에는 논리적 기억이 나타나 14~15세경에 기계적 기억과 교체한 후 17세경에 본격적으로 발달한다.

기억에는 또 개인에 의한 차이, 즉 개인의 표상형에 따라 차이가 있다. 기억했던 내용을 재생함에 있어서 어떠한 표상형을 취하는 것이 편리한가는 아동에 따라서 다르다. 어떤 형태의 기억이 우세한가 하는 것도 개인에 따라 다르다. 이러한 기억을 그 기능에 따라 분류해 보면, 청각의 기능이 뛰어난 청각형, 시각적 기능이 뛰어난 시각형, 언어 또는 운동에 의한 기억력이 뛰어난 운동형, 이 모든 것을 혼합한 혼합형 등이 있다(김행자, 1994).

4) 언어의 발달

아동의 어휘는 6세경부터 현저하게 발달하게 되는데, 이때의 사용 어휘 수는 대체로 2,500어 정도 되는 것으로 알려져 있다. 사회적으로 언어 생활이 본격화되기 시작하는 아동기는 언어 생활에 있어서 몇 가지 특징을 나타낸다. 첫째, 동년배 아동끼리 대화 형식의 언어 행위가 점차로 발전되어 간다. 둘째, 지금까지는 전달적 기능이 중심이던 언어 행위가 발전되어 자신의 행위를 계획하거나 조정할 때에 쓰일 수 있는 언어의 지적 기능으로까지 확대된다.

어휘의 질적 발달은 아동이 사용하는 품사와 조사를 통해서 파악할 수 있는데, 저학년의 경우 '그리고'라는 접속사를 자주 사용함으로써 문장을 산만하게 늘어놓으며, 고학년일수록 접속사가 적고, 문장의 구조가 구체적이며 묘사적이고, 섬세한 서술이 가능해진다.

문장의 발달은 어휘의 발달 및 사고의 발달과 밀접한 관계가 있다. 즉, 어휘가 증가하게 되고, 낱말의 뜻에 대한 이해도가 높아짐에 따라 문장 능력도 발달하게 되는 것이다.

말하기는 주로 표현력에 해당하는 경험으로써 아동기 말하기의 경험은 지적 · 사회적 발달의 기초가 되며 동시에 말하기는 기억력과 판단력 · 조직력이 통합되어야만 가능하다.

읽기 능력은 초등학교에 입학한 후부터 실제적으로 발달하는데, 그 기본이 되는 독해력에는 문자력 · 어휘력 · 문법 능력 등이 있다. 읽기는 처음에는 한 자씩 더듬어 읽어가다가 1학년 2학기부터 한 말로 붙여서 읽게 되고, 나아가서는 한 문장으로 읽을 수 있게 된다. 읽는 속도도 이에 따라 점점 빨라진다.

언어 능력의 발달은 학년별로 특수한 능력 구조를 가지며 1~2학년에서는 문장력, 3~4학년에서는 발표력과 문법 능력, 5~6학년에서는 독해력 등이 발달한다(김계숙, 1984).

5) 정서 발달

정서란 자극에 대하여 동요 · 흥분될 때 경험하는 심리 상태나 감동으로써 포괄적인 정신 · 신체적(psychosomatic) 상태라 할 수 있다. 정서 표현은 변전성 · 일시성 · 강열성 · 빈번성 등을 그 특징으로 들 수 있는데, 아동이 성장함에 따라서 정서적 표현방법이 달라지게 된다. 영유아기에는 미분화적 · 전체적 · 직접적인 표현을 했으나 점차 성장해감에 따라서 스스로 이를 억제할 수 있게 되며, 분화된 간접적인 표현을 하게 된다(김행자, 1994). 또한 아동이 성장하면서 어떤 정서적 경험을 하느냐에 따라 성격 발달에 큰 영향을 주게 된다.

6) 사회성 발달

아동의 사회적 환경은 가정과 이웃에서부터 학교 특히 학급으로 확대된다. 아동이 학교에 입학하면서 행동이 사회화되어가고, 그들의 관심 또한 주관적 세계에서 객관적 세계로 옮겨가고, 개인주의 시기에서 집단 행동의 시기로 변화한다.

대부분 저학년 시기에는 개인주의적 특성이 있어서 사회적 관계에 미숙하고 생활 전반에 걸쳐서 성인에 의존하는 경향이 남아 있다. 그러므로 교우관계는 아직 약하고 자기가 소속하고 있는 집단에 대한 의식도 충분히 발달되어 있지 않다. 그러나 3학년부터는 학교 생활에 익숙해지고 학우 상호 간에 정신적 교류가 형성되어 공동 의식, 소속 의식으로부터 오는 이른바 우리 의식(we-consciousness)이 발달하여 리더를 중심으로 집단을 형성한다. 이 집단을 도당이라고 하며, 9~12세까지의 시기를 도당시대라고 부른다. 이때 사회적 의식이 급속도로 발달하게 된다(김계숙, 1984).

이렇게 하여 사회성이 발달하여 가면 이기성이 점차 줄어들고 반면에 실용성이 증대하여 간다. 그런데 이것은 단순한 연륜의 증가에 의한 것이 아니고 부모나 교사 등의 지도에 의하여 사회화되는 가운데 이루어지는 것이다. 그리고 친구들과 어울려 생활하면서 다른 아동의 욕구를 알게 되고, 또 그 입장을 인식하게 된다. 즉, 사회적 통찰이 발달하게 된다. 그리하여 타인과의 교섭이나 협동에 익숙해지게 되고, 사회 생활에 대한 적응 능력이 생기게 된다.

아동은 도당 활동을 통하여 사회화의 여러 가지 기본적 태도와 자질을 학습한다. 다시 말해서 또래들과의 집단 생활을 통해서 자기 표현의 욕구와 사회적 승인감을 만족시키며, 이기적인 태도를 버릴 줄 알게 되고, 용감성 · 인내성 · 정의감 · 준법성 · 협동성 등의 바람직한 사회적 의식이 싹트게 되는 것이다. 또래 집단을 통하여 부모나 교사가 주지 못하는 것을 얻고 있다는 점에서 도당은 큰 의의를 지닌다(김행자, 1994).

아동의 사회성 발달에 영향을 주는 요인으로는 이밖에 부모의 태도, 형제 · 자매 관계, TV나 대중 매체 형성, 지역 사회 환경 등을 들 수 있다. 부모의 태도가 제약적이면 아동은 순종적이고 의존적이며 비사회적이 되기 쉽다. 형제 · 자매 관계는 외동이보다는 여러 형제들 사이에서 자라는 것이 일반적으로 사회성 발달에 더 유익한 환경이라고 할 수 있다.

TV는 성인에게도 중요한 매체이기는 하지만 성장하는 아동들에게 더 큰 영향을 주는 대중 매체이다. 우리는 오래 전부터 TV의 역기능을 이야기해 왔지만 현 시점에서 TV의 순기능을 살려 잘 활용함으로써 성장하는 아동들에게 바람직한 영향을 줄 수 있는 방법을 모색하여야 한다. 구체적 조작기의 아동들은 프로그램의 내용이나 광고를 통하여 다양한 정보를 얻기도 하지만, 사회적 상호작용이 감소하기도 한다. 대부분의 아동들은 혼자서 시청한 TV의 사건들을 또래들과의 놀이를 통하여 재현한다. TV의 폭력 장면은 아동의 공격성을 증가시킨다는 증거가 많이 제시되고 있다. 그러나 TV 프로그램을 통하여 아동의 친사회적 행동을 증가시킬 수 있다는 증거도 있다.

아동들이 살고있는 지역 사회의 환경과 관련해서는 예를 들면, 중산층 주택가에서 살고있는 아동들에 비하여 빈민층 혹은 유해 환경 속에서 자라나는 아동들이 사회성 발달에 문제를 초래할 수 있다는 많은 연구들이 제기되고 있다.

참고 문헌

곽형식 · 백경숙 · 김민정 · 김혜금 · 김혜영 · 박희현 (2008). 아동복지론. 경기도 : 공동체.

김계숙 (1984). 아동성장 발달과 건강지도. 서울 : 신광출판사.

김행자 (1994). 아동발달학. 서울 : 수학사.

도미향 · 남연희 · 이무영 · 변미희 (2006). 아동복지론. 경기 : 공동체.

보건복지가족부 (2008). 보건복지통계연보.

__________ (2008). 아동청소년복지과.

서봉연 (1983). 발달의 이론. 서울 : 중앙적성출판사.

이연섭 (편역) (1986). 세 살부터 이렇게 이끈다. 서울 : 창지사.

__________ (1986). 영아기 이렇게 기른다. 서울 : 창지사.

이영 · 조연순 (1988). 영 · 유아 발달. 서울 : 양서원.

정경아 (1997). 사회지표로 본 '아동의 삶'. 보건복지포럼, 8, 11-20.

주정일 · 이소희 (1993). 개정판 아동복지학. 서울 : 교문사.

통계청(2006). 장래인구추계.

한국여성개발원 (1997). 여성통계연보.

Encyclopedia of Social Work (19th ed.). s.v. "Child Welfare Overview".

Friedlander, W. A. (1980). *Introduction to social welfare*. Englewood Cliffs, New Jersey : Prentice-Hall. Inc.

Kadushin, A. (1988). *Child welfare services* (4th ed.). New York : Macmillan Publishing Co., Inc.

제 4 장

아동 복지의 기본 조건

아동은 독립된 한 인간으로서 최소한 기본적인 생활을 영위할 뿐 아니라 인간다운 생활을 할 권리가 있다. 아동의 이러한 권리를 보장하기 위해서는 복지를 위한 기본 요소 혹은 기본 조건이 있다. 이는 학자에 따라 다소 차이가 있는 견해를 보이는데 다음과 같이 요약된다.

『Encyclopedia of Social Work』(1995)에서는 아동 복지의 기본 조건으로 안정된 가족 생활, 부모의 보호, 안정된 가정 경제와 주거, 건강과 의료 보호, 교육, 놀이, 윤리적 표준, 이념과 가치, 교육적이거나 직업적 지도, 법적 보호 등을 지적하고 있다.

Fredericksen(1950)은 부모의 계몽, 가정 생활의 보존 및 강화, 심신 보건 시설의 증진, 경제적 안정, 종교, 교육, 놀이, 위험한 착취에서의 해방, 특수 욕구를 지닌 아동에 대한 특수한 서비스 등을 들고 있다.

국제연합(UN)은 「아동의 권리에 관한 협약(Convention on the Rights of the Child)」을 채택하여 각 조항에서 아동의 권리를 주장하고 설명하고 있다. 아동 권리 협약에서 보장하고 있는 구체적 권리를 내용에 따라 분류하면 다음과 같다(오미영 · 정기원, 1994). 첫째, 아동의 시민적 권리와 자유를 보장하고 있다. 둘째로는 가정 환경의 보호권을 들 수 있다. 셋째, 아동의 건강과 복지에 관한 권리를 주장하고 있다. 넷째로 교육, 휴식, 여가 및 문화 활동에 관한 권리 등을 보장한다. 다섯째, 위급한 상황 및 착취로부터 보호받을 권리이다.

본 장에서는 위에서 살펴본 여러 견해를 종합하여 아동 복지를 실현하기 위한 기본 조건(접근 분야)을 다음과 같이 고찰하고자 한다.

I. 바람직한 부모-자녀 관계

아동 복지 사업을 협의의 의미로 표현하면, 부모 양육이 여러 가지 이유로 결손되는 경우의 문제를 해결하거나 예방하기 위한 것이라고 할 수 있다. Kadushin(1988)은 아동 복지의 문제를 부모와 아동 사이의 역할 수행에서 나타나는 기능적인 장애라고 지적한다. 즉, 부모와 자녀 간의 권리와 의무관계에 결손이 생길 때 아동 문제가 나타난다고 보고 있다.

아동은 정신적인 면이나 신체적인 면 모두가 미성숙한 상태에서 급 성장해 가는 과정 가운데 있는 존재이다. 이러한 이유로 모든 아동 관련 학자들은 아동의 성장을 좌우하는 가장 큰 영향 요인으로 부모 환경을 지적하고 있다. 아동 심리나 유아 교육 · 소아 정신 의학 · 영양학 등 아동에 관한 제반 영역의 연구 결과들은 아동 자체만을 대상으로 했을 때는 아동의 문제가 근본적으로 해결되지 않는다고 결론내리고 있다. 문제 아동 뒤에는 반드시 문제 부모가 있다는 것은 연구자들 뿐만 아니라 일반에게도 많이 공유되고 있는 사실이다.

많은 연구자들은 아동에게 결정적인 영향을 미치는 요인으로써 부모 자체의 문제와 부모와 자녀 사이의 관계에서 나타나는 문제점을 지적하고 있다. 따라서 부모의 문제와 부모와 자녀 사이의 문제를 미리 진단하여 예방 혹은 치료적인 대책을 세울 때 진정으로 아동의 문제가 해결될 수 있다.

우리나라의 아동 복지는 문제를 미리 진단하여 예방하기보다는 사후적으로 대처하는 성격이 강했다. 현대적 의미의 아동 복지 정책이 시작되었던 1950년대만 해도 한국전쟁으로 인한 전쟁 고아의 응급 구호와 불우 아동 복지가 가장 중요한 부분을 차지하고 있었다. 1960년대와 70년대 중반까지는 산업화 초기의 도시화, 핵가족화와 맞물리면서 많은 수의 유기 아동, 가출 아동이 발생했다. 그러나 산업화가 진행되고 경제력이 어느 정도 향상된 이후에는 불우 아동의 성격이 바뀌고 있다. 급속한 도시화가 진행되면서 핵가족화가 이루어지고 동시에 가족의 해체 현상들이 나타나기 시작했다. 현대 사회의 아동 문제는 고아나 유기 아동 등 시설 보호를 요구하는 문제라기보다는 부모나 가정의 문제가 대부분을 차지하고 있다(김진수, 1993).

이러한 문제점에 대해 현대의 아동 복지 관계자들은 아동 복지를 실현하는 최선의 방법은 애정 있는 양친 부모 가정에서 사소하고 일시적으로 일어나는 문제를 조기에 진단하여 문제가 커지기 전에 복지기관이나 단체에서 예방적인 대책으로 정상 가정을 유지해 주는 것이라고 강조한다. 문제가 이미 발생된 아동이나 장애아를 대상으로 할 때에도 과거처럼 시설에 수용하는 것이 아니라, 양친이 있고 애정이 깃든 정상 가정을 형성해 주어서 그 안에서 잘 살 수 있도록 하는 것이 가장 바람직한 아동 복지 실현방법이다.

이같이 중요한 부모-자녀 관계를 바람직하게 하기 위한 방법을 찾기 위해 부모가 없는 상태가 아동에게 미치는 영향, 부모의 양육 태도나 역할 수행이 아동에게 미치는 영향을 알아보기로 하자.

Ribble(1943)은 영아들이 출생 직후 어떻게 보살핌을 받았는가에 관심을 두고, 영아기에 부모와 격리되었을 때의 악영향을 연구하였다. 그는 영아들이 따뜻한 가정에서 양친의 보호를 받는 경우와는 정반대로, 시설에서 단지 아동양육 전문가에게서 보호받는 경우에 관심을 두었다. Ribble은 600명의 영아를 대상으로 한 그의 연구에서 거의 30%가 강한 근육 긴장을 보였다고 했다. 이러한 영아들은 그 상태가 심해지면 '마라스머스(marasmus)'라는 병에 걸리게 된다는 사실을 보고하였다. 마라스머스의 증세는 근육이 나약해지고, 복부가 불룩하게 나오며, 피부 색이 나빠지고, 때로는 간이 지나치게 커지는 것이다. 또한 이 증세가 심해지면 죽음에 이르기도 한다. 우리나라의 영아 보호 시설에서도 이러한 증상으로 사망하는 경우가 간혹 있다.

Spitz(1945)와 Goldfarb(1945)도 부모에 의해 양육받지 않는 경우의 영향을 연구하였다. Spitz(1945)는 감옥에 수감된 채 어머니가 그 안에서 아이를 키우고 있는 경우와, 부모 없이 좋은 시설의 고아원에서 잘 보호받고 있는 경우를 비교해 보았다. 고아원 보모와 유아의 비율은 1 : 8로써 시설뿐만 아니라 인적 환경도 우수한 것이었다. 그러나 고아원의 유아가 'anaclitic depression'이라는 증세를 보였다고 보고하였다. 그 증세로는 식욕 감퇴, 환경에 대한 무관심, 발달 지체, 체중 미달 등을 들 수 있다. Goldfarb(1945)도 3세에서 12세 사이의 아동을 중심으로 연구하였는데, 그는 시설에서 양육받는 아동은 행동이 수동적이고 정서적으로 무감각한 상태를 보였다고 보고하였다.

지금까지 살펴본 여러 연구를 통해서 따뜻한 사랑이 있는 양친 밑에서 양육받지 않으면 시설이나 대리양육자가 아무리 우수해도 부정적인 영향을 미쳐 아동복지를 실현하기 어렵다는 사실을 알 수 있다. 다음으로 부모 밑에서 자라는 경우라도 그 양육 태도나 부모-자녀 사이의 관계에 따르는 아동의 영향을 살펴보자.

Schaefer(1959)는 부모의 양육 태도를 30여년 동안의 기록을 토대로 애정-거부의 측면과 자율-통제 측면의 복합적인 관계로 분류하였다. 이 분류방법에 대해서는 Kinstler, Mussen, Becker, Watson 등 많은 학자들이 동의하고 있다. Schaefer의 양육 태도 및 방법에 따른 아동 발달과의 관계를 여러 외국 학자의 견해를 종합한 이원영(1985)의 글을 들어 설명하면 다음과 같다.

가. 애정적-자율적 태도

이러한 양육 태도가 가장 바람직하며 권할만하다는 데 일치를 보고 있다. 이러한 양육 태도를 지닌 부모의 자녀는 능동적 · 외향적 · 독립적이고, 사회 적응을 자신있게 하며, 사교적 · 창의적이다. 또한 이들은 자신이나 타인에 대한 적대감도 없다. 물론 가정 밖에서는 이처럼 잘 적응하다가도 집에 들어오면 부모에게 반항하거나 약간의 공격성, 고집을 보일 때가 있는데 이는 부모에게 안정감을 느끼기 때문이므로 걱정할 문제가 아니다.

나. 애정적-통제적 태도

애정을 주면서도 자녀의 행동에 제약을 많이 하는 태도이다. 애정적이면서 자율성을 부여하는 가정에서 성장한 아동보다 애정적-통제적인 가정에서 자란 아동들은 더 의존적이고, 사교성 · 창의성이 적은 편이며, 상상적인 적대 감정을 품는다.

다. 거부적-자율적 태도

자녀를 수용하고 받아들이지 못하는 동시에 자녀 마음대로 행동하게끔 하는 부모의 태도이다. Becker와 Kessler의 연구에 의하면 이러한 태도를 지닌 부모에게서 성장한 어린이는 공격적이고 자신의 행동을 조절하지 못하게 된다.

라. 거부적-통제적 태도

자녀를 따뜻하게 용납하지 않을 뿐 아니라 행동을 체벌 또는 심리적 통제로 규제하는 태도이다. 이러한 부모 밑에서 자란 어린이들은 자아에 대한 분노가 발생하며, 내면화된 갈등과 고통을 많이 갖고 있다. 경우에 따라서는 자학적, 퇴행적으로 되기도 한다.

이상에서 살펴본 바와 같이 아동의 복지를 실현하기 위해서는 애정 있는 부모의 양육이 절대적으로 필요하다. 이는 특히 산업이 발달하여 가족의 구조가 핵가족화되고 가족의 양육 기능이 점차 축소되어 가는 오늘날의 사회에서는 아동 복지를 위해 더욱 중요한 전제 조건이 되는 것이다. 여기서 아동 복지의 제1 전제 조건인 부모-자녀 관계는 아동기 중에서도 출생시부터 유아기까지의 기간에서 가장 중요하다는 것을 다시 강조할 가치가 있다. 왜냐하면 아동기 중에서도 유아기가 제반 발달 영역에서 그 성장 · 발달이 가장 왕성한 시기이며, 전적으로 성인에게 의존해야 하는 시기이기 때문이다. 따라서 아동 복지는 전체 아동기를 모두 고려하되 근본 대책으로는 유아기에 정상적인 가정에서 성장할 수 있도록 하는 대책이 우선되어야 할 것이다.

II. 경제적 안정

아동의 건전한 성장 발달은 제반 발달 영역에서 고루 다 이루어져야 하지만, 가장 기본적인 것은 역시 신체적으로 질병이 없고 최소한 신체 발달을 위한 영양이 공급되어야 한다는 점이다. 또한 아동의 기본적 욕구인 의식주 문제의 해결은 아동들에게는 심신 발달의 필수적인 요소이다. 경제적 결핍으로 인해 아동은 최소한의 욕구를 충족시키지 못하게 되고, 결국은 심신 건강뿐만 아니라 교육의 기회마저 박탈당하게 된다. 또한 교육의 기회가 주어지더라도 영양 결핍으로 두뇌 발달이 지연되고 정신적으로 불안하여 사회에 적응하기 어려움과 동시에, 학업 성취도 부진하게 된다.

경제적 빈곤은 지능 · 신체 · 정서 면에 있어서 큰 장애를 초래하게 된다. 빈곤 가정의 부모들은 어린이의 사회적 성취를 지지해 줄 만한 능력이나 동기가 결여되어 자녀에게 충분한 지도 · 감독이나 좋은 역할 모델을 제공해 주지 못한다(이소희, 1989). 가정의 경제적 빈곤은 부모의 마음 상태 및 인성에 악영향을 미쳐 결국은 부정적인 양육 태도를 가지게 하는 것이다. 따라서 경제적 안정은 아동 자체의 기본 생활권 보장을 위해서도 필수적이지만 바람직한 부모-자녀 관계를 위한 기본 요인으로서도 매우 중요한 것이라 하겠다.

우리나라는 경제 위기 상황에서 최후의 사회 안전망으로써 모든 국민을 포괄하지 못하는 생활보호법의 최저 생계비 이하의 저소득층 기초생활을 국가가 보장하고자 「국민기초생활보장법」(1999.9.7)을 제정하였다. 이를 기초로 경제적으로 어려운 가정을 지원하고 있다. 즉, 가족이나 스스로의 힘으로 생계를 유지할 능력이 없는 최저 생계비 이하의 절대 빈곤층 국민에게 생계, 교육, 의료, 주거 등의 급여를 통하여 기본적 생활을 국가가 보장해 주고, 근로 능력이 있는 자에게는 체계적인 자활 지원 서비스를 제공하여 자활, 자립을 지원한다. 국민기초생활보장수급자는 2000년 688,354가구가 대상이었으나 2008년도에는 854,205가구의 1,529,939명이 최저 생계비를 지원받고 있다(보건복지가족부, 2009).

우리 사회는 상대적인 빈곤, 실업 등의 문제가 산적하여 있으며 경제적으로 안정되어 있지 못한 가정이 최근 들어 점점 늘어나고 있다. 물론 빈곤은 후진국이나 중진국에만 있는 것은 아니고, 제1 선진국이라고 하는 미국조차도 빈부의 격차가 심하고, 빈곤한 경우는 그 심한 정도가 우리나라보다 더 극한 상황이어서 해결이 어려운 상태이다. 우리나라의 빈곤 가정은 가난하지만 자녀에 대한 교육열이 높다. 그 이유는 계층 상승의 조건이 학력에 의존하기 때문이다. 즉, 우리의 빈곤층은 발전적인 빈곤 가정이 대부분이다. 그러나 미국의 슬럼가(Sulm 街) 등의 전적인 빈곤층은 미래에 대한 희망도 없고 자녀에 대한 교육열도 없어, 거리로 자녀를 내보내어 비행을 하도록 한다든지, 오늘의 쾌락만을 추구하는 퇴폐적인 빈곤 가정이 대부분으로, 선진국에서의 빈곤 아동 문제가 더욱 큰 경우도 있다.

이러한 빈곤 문제에 대한 근본적이고 종합적인 측면의 해결을 위해 1965년 미국에서는 Head Start Project가 실시되었다. 이 프로젝트는 어린 자녀를 둔 빈곤한 어머니들에게 적용되었다. 이러한 프로그램은 빈곤이 가져오는 감정적, 육체적, 지적인 상실을 일찍부터 보충함으로써 빈곤의 악순환의 고리를 끊기 위한 것이다. 이 프로그램에서는 빈곤 유아에게 영양 · 의료 서비스를 제공하고 대상 어머니들을 교육하여 그 유아교육기관의 시간제 교사나 보조 교사로 취업시키고, 기타의 직업 교육도 실시하였다. 이러한 활동을 통해 복지 대상의 경제적인 의존도와 복지 대상자의 수를 줄이기 위해 노력하였다(한혜경 · 박은혜 · 정경희, 1996).

우리나라의 경우, 경제 안정을 위한 법적 보장 제도는 물론이고, 기타의 각종 보험 혜택 · 수당 제도 · 공적 부조 서비스 · 보육기관이나 기타의 시설에서의 급식 · 의료 · 수업료 면제 등의 제도가 향후 더욱 확충되어야 할 것이다.

III. 보건

아동의 신체상의 건강은 생존과 직결된 문제이다. 따라서 아동의 신체 건강을 지켜주기 위한 보건은 여러 복지 조건 가운데에서도 가장 기본적이라고 할 수 있다.

우리나라에서는 신체적인 결정 요인이 태아기에 이미 결정된다는 전제하에 '모자보건법' 을 제정하고 이 법에서 주로 태아기 및 영아기의 보건에 대해 다루고 있다. 태아기 및 영아기의 아기는 그 어머니(산모)의 영양 · 건강 상태와 직접적으로 연결되므로 산모와 아이, 두 측면을 모두 다루고 있다.

아동의 건강은 태아기에는 태내 환경이 어떠한가에 달려 있으며, 출생 후에도 당분간은 태아 때와 같이 전적으로 어머니의 젖에 의존한다. 수정란이 자궁에 착상하고, 성장할 때부터 태아는 모의 건강 상태에 직접적으로 연결되어 있다. 이때의 강한 충격이나 특수한 약물, X-ray 등의 외적 장애는 태아에게 막대한 지장을 초래하며 영양이 부족한 경우에도 두뇌 손상 및 신체에 결함이 온다. 또한 태내에서의 정신적인 보건에 대한 중요성에 대해서 Janov(1973)는 태중의 정신적인 경험이 출생 후의 노이로제 발생의 원인이 된다고까지 주장하고 있다.

Janov(1973)는 "한 어머니가 임신 8개월에 공원에서 우연히 사격장의 광음의 총소리를 들었는데 그 당시 태아가 심하게 움직이는 것을 경험하였고, 분만 후 8개월쯤 되었을 때 우연히 다시 그 공원에서 또 총소리가 났을 때, 정상 이상으로 크게 놀라는 것을 보았다."고 보고하였다. 이러한 사실에 대해서 Janov는 임신부는 이미 태아와 상호관계를 맺고 있으므로 자신의 영양 · 약물 섭취 · 언행 · 마음 상태 등의 모든 신체 · 정신 측면에서 보건 관리 및 섭생을 잘 해야 할 것을 주장하였다. 그는 여성이 일생 중 자신의 신체, 정신상의 보건을 가장 소중히 생각해야 하는 때가 바로 임신 기간이라고 주장하였다.

태아기뿐만 아니라 분만기에도 보건의 중요성은 매우 높다. 왜냐하면 신생아가 자궁 내의 익숙한 환경에서 낯설고 힘든 외부에 적응해야 하기 때문이다. 출생시의 신생아들이 울음을 터뜨리는 것은 탯줄을 통해 산소 공급을 받다가 입과 코를 통해 폐에 공기가 들어가기 때문이다. 이때 산소 공급에 이상이 있으면 회복 불가능한 지장이 초래된다.

신생아기의 바람직한 보건을 위해 WHO에서는 특히 미숙한 신생아를 위하여 다음과 같은 것들을 강조하고 있다.

① 보육 환경 : 실내 온도(25℃), 습도(80%)

② 포유력의 여부와 체중 증가 여부

③ 감염 방지 : 피부 청결

④ 질병이나 신체 이상의 조기 발견. 특히, 기형 · 선천 이상 · 황달 · 경련 · 호흡 이상

영아와 산모의 보건 상태를 볼 수 있는 지표 중 하나가 영아 사망률이다. 우리나라의 영아 사망률은 의료수준의 향상으로 지속적으로 감소하여 왔다. 1985년에는 1,000명당 13.3명에서 2006년 4.1명으로 현저히 감소하였으며 이는 OECD 회원국의 4.9명보다 낮은 수치이다. 모성 사망률도 인구 만 명당 1985년도에는 17.5명이었다가, 1990년도에는 14.0명, 2008년에는 3.9명으로 감소하였다(보건

복지가족부, 2009).

Fredericksen(1950)은 어머니와 영아 및 유아와 아동을 위한 보건 사업에서 실시해야 할 서비스로 다음과 같은 것을 제안하고 있다.

어머니와 영아를 위한 보건

① 결혼 전 상담 서비스

② 임신 중에 태아의 정상적인 위치, 유산, 태아의 크기, 영양 상태 등의 진단을 지속할 수 있도록 하는 서비스

③ 분만 전후 보호 서비스(해산 예정일, 산후 안전 등)

④ 사회사업가를 통한 경제 · 사회적 문제를 가진 임산부를 위한 특별 서비스

유아 및 아동 보건

① 소아과 의사의 균등한 분포

② 전염병 예방 및 대책

③ 정상아 건강 진단 및 보건 지도의 정기적 서비스

④ 위생 제반 법률이나 규정 실시

⑤ 좋은 영양 서비스

⑥ 적절한 병원 보호, 외래 환자 진료 서비스

⑦ 보건소 서비스

⑧ 정신 위생, 아동 상담 서비스

우리나라는 사전예방적 영유아 및 모성건강 관리 사업을 실시하고 있으며, 가임기 여성건강 증진 지원, 모성건강 지원 환경조성, 영유아 장애 예방 및 미숙아 관리체계 강화, 모유 수유 클리닉 운영 및 엄마 젖먹이기 홍보 사업 등을 수행하고 있다. 영유아 장애 예방 및 미숙아 관리체계 강화 사업으로는 신생아 청각선별검사 지원 실시 사업으로 2008년도에는 448,948명의 영유아가 검사를 받았다. 미숙아 및 선천성 이상아 등록관리 및 의료비 지원으로는 2008년도 12,551명의 신생아가 의료비 지원을 수혜 받았다(보건복지가족부, 2009).

IV. 교육

20세기를 '아동의 세기'로 규정한 Ellen Key는 아동의 권리 가운데 교육받을 권리가 포함되어야 한다고 주장하였다(유안진, 1995). 교육받을 권리는 아동이 인간으로 대우받고 인간다운 삶을 추구하기 위한 가장 기본적인 권리이다. 우리나라 현행 헌법에서도 교육은 모든 국민의 '권리'라고 규정하고 있다. 즉, "모든 국민은 능력에 따라 균등하게 교육받을 권리를 가진다."(헌법 제31조1항).

권리로써 교육은 우리나라나 외국이나 할 것 없이 역사적으로 과거에는 특정한 사회 계층과 남성들만 한정적으로 누렸을 뿐, 모든 국민이 평등하게 교육받을 기회를 가질 수 없었다. 국가의 교육에 대한 관심의 증대와 개입으로 현대 국가에서 공교육이 확립되었다. 2차 세계 대전 이후 교육을 받을 권리가 각국의 헌법에서 복지권으로써 보장되고 국제적으로 확인되었다. UN의 인권선언(1948)은 "누구든지 교육받을 권리를 가진다."고 명문화하였고, 국제연합 총회에서 채택된 「아동권리선언」(1959)에서도 "아동은 의무 교육을 받을 권리가 있다."고 규정하였다. 뿐만 아니라 아동 권리에 관한 「국제협약」(1991)에서도 "국가는 아동의 교육받을 권리를 인정해야 한다."고 명시하고 있다(김태오, 1996).

대부분의 현대 국가들은 법적으로 의무 교육을 제도화하고 있다. 국가에서 무상으로 실시하고 있는 의무 교육은 나라마다 그 연한들이 다르다. 대부분의 선진 국가에서는 우리나라의 중등 교육에까지 해당되는 9~12년을 그 연한으로 하고 있다(김연옥 외, 1997). 우리나라는 아동의 교육받을 권리를 보장하기 위해 적어도 만 6세부터 14세까지, 총 9년을 의무 교육 연한으로 하고 있다.

지금까지의 의무 교육 혹은 공교육은 초등학교에서부터 실시하고, 그 후 중학교 · 고등학교로 확대해 가는 경향을 보이고 있다. 최근의 여러 아동 발달 심리학자들의 연구 결과는 조기에 인성 및 모든 인간의 성장 · 발달이 이루어진다는 결론을 내리고 있다. 이러한 연구 결과는 아동 복지 실현의 기본 요소 가운데 하나인 교육받을 권리가 유아기에 더욱 중요하다는 것을 강조하고 있다.

아동 복지를 유아 교육적 접근에서 교육의 권리뿐 아니라 기타의 보건 · 영양 등의 제반 부분에서 실현하고자 하는 현대의 경향을 살펴보면 다음과 같다(이은화, 1979).

첫째, 학령기의 연령을 현재보다 낮추자는 것이다. 의무 교육의 시작을 5세로 하여 유아기 1년만이라도 누구나 교육받게 하자는 주장인 것이다. 즉, 유아의 교육 기회를 확대하자는 주장이다.

둘째, 여성 취업 인구가 점점 증가됨에 따라 발전된 취학전 교육을 위한 기관이나 어린이집의 역할을 강조하고 있다는 점이다.

셋째, 부모의 유아 교육 인식도가 향상되기 때문에 전문기관의 요구가 확대되어 가고 있고, 아울러 부모 교육 내지 부모의 참여를 요청한다.

넷째, 대중의 질을 유아 교육을 통해 개선 · 향상시키고자 하는 노력이다. 즉, 빈곤한 가정의 자녀들이 학업 성취에서 실패하면 사회 문제를 야기하는 불량 청소년이 되는 경우가 늘어남에 따라, 이러한 문제를 유아교육기관의 확대를 통해 해결하자는 것이다. 이 같은 관심들은 그 대상이 신체 부자유아나 고아 또는 결손 가정의 아동뿐만 아니라 모든 어린이들을 위한 복지 지향을 뜻한다.

현재 우리나라의 영유아 교육 · 보육은 유치원과 보육 시설을 통하여 이루어지고 있다. 유치원은 2008년도 8,344개 기관에서 537,822명의 유아가 교육 서비스를 제공받고 있다.

〈표 4-1〉 연도별 유치원 현황 (2008.12)　　(단위 : 개소, 명)

구분		2002	2003	2004	2005	2006	2007	2008
원수	국공립	4,219	4,284	4,328	4,412	4,460	4,448	4,483
	사립	4,089	4,008	3,918	3,863	3,830	3,846	3,861
계		8,308	8,292	8,246	8,275	8,290	8,294	8,344
원아수	국공립	119,632	121,322	123,906	124,283	121,324	118,422	119,128
	사립	430,518	425,209	417,807	417,320	424,488	423,128	418,694
계		550,150	546,531	541,713	541,603	545,812	541,550	537,822
학급수	국공립	6,012	6,122	6,266	6,451	6,588	6,646	6,789
	사립	15,481	15,717	15,780	15,958	16,422	17,214	17,778
계		21,493	21,839	22,046	22,409	23,010	23,860	24,567
교원수	국공립	6,399	6,553	6,726	6,946	7,737	8,163	8,482
	사립	23,274	23,737	23,840	24,087	24,359	25,341	26,119
계		29,673	30,290	30,206	31,033	32,096	33,504	34,601
취원율	5세	45	47	48	45	53	56	52
	전체	28	29	30	32	35	37	38

출처 : 교육과학기술부 (2009). 교육통계.

보육 시설(2008. 12. 31)은 2008년도 말 33,499개소이다.

〈표 4-2〉 보육 시설 연도별 설치 · 운영 현황　　(단위 : 개소, 명)

구분	계	국 · 공립 보육시설	법인 보육시설	민간보육시설			부모협동 보육시설	가정 보육시설	직장 보육시설
				소계	법인외	민간개인			
2002	22,147	1,330	1,633	11,046	575	10,471	미분류	7,939	199
2003	24,142	1,329	1,632	12,012	787	11,225	미분류	8,933	236
2004	26,903	1,349	1,537	13,191	966	12,225	미분류	10,583	243
2005	28,367	1,473	1,495	13,748	979	12,769	42	11,346	263
2006	29,233	1,643	1,475	13,930	1,066	12,864	59	11,828	298
2007	30,856	1,748	1,460	14,083	1,002	13,081	61	13,184	320
2008	33,499	1,826	1,458	14,275	969	13,306	65	15,525	350

보육 영유아(2008. 12. 31)는 2008년도 말 1,135,502명이다.

〈표 4-3〉 연도별 보육 아동 현황 (단위 : 명)

구분	계	국·공립 보육시설	법인 보육시설	민간보육시설			부모협동 보육시설	가정 보육시설	직장 보육시설
				소계	법인외	민간개인			
2002	800,991	103,351	142,035	455,936	30,289	425,647	미분류	90,939	8,730
2003	858,345	103,474	140,994	499,551	37,911	461,640	미분류	103,935	10,391
2004	930,252	107,335	135,531	555,812	48,414	507,398	미분류	119,787	11,787
2005	989,390	111,911	125,820	608,734	56,374	552,360	933	129,007	12,985
2006	1,040,361	114,657	120,551	641,137	58,808	582,329	1,238	148,240	14,538
2007	1,099,933	119,141	118,211	668,390	55,906	612,484	1,444	177,623	15,124
2008	1,135,502	123,405	113,894	669,465	53,818	615,647	1,491	210,438	16,809

출처 : 보건복지가족부 (2009). 보육통계.

우리나라의 현실은 초등학교의 경우 의무화가 이루어지고 있지만, 유아 교육의 경우는 아직도 교육 대상이 중상류층 이상에 편중되어 있는 상태라 하겠다. 따라서 유아를 위한 복지를 목적으로 하는 교육 사업이 질적, 양적으로 강화되어야 할 것이다. 이 외에도 학교 교육을 보완할 수 있는 제반 프로그램이나 서비스를 위해서는 아동 문화 · 학교 출석에 관한 제반 규정, 학교 보건 사업, 학교 사회 사업, 직업 지도, 장애 아동의 교육, 안전 교육, 영양을 갖춘 급식, 부모 교육 등에 관심을 기울이며, 또한 아동을 지도할 교직원의 대우나 질적 향상을 위한 교육 계획이 수립되어야 할 것이다.

V. 노동 착취로부터의 보호

아동 복지의 기본 조건으로써 아동은 유해 노동이나 기타의 착취적 노동으로부터 보호되어야 한다. 노동 현장에서의 아동 착취는 산업혁명 이후 등장한 문제이다. 산업혁명 이후 아동이나 여자들은 과중한 노동을 강요받았는데 그 원인은 다음과 같다.

첫째, 아동은 성인과 비교할 때 임금이 저렴하여 생산비를 줄여 준다. 따라서 이윤 추구에 부심하는 자본가들이 연소자를 고용했다.

둘째, 아동은 성인에 비해 복종적이며, 이윤 추구를 위한 경쟁심이 약하다.

이러한 연소 노동은 신체 발달을 저해하고, 건강을 해치며, 지능 발달에 장애를 초래하며, 인성 발달에 악영향을 미치게 된다.

우리나라의 「근로기준법」상의 여성과 소년을 대상으로 한 제5장 가운데 노동아동을 보호하는 내용을 발췌하면 다음과 같다.

제64조 (최저 연령과 취직인허증)

① 15세 미만인 자(「초 · 중등교육법」에 따른 중학교에 재학 중인 18세 미만인 자를 포함한다)는 근로자로 사용하지 못한다. 다만, 대통령령으로 정하는 기준에 따라 고용노동부장관이 발급한 취직인허증(취직인허증)을 지닌 자는 근로자로 사용할 수 있다. 〈개정 2010.6.4〉

제65조 (사용 금지)

① 사용자는 임신 중이거나 산후 1년이 지나지 아니한 여성(이하 "임산부"라 한다)과 18세 미만자를 도덕상 또는 보건상 유해 · 위험한 사업에 사용하지 못한다.

제66조 (연소자 증명서)

사용자는 18세 미만인 자에 대하여는 그 연령을 증명하는 가족관계기록사항에 관한 증명서와 친권자 또는 후견인의 동의서를 사업장에 갖추어 두어야 한다. 〈개정 2007.5.17〉

제69조 (근로시간)

15세 이상 18세 미만인 자의 근로시간은 1일에 7시간, 1주일에 40시간을 초과하지 못한다. 다만, 당사자 사이의 합의에 따라 1일에 1시간, 1주일에 6시간을 한도로 연장할 수 있다.

제70조 (야간근로와 휴일근로의 제한)

① 사용자는 18세 이상의 여성을 오후 10시부터 오전 6시까지의 시간 및 휴일에 근로시키려면 그 근로자의 동의를 받아야 한다.

② 사용자는 임산부와 18세 미만자를 오후 10시부터 오전 6시까지의 시간 및 휴일에 근로시키지 못한다. 다만, 다음 각 호의 어느 하나에 해당하는 경우로서 고용노동부장관의 인가를 받으면 그러하지 아니하다. 〈개정 2010.6.4〉

(출처 : 근로기준법 제10366호 2010.6.10)

이상과 같이 법이 규정되어 있음에도 불구하고 이를 충분히 실시하지 않고 있다. 또한 「아동복지법」에서는 아동을 수단으로 하여 성인이 어떠한 금전적인 목적을 달성하고자 하는 행위를 금지하고 있다. 일반적으로 우리나라 아동 노동에서 야기되는 문제점을 들어 보면 다음과 같다(장인협 · 오정수, 1993).

① 아동이 초등학교나 중학교 졸업 이하이므로 열등감이나 욕구 불만이 생긴다.
② 저임금의 현실에서 회의감과 자포 자기에 빠지기 쉽다.
③ 노동의 단순성, 근로 조건의 부당성, 푸대접, 권위적 인간관계 등으로 심리적 불안이나 좌절감으로 사회 부적응 상태에 빠지기 쉽다.

근로 청소년을 위해서는 다양한 교육 기회가 확대, 제공되어야 할 것이며 연소 근로의 임금에 대해서는 최소한의 생활이 보장되도록 하여야 할 것이다. 또한 이들의 심리적 욕구 불만이나 불안감, 좌절 등을 막기 위해 전담 상담 서비스를 마련하여 가족들과의 관계를 잘 유지하도록 하며, 자신의 발전 문제들을 상의할 수 있도록 해야 할 것이다.

VI. 놀이

1989년 11월 20일 UN 총회에서 채택된 「아동 권리에 관한 국제협약」에서는 아동의 권리를 생존, 보호, 발달 및 아동의 참여라는 4개의 주요 원칙을 바탕으로 하고 있다(한충길, 1997). 그 가운데 발달의 권리란 교육 및 놀이, 여가, 정보를 누릴 권리, 문화 활동 및 사상, 양심, 종교의 자유를 누릴 권리를 말한다. 이 같은 권리 가운데 태어나면서 유아기를 보내는 동안 아동에게 가장 중요한 것은 바로 놀이에 관한 권리이다.

흔히들 어린이들은 노는 것이 일이라는 말을 한다. 어린이들은 대개 아침부터 잠이 들 때까지 먹고 쉬는 것 이외에 대부분 놀이를 한다. 아동은 놀이를 통해 세상을 배우고 놀이를 통해 발달의 과업들을 이루어 나간다. Hurlock(1978)은 놀이와 발달의 관계에 대해 다음과 같이 말하고 있다.

① 근육을 움직이므로 신체 발달을 도모한다.
② 친구끼리 어울리는 과정을 통해 의사 소통법을 익힌다.
③ 공격성, 의존심, 사랑 등의 기본적 욕구가 좌절되거나 억제되었을 때 놀이를 통하여 해결한다.
④ 교과서나 학교 경험 외의 것은 놀이를 통해 학습한다.
⑤ 새로운 놀이를 하는 것이 즐겁다는 경험은 창조성을 자극한다.
⑥ 동료와 어울리는 과정에서 자신의 능력 등을 알게 된다. 이를 통해 자아에 대한 통찰력이 발달한다.
⑦ 사회적인 관계 놀이에서 문제에 봉착했을 때 문제를 해결하면서 사회성이 발달한다.
⑧ 도덕성이 발달한다.
⑨ 적절한 성 역할 학습을 할 수 있다.

놀이는 유아기의 발달에서 중요할 뿐만 아니라 아동, 청소년기에 있어서도 전인적인 발달에 필수적인 역할을 한다. 건전한 놀이는 아동 및 청소년에게 집중력의 개발, 창의성의 개발, 모방과 표상의 연습, 의사 소통과 협동의 학습, 여가 선용 습관의 개발, 카타르시스, 신체적 건강의 획득, 체능 및 체력의 증가 등 전인 교육적인 요소들을 제공한다. 그러나 우리나라 아동들은 대부분 도시화와 텔레비전, 비디오 등으로 인해 놀이를 위한 공간과 시간을 빼앗기고 있을 뿐 아니라 놀이는 오히려 공부를 방해하는 것으로 생각하는 성인들로 인해 오락과 휴식의 기회를 박탈당하고 있다(노혜련, 1993).

그러나 우리나라의 경우 현재 과도한 교육열로 인하여 아동들은 전인적 발달에 도움이 될 만한 충분한 여가 활동을 하지 못하고 있다. 특히 중고등학생의 경우 여가 활동을 제대로 할 수 있는 시간적 여유가 없다. 우리나라 교육 체제가 과도한 입시 위주의 과열 경쟁 체제이기에 더더욱 청소년들에게 자유로운 시간을 허락하지 않는다. 초등학생이나 유아들의 경우, 어린이들이 맘껏 뛰놀고, 자아 발전을 전인적으로 도모할 수 있는 유익하고 흥미로운 여가 프로그램 등을 생활 속에서 충분히 제공받지 못하고 있다. 놀이와 여가가 아동의 전인적 발달에 기본적인 역할을 한다는 사실을 고려해 볼 때, 아동을 위한 놀이와 여가 시설, 문화 프로그램 등이 보다 다양해지고 풍요로워져야 한다.

Ⅶ. 특수 보호

Frederiksen(1950)은 특수한 요구를 지니고 있는 아동들을 보호하기 위해서는 다음과 같은 서비스가 따라야 한다고 지적했다.

① 정상적인 결혼 생활을 하지 않는 양친에게서 태어난 아동에게, 일반 아동과 동등한 기회를 부여하기 위해서는 특수한 법적 · 사회적 보호가 필요하다.

② 어머니가 취업했을 경우 아동에게는 보육 서비스가 필요하며, 어머니들과의 상담 서비스가 필요하다.

③ 인성 및 행동에 장애가 있는 아동은 증상의 조기 발견과 함께 조기 치료를 실시하며, 뚜렷한 장애를 나타내는 아동에게는 특별한 보호를 제공한다.

④ 저소득층 아동을 위해서는 정상적인 교육, 오락 및 문화 시설을 제공해야 한다.

이러한 특수한 요구를 지니는 아동 가운데 장애 아동의 경우, 특히 유아기의 조기 개입이 중요하다. 장애 아동 복지 사업에서 가장 중요한 과제는 장애 아동의 발생을 예방하는 것이기 때문이다. 따라서 유전 상담 및 검사, 모든 임산부와 영유아의 정기 검진 의무화, 감염 예방을 위한 예방 접종, 장애 아동 예방을 위한 교육과 홍보 등의 포괄적인 서비스를 제공하는 모자 보건 관리 제도의 확립과 같은 예방 서비스에 대한 국가의 역할을 강화하여야 한다(노혜련, 1997).

특수한 요구를 가진 아동의 보호를 위한 사업에는 장애 아동 복지 사업 외에 미혼 부모, 십대 부모, 한부모를 위한 복지 사업과 결손 가정의 아동을 보호하기 위한 각종 사업, 보육 사업, 아동과 부모를 위한 상담 사업 등이 포함되며 저소득층 아동을 위한 각종 사회 보장이나 공적 부조 사업 등이 포함된다.

참고 문헌

교육과학기술부 (2009). 교육통계.

김연옥 외 (1997). 현대사회와 아동: 아동복지의 시각에서. 서울 : 소화.

김진수 (1993). 아동복지정책의 발전방향. 제1회 아동복지지도원 연찬회 보고서. (주최 : 사단법인 한국이웃사랑회, 주관 : 보건사회부)

김태오 (1996). 아동복지에 있어서 교육권의 의미. 교육철학, 14, 35-55.

노혜련 외 (1997). 현대사회와 아동: 아동복지의 시각에서. 서울 : 소화.

문화관광부 (1998). 청소년백서.

보건복지가족부 (2008). 보건복지가족백서.

__________ (2009). 보육통계.

__________ (2009). 아동 · 청소년백서.

__________ (2009). OECD 사회통계지표.

성영혜 (1993). 아동복지. 서울 : 학문사.

오미영 · 정기원 (1994). 우리나라 아동의 권리 상황. 사회복지, 123, 94-114.

유안진 (1995). 육아론. 서울 : 문음사.

윤현숙 외 (1997). 현대사회와 아동: 아동복지의 시각에서. 서울 : 소화.

이소희 (1989). 유아복지의 이론과 실제. 서울 : 형설출판사.

이숙종 · 문연심 · 안형준 · 이창석 · 윤황지 · 이원숙 (1997). 아동복지의 이해. 서울 : 학문사.

이원영 (1985). 부모교육론. 서울 : 교문사.

이은화 (1979). 아동복지와 교육. 한국교육학회 학술세미나 발표논문.

장인협 · 오정수 (1993). 개정판 아동 · 청소년 복지론. 서울 : 서울대학교 출판부.

정경아 (1997). 사회지표로 본 '아동의 삶'. 보건복지포럼, 8, 11-20.

최 균 (1997). 현대사회와 아동—아동복지의 시각에서. 서울 : 소화.

통계청발표 97~98년 사회지표 (1998년 12월 26일). 대한매일, 8.

한국여성정책연구원 (2009). 2009 여성통계연보.

한충길 (1997). 아동권리에 관한 국제협약: 주요 내용과 시사점. 보건복지포럼, 5월호.

한혜경 · 박은혜 · 정경희 (1996). 보육 정책의 현황과 개선 방안. 서울 : 한국보건사회연구소.

Encyclopedia of Social Work (19th ed.). s.v. "Child Welfare Overview".

Fredericksen, H. (1950). *The Child and His Welfare.* San Francisco : Freeman Company.

Goldfarb, W. (1945). Effects of pychological deprivation in infancy and subsequebt adjustment. *American Journal of Pychiatry,* 102.

Hurlock, E. B. (1978). *Child Development.* New York : McGraw-Hill Book Co.

Janov, A. (1973). *The Feeling Child.* New York : Simon Schuster.

Kadushin, A. (1988). *Child Welfare Services* (4th ed.). New York : Macmillan Publishing Co., Inc.

Ribble, M. (1943). *The Rights of Infants.* New York : Columbia University Press.

Schaefer, E. S., Bell, R. Q. & Baylay, N. (1959). Development of a maternal behavior: Research instrument. *The Journal of Genetic Psychology, 95,* 83-104.

Spitz, R. (1945). Hospitalism. In O. Fenichel et al. (eds), The Psychoanalytical study of the child (Vol. 1). N.Y. : International Universities Press.

제 5 장

아동 복지 사업

I. 아동 복지 사업의 원칙

1. 권리와 책임의 원칙

아동을 위한 원칙적인 육성 대책의 방향은 아동, 부모, 사회의 3개 부분에서 각각의 권리와 책임을 확립하는 것에 그 기반을 두는 것이다. 이들 3개 부분은 적절한 상호작용 관계와 균형을 유지해야 한다. 이 3개 부분 중에서 권리나 책임에서 일어나는 부적응 또는 지나친 갈등 등은 아동들로 하여금 어려운 문제점들을 갖게 하는 기초가 된다.

1) 아동의 권리와 책임

모든 아동은 독자적인 권리를 가진 하나의 인간이다. 어떤 아동도 생존하고 성장하며 보호받거나 지도받아야 하는 일에서 예외될 수 없다는 것에서 아동의 권리가 연유한다. 아동들은 어떤 형태로든지 보호를 필요로 하며, 이 보호를 통해 서서히 성인의 역할을 수용해 가는 것이다. 이런 아동들의 권리 선언은 1922년 영국의 국제아동기금 단체연합이 발표한 「세계아동헌장」으로부터, 1924년 제네바의 「권리선언」, 1959년 UN의 「아동권리선언」, 1989년 UN에서 발표한 「국제아동권리협약」에 이른다. 이러한 일련의 아동의 권리에 대한 선언은 자선이나 박애의 대상으로서 아동을 소극적으로 보호하는 것으로부터 아동이 자신들의 가치와 권리의 주체라는 사상에 기초한 적극적인 아동 권리 옹호의 사상으로 발전한 것이다.

아동들은 권리를 가지고 있는 것과 마찬가지로 책임을 가지고 있다. 아동들은 자신들을 책임지고 있는 성인들의 명백한 기대를 충족시켜야 하며, 아동들에게 주어지는 요구 사항을 인정해야 하며, 그 각자에게 주어진 책임감을 진전시켜야 하며, 자발적 활동이나 계획 등에 참여하여 자신들의 발전에 도움이 되는 기회를 능동적으로 활용하는 책임 의식을 확실하게 이해하여야 한다(Costin. L. B., 1984).

그러나 일반적으로 아동들의 권리와 책임 사이에 대해서는 많은 모순된 생각이 있다. 즉, 사회가 아동들에게 책임은 요구하면서도 권리는 무시하고 아동을 비생산적인 일원인 것으로 여긴다는 것이다. 아동은 인간이기 때문에, 또 곧 미래의 성인으로 되어 가고 있기 때문에, 아동도 사회의 일원으로 타인과 똑같은 권리를 가지고 있다는 것을 인정해 주어야 한다.

2) 부모의 권리와 책임

부모도 아동과 마찬가지로 자녀에 대해서 책임과 권리를 동시에 가지고 있다. 부모는 자녀를 태어나게 했다는 사실만으로도 자녀를 보호 · 양육하는 데 있어서 가장 일차적인 책임이 있다. 그리고 부모는 후견인으로서의 권리를 가진다. 그래서 부모는 아동들의 인격 발달에 영향을 주는 행동이나 환경의 구성 양식 등의 기준을 결정해야 한다. 예를 들면, 아동의 교육 · 종교 · 직업 및 건강 보호면과 의료 보호 등의 여러 분야에서 수시로 의사 결정을 내려야 할 책임과 권리가 있다. 부모는 아동을 경제적으로 지원하며, 신체적으로 보호하고, 정서적으로 보호해 주어야 하며, 기타 다른 여러 가지 면에서 책임을 질 수 있어야 한다(Costin. L. B., 1984).

일상 생활 가운데 부모들은 많은 책임과 역할 기대에 직면하게 된다. 여기서 부모들이 자기 책임을 다 수행하지 못할 때 그 자녀들은 갈등과 부적응을 경험한다. 나아가 비행 아동이 되는 결과를 불러일으키기도 하는 것이다. 게다가 현대 사회가 산업화, 도시화 됨에 따라 부모의 힘이 점점 제한을 받게 되었다. 이에 따라 부모를 위한 사회 교육이 절실히 요구되고 있다.

3) 사회의 권리와 책임

사회는 아동 복지를 증진하기 위한 권리와 책임을 가진다. 다시 말해서 아동을 올바르게 육성시키기 위해 아동들에게 보호와 혜택을 줄 수 있는 독특한 권한을 사회가 가지고 있다는 것이다. 예를 들면, 국가는 단속이나 통제의 힘을 사용하여 의무 교육 등과 같이 부모를 다스릴 규정을 내릴 수 있다. 또한 아동을 고용하는 고용주들에게 법적인 제한을 가할 수 있으며, 아동에게 권해서는 안될 술이나 담배 등을 팔지 못하도록 규제할 수 있다. 그러나 이러한 단속이나 제한, 지시 등이 지나치게 될 경우 아동들의 자율성이나 참여 의식 등을 저해하는 결과를 낳을 수도 있다.

특히, 사회의 책임이나 권리는 다양한 아동 복지 대책의 개발을 위해 입법의 권한을 행사하는 일이다. 즉, 법 규정들을 채택하여 광범위하고 실제적인 대책을 세워 아동 복지를 위한 시설을 설립하고 시설을 운영할 수 있는 재정적 뒷받침 등도 마련할 수 있는 책임을 감당해야 한다.

아울러 아동들을 위한 국가의 책임은 부모와 자녀에게 개입하는 일이다. 부모의 아동에 대한 보호가 법에서 정한 것 이하의 수준이 될 때나, 아동이 자기 본래의 가정에서 도저히 생활할 수 없을 때 그 아동들이 시설에서 보호를 받을 수 있도록 해야 한다.

아동들이 더 많이 도움을 받을 수 있고 없는 것은 이 사회가 아동과 변화해 가는 세계에 대해 얼마나 이해하는지, 아동의 권리를 얼마나 존중하는지와 전문적인 서비스나 시설들을 통해 아동들의 요구를 충족시킬 적절한 자원들을 얼마나 제공하는지의 여부에 달려 있다고 할 수 있다.

2. 보편성과 선정성의 원칙

아동 복지 대책에는 보편성과 선정성이 균형을 이루어야 한다. 여기서 보편주의란 정책의 내용이 모든 대상에게 자신의 요구와 관계없이 무차별적으로 주어지는 것으로 보편 시여의 성격을 갖는다. 반면에 선정주의란 도움을 요청하는 경우에 한하여 조속한 시일내에 자립할 수 있게 하는 방향으로 시행하는 것을 목적으로 한다. 선정주의는 시정적이며, 종별적(categorical)이며, 열등 처우(less eligiblity)의 원칙을 바탕으로 한다(남세진 · 조흥식, 1995).

보편주의는 구체적으로 각종 보편 시여 제도(demorgrant)를 만들어내게 하였는데, 영국의 아동 수당(Children's Allowance) · 국민 보건 서비스(National Health Service) 등이나 많은 국가들이 실시하고 있는 가족 수당 · 무상 의무 교육 등을 들 수 있다. 보편 시여 제도는 전체 세입(稅入)에서 충당되는 것이다. 이러한 세입은 대부분 누진적 과세 구조를 통해서 거두어지는 것이기 때문에 이 시여책의 재분배 효과는 상당한 것으로 평가된다(박보희, 1975).

우리 사회 복지의 실태는 좁은 의미의 복지로써 선택된 특수 대상을 위한 대책에만 급급해 왔다. 아동 복지에서도 개인이나 가족 등의 소집단 중심의 사업이 주가 되어 왔으며, 전국적 규모의 아동을 대상으로 하는 제도는 거의 없었던 것이다. 가족이 그 중요한 기능들을 발휘하기 위해 필요한 요구들을 충족시키기 위해서는 사회의 제도적 기관을 이용해야 한다. 앞으로의 아동 복지는 제도적인 면에서의 보호 및 육성을 기초로 하는 사업들이 보다 적극적으로 실천되어야 할 것이다. 가족 제도 · 의료 제도 · 사회 보장 제도 등에 새로운 전기를 찾아야 하겠다.

아동 복지 사업이 구호 대책의 범위를 벗어나지 못한다면 문제를 미리 진단하고 예방하며 모든 아동이 행복한 가정 생활을 통해 자신의 잠재력을 충분히 발달시켜 나가도록 한다는 아동 복지의 현대적 이념을 제대로 실현하기를 요원한다. 따라서 현재까지 이루어졌던 구호 대책의 범위를 벗어나지 못하는 보완적 기능의 아동 복지 형태를 벗어나야 한다.

앞으로는 아동을 대상으로 하여 예방 · 개발을 중심으로 한 보편성을 띤 기능이 수행될 수 있는 방향으로 노력을 기울여야 한다. 그러기 위해서는 국회나 행정 및 사법부의 보다 많은 관심과 연구 및 실행들이 요구된다.

3. 개발적 기능의 원칙

아동 복지 대책으로 개발적 기능 원칙이 적용되어야 한다. 과거의 복지 지향적 체계에서 개발 지향적 체계로 전환해야 한다. 복지 문제와 개발 프로그램은 전혀 별개의 것이 아니고, 서로 연관되어 상호작용하는 것이다. 개발 지향적 프로그램은 기존 사회 복지의 기능적 확대라고 볼 수 있다.

개발적 기능의 성격은 제도적인 변화뿐만 아니라 국가 전체의 요구와 경제 개발 및 사회 개발의 조건들을 발전시키고 창조하는 일을 수행하는 것도 포함한다. 따라서 보다 전체적으로 접근하여 사회 문제가 발생하지 않도록 사회 구조나 사회 변화에 대해 정부가 적극적으로 개입하여야 한다.

개발적 내용을 가진 과제들로는 다음과 같은 것을 들 수 있다(남세진, 1975). 경제적 성장, 필요의 발견, 사회 계획, 변화와 발전에 대한 사람들의 참여, 지도자의 개발, 기관과 집단 사이의 조정과 협조의 향상, 직원의 훈련과 감독 등이 그것이다.

우리나라의 아동 복지 사업은 고아나 기아 등의 특별 보호가 필요한 아동들을 위한 것이 대부분이었는데, 앞으로는 보다 적극적이며 예방적인 변화를 갖게 하는 개발적 기능의 면이 수행되어 국가 발전이나 경제 개발에서의 부정적 요소들에 대처할 수 있도록 해야 할 것이다.

4. 포괄성의 원칙

포괄성의 원칙을 아동 복지 대책에 적용시켜야 한다. 앞서 말한 바와 같이 아동도 한 인간으로서 그들에게 관련되는 전체적인 면들이 상호 보완하는 가운데 바람직한 발달을 이룰 수 있어야 한다. 어느 한 측면만이 강조된 충족은 복지적 목표를 이룩할 수 없다. 즉, 경제적 부분과 아울러 교육 · 보건 · 주택 · 노동 · 오락 및 사회 복지 등 제반 부분의 포괄적 대책이 제도나 정책 및 여러 프로그램이나 서비스에 수반되어야 한다는 것이다.

5. 전문성의 원칙

아동 복지 대책에 전문성의 원칙을 적용하는 것은 그 성과면에서 매우 중요하다. 전문성의 원칙이란 아동 복지를 담당하는 전문 인력과 전문 기구가 마련되어야 한다는 것이다. 단지 아동을 위하여 자원 봉사하겠다는 마음만 가지고는 아동의 욕구와 상태를 전문적으로 파악할 수 있는 기술이나 지식을 갖기는 어렵다.

이 분야의 훈련은 매우 미약한 상태에 있다. 부분적으로 훈련을 위한 세미나가 이루어지고는 있으나, 전문적인 실시는 일부 대학에 속한 관계학과의 교육을 제외하고는 거의 찾아볼 수 없다. 심지어 전문적으로 훈련받은 사람들조차 생활보장이나 영구직으로는 신분 보장을 받지 못한다는 이유 등으로 이 분야에의 참여를 망설이고 있는 실정이다. 또한 많은 관련 단체들이 아동 복지를 위한 조직의 목적을 확실히 하고 있어도 실제 행정 담당을 위한 인력은 고려하지 않고 있다.

아동을 위한 전문적 지도 인력을 육성하기 위해 정부적 차원에서 제도적으로 강력한 보장 · 지지 · 격려가 필요하며, 지도자를 양성하여 사업이 성과를 거둘 수 있도록 노력을 기울여야 할 것이다.

II. 아동 복지 사업의 종류

Kadushin(1980)은 아동 복지 사업의 유형을 크게 지지적 사업(supportive service), 보충적 사업(supplementary service), 대리적 사업(substitute service)으로 나누고 있다. 본 절에서는 이러한 세 가지 복지 사업의 유형에 대해 개략적으로 살펴보기로 하겠다. 각 유형의 구체적인 실행방법이나 역사적 배경 등은 실제편에서 자세히 다루기로 한다.

1. 지지적 사업

지지적 사업이란 부모와 아동이 그들 각자의 책임을 효율적으로 수행할 수 있도록 그들의 능력을 지원하고 강화시켜 주는 사업을 말한다. 이때 서비스를 제공하는 아동복지기관은 부모나 아동의 역할 수행을 전적으로 대행하기보다는 외부에서 부분적으로 역할 기능이 제대로 수행되도록 원조해 준다.

또한 지지적 사업은 이미 자녀와 부모로서 가정을 이룬 경우만을 대상으로 하는 것이 아니라 미혼 남 · 녀에게 미리 부모 준비 교육 서비스를 행하여 근본적인 아동 복지 사업을 하는 것도 포함한다. 지지적 사업을 제공해 주는 중요한 아동복지기관과 아동에 대한 서비스를 통해 문제에 개입하는 아동 상담소가 있다. 대체로 지지적 사업을 필요로 하는 상황을 요약하면 다음과 같다.

① 부모–자녀 관계에서 관계 개선이 필요한 다소의 어려움이 있는 경우
② 부모 자신이 부모로서의 역할에 아무런 만족을 느끼지 못하는 경우
③ 부모가 자녀의 친구관계나 학교 생활에 문제가 있다고 여기고 관심을 가졌을 경우, 혹은 아동 스스로 그렇게 느끼는 경우
④ 형제 간의 갈등이 있는 경우
⑤ 불만스러운 부부관계로 인하여 자녀들에게 행동 장애가 발생할 경우
⑥ 결혼 전 남녀가 앞으로의 자녀에 대한 계획과 지식을 원할 경우

지지적 사업의 종류로는 개인적 면접을 통한 케이스워크 서비스(casework service), 집단 프로그램, 가족 치료, 그리고 지역 사회 프로그램이 있다.

2. 보충적 사업

보충적 사업은 부적절하거나 부족한 부모 양육을 보충하는 서비스를 말하며, 보충적 사업의 유형에는 경제적 지원과 보육 사업(child care service), 보호 사업(protective service), 가정 조성 사업(home-maker service)이 있다.

이를 좀더 설명하면 다음과 같다.

1) 보육 사업

보육 사업이란 여러 가지 이유로 낮시간 동안 친부모가 아닌 다른 사람들에 의해서 보호를 받아야 하는 아동들에게 주어지는 보호 · 교육 서비스를 말한다. 보육 사업은 아동을 위한 보충적 서비스 가운데 대표적인 것이다. '보육'이라 함은 영유아를 건강하고 안전하게 보호 · 양육하고 영유아의 발달 특성에 적합한 교육을 제공하는 사회 복지 서비스를 말한다(보건복지부, 2006).

보육 사업을 위한 프로그램에는 아동 개인의 욕구 및 발달의 단계, 영양, 정서적 측면에서의 지지, 아동의 건강과 신체적 성장, 그리고 아동의 인식과 사회적 발달에 도움을 주는 다양한 경험이 포함되어야 한다.

우리나라는 1991년 「영유아보육법」이 제정 · 공포 된 이후 현재는 보건복지부에서 보육사업을 추진하고 있다.

2) 보호 사업

보호 사업이란 아동이 학대나 착취 등의 유기를 당하는 상황에서 이웃이나 지역사회가 그 위험으로부터 아동을 보호하기 위하여 부모로부터 아동을 분리하고 보호하는 사업을 말한다. 따라서 이 사업은 부모의 의사와 관계없이 행해지는 사업으로써 계속적으로 부모가 아동을 학대하거나 유기할 가능성이 많거나 부모의 태도에 변화가 없을 경우에는 법정의 활동이 개입되어 아동을 근본적으로 보호할 대책을 강구하게 된다. 그러므로 최후 수단으로써의 사업이라 하겠다.

아동 학대는 아동을 보호하거나 관리하는 사람이 아동에게 외적 · 내적 타박상, 화상, 골절, 상처, 뇌 손상 또는 중독과 같은 신체적 손상을 주거나, 즉각적으로 치료하지 않으면 성장과 발달을 해치거나 그 결과 영구적인 상처가 나타나는 경우이다. 또는 죽음에 이르게 되는 영양 실조, 정신적 불건강의 상태, 혹은 성적 희롱을 말한다. 한국에서의 대표적인 아동 학대는 기아, 미아, 체벌, 방임, 성적 학대 등인데 기아를 제외하고는 최근까지 공적으로 방치된 문제들이었다(이용교, 1994). 학대받는 아동에 대한 사회 복지 제도나 긴급 보호체계가 보다 확대되고 체계화되어야 할 필요가 절실하다 하겠다.

3) 가정 조성 사업

가정 조성 사업은 어머니가 부재 중인 가정이 지니고 있는 여러 가지 욕구를 충족시켜 주기 위해서 계획된 서비스로써 어머니 역할의 중대한 측면을 보완하는 것이다. 가정 조성 사업은 훈련된 가사 조력원이 정기적으로 가사를 돌볼 뿐 아니라 자녀 양육도 함께 수행한다. 그러나 이 가정 조성 사업은 어머니의 역할뿐 아니라 아버지의 역할도 마찬가지로 실시할 수 있다. 외국의 경우는 큰형(big brother)이라는 이름의 대리 아버지가 가정 조성을 하는 경우가 많다.

가정 조성 사업은 부모, 특히 어머니가 질병이나 입원으로 자녀를 부양할 수 없을 때 적합한 서비스이다. 한국에서는 가사나 병 간호를 위해서 사적으로 파출부나 간병인을 고용할 뿐 가정 조성 서비스를 공적으로 실시하지 않고 있다. 가정 조성 사업은 특히 주부의 질병과 장기 입원으로 인한 가정 결손과 가정 해체를 막기 위한 것이므로 한국 사회에도 그 필요성이 증대되고, 복지 서비스가 시설 수용 보호에서 재가 복지로 변화하고 있기 때문에 가정 조성 서비스는 활성화될 전망이다(이용교, 1994).

3. 대리적 사업

대리적 사업은 각 아동의 필요에 따라 부모 양육을 전체적이거나 부분적으로 대행, 대리하는 것을 말한다. 대리적 사업은 위탁 가정(foster family), 입양(adoption), 시설 보호(institution)로 나눌 수 있다.

1) 위탁 가정 사업

각각의 아동은 자기가 태어난 가정에서 성장 · 발달해야 하지만 불행하게도 가정이 적합치 못하다든가, 부모가 아동을 보살필 능력이 없다든가, 부모들의 이혼 · 유기 · 사망 등으로 가정이 파괴되어 있거나, 또는 가정 환경에서 잘 지낼 수 없는 행동 문제 등을 갖고 있는 경우는 부득이 남의 가정에 일정한 기간 동안 아동이 들어가서 살 수 있도록 대리 가정을 마련해 주어야 한다. 특히 시설의 환경보다는 가정의 환경이 더욱 유리하다는 점에서 위탁 가정 사업은 아동 복지에 있어서 상당히 중요시되고 권장되는 중요한 프로그램으로 등장하고 있다.

2) 입양

입양이란 생물학적 과정이 아닌 법적인, 그리고 사회적인 과정을 통하여 친권 관계를 창조하는 행위를 말한다. 즉, 성인에게는 다른 아동을 법적 절차를 밟아서 자기 아이로 삼는 것을 의미하며, 입양되는 아동에게는 부모와 동일한 친자 관계를 맺는 것을 의미한다.

3) 시설 보호 사업

시설 보호란 가정에서의 욕구가 제대로 충족될 수 없는 아동들에 대해서 시설에서 집단 보호와 치료를 마련해 주는 것을 말한다. 고아원이나 특수 학교(가정을 떠나 완전히 거주하는) 등이 시설보호기관에 속한다.

시설 보호의 목적은 집단 생활 프로그램이나 각기 아동의 욕구에 따르는 특수 서비스 등을 통해서 다양한 경험을 얻을 수 있는 좋은 기회를 마련해 주는 데 있다.

미국의 아동 복지 연맹이 아동 복지 시설 서비스를 위한 규준에서 제시하고 있는 목적을 볼 때, 시설 보호는 단순한 수용 보호만을 위한 것이 아니라, 아동들의 건전한 성장과 인격 발달 또는 제반 문제 행동에 대한 교정 및 개선에 있다고 하는 점으로 미루어 보아, 이 분야의 효율적인 운영 · 방안 등이 계속 연구 · 발전되어야 하겠다.

Ⅲ. 아동복지기관

오늘날 사회 변화와 발전은 가족 기능의 변화를 가져 왔다. 이전에 가족에 의해 전적으로 충당되어 오던 아동의 교육, 보호 등의 역할들이 가족의 울타리를 넘어 사회에 의해 수행되고 있다. 아동 복지 정책은 아동의 교육과 보호에 관한 가족의 기능을 사회라는 공적인 영역에서 수행하기 위한 사회 정책이다. 아동 복지 정책에 포함되어 있는 아동 복지 사업은 기본적으로 입양, 위탁 보호, 시설 보호, 아동 학대 예방 서비스, 보육, 아동 양육 상의 문제에 대한 상담 서비스 및 기타의 여러 서비스가 포함된다(김현용, 1997). 이러한 아동 복지 사업은 모든 아동들이 전인적으로 성장 · 발달할 수 있도록 하기 위한 조직적인 활동이다. 이 활동을 담당하는 기관들은 정부 · 민간기관, 시설 및 국제 기구 등 매우 다양하다.

아동 복지 이념 자체가 가족이 담당할 수 없는 기능을 사회가 맡음으로써 모든 아동의 안녕과 복지를 구현한다는 점에서 볼 때 아동 복지에서 정부의 역할이 중요함은 새삼 강조할 필요가 있다. 오늘날의 변화하는 사회 속에서 가정의 테두리에서만 아동을 양육하고 보호할 수는 없다. 뿐만 아니라 근대의 복지 국가 개념에 의해 아동 복지의 보장을 국가가 책임져야 한다는 것은 대다수의 국민이 공유하고 있는 인식이다.

정부는 아동 복지에 관련한 각종의 정책을 확립할 수 있고, 정부에서 확립한 정책은 강력한 행정력을 바탕으로 요보호 아동뿐만 아니라 대다수의 일반 아동을 대상으로 계획적으로 실행될 수 있다. 우리나라는 중앙 정부내 보건복지부가 아동 복지를 담당하는 주무 부서이다. 이 밖에 근로 아동은 노동부에서, 비행 아동은 내무부와 법무부에서 관장한다.

1991년 지방 자치제가 실시된 후, 각 지방의 행정부 내에도 아동 복지를 담당하는 기관들이 설치되었다. 광역 지방 자치 단체인 도의 조직 구조에는 가정복지국이 있으며, 시 · 군 · 구의 행정 구조에는 가정복지과가 있다(김현용, 1997). 지방 자치 단체에서 아동 복지를 담당하는 주 기관의 명칭이 가정복지국 혹은 가정복지과라는 것은 아동 복지에서 가정의 역할이 그만큼 중요하다는 것을 반영하고 있다. 아동 복지가 기본적으로 나아가야 할 방향이 아동이 편안하고 행복하게 살아갈 수 있는 가정의 테두리를 만들어 주고 가정 속에서 사랑과 애정을 바탕으로 신뢰롭고 건강한 관계를 만들어 나가는 것이기 때문이다.

그러나 지방 행정부의 가정복지과에서 담당하는 업무는 아동 복지 업무와 가정 복지 업무가 엄밀히 구분되어 있다. 아동 복지는 도움을 필요로 하는 아동에게 서비스를 제공하는 데 집중하고 있는 반면, 가족 복지는 주로 모자가족, 청소년가족에게 경제적 원조를 제공하는 데 치중되어 있다.

이 밖에 중앙 정부와 지방 행정부에서는 아동 복지 업무를 효율적으로 수행하기 위해 각종의 자문 및 심의위원회를 설치하여 도움을 받고 있다. 정부에서 하는 아동 복지 서비스는 자본주의 체제하에 시장 경제 구조에 맡겨서는 효과를 기대할 수 없는 경우나 법적 강제성이 동원되어야 하는 경우로 제한된다. 정부에서 아동 복지를 실시하기 위해 필요한 협력기관들은 가정법원, 소년경찰, 아동 및 모자 상담소, 아동 및 근로 청소년회관, 보건소, 국립재활원 등이 있다(주정일 · 이소희, 1993).

아동 복지 사업을 담당하는 중요한 기관에는 국가 이외에도 민간의 아동복지기관들이 포함된다. 아동 복지 사업이 발전해 온 역사를 볼 때 국가가 주도해 온 것보다는 뜻 있는 개인이나 단체들의 적극적인 복지 사업이 중요한 역할을 해왔음을 알 수 있다. 정부가 거시적 · 정책적으로 아동 복지 사업에 접근하는 반면 민간 아동복지기관들은 아동의 개별적인 욕구에 적극적 · 능동적으로 개입할 수 있는 장점을 지닌다.

민간기관은 법적 인가를 받기 위하여 사회 복지 법인으로 등록한다. 대부분의 아동 복지 시설은 사회 복지 법인이지만 이 밖에도 사단 법인, 사회 단체, 종교 단체 등의 법적 지위를 가지고 활동하고 있다.

「아동복지법」에서 규정하고 있는 아동 복지 시설은 다음과 같다.

① 아동 양육 시설

② 아동 일시 보호 시설

③ 아동 보호 치료 시설
④ 아동 직업 훈련 시설
⑤ 자립 지원 시설
⑥ 아동 단기 보호 시설
⑦ 아동 상담소
⑧ 아동 전용 시설
⑨ 아동복지관
⑩ 공동 생활 가정
⑪ 지역아동센터

아동 복지 시설이란 일반적으로 아동을 수용하여 보호하는 경우를 말하며 규모가 크고 종합적인 아동 복지 서비스를 제공하는 경우를 아동복지기관이라고 한다. 이 밖에 아동 복지에 관련하여 간접적인 지원 활동을 수행하는 경우를 아동 복지 단체라고 부른다.

정부에 등록된 아동복지기관, 단체로는 공생복지재단, 경기사회봉사회, 기독교연합봉사회, 기독교대한성결교회 사회사업유지재단, 대한사회복지회, 대한예수교장로회총회 자선사업재단, 동방아동복지회, 육영재단어린이회관, 충남기독교사회봉사회, 충북사회봉사회, 한국복지재단, 한국사회봉사회, 한국선명회, 한국아동복지회, 한국어린이보호회, 한화아동재단, 호남사회봉사회, 홀트아동복지회 등이 있다(김현용, 1997).

이들 기관이 하는 사업은 아동 수용 보호와 보육 시설의 직영 또는 지원 사업이다. 그 밖에 문화의 향상 발전 사업, 기타 아동의 복지를 증진하는 사업을 포함하고 있다.

아동 복지 시설은 2008년에는 288개소에서 17,992명이 수용 보호를 받았다(보건복지가족부, 2009).

〈표 5-1〉 시설 보호 아동 현황 (단위 : 개소, 명)

년도		계	양육	직업 훈련	보호 치료	자립 지원	일시 보호	종합 시설	아동 복지관	아동 전용
2003	시설수(개소)	279	239	5	6	13	10	2	1	3
	수용인원(명)	18,818	17,437	158	373	244	437	169	–	–
2004	시설수(개소)	279	239	4	6	13	11	2	1	3
	수용인원(명)	19,014	17,675	130	376	246	432	155	–	–
2005	시설수(개소)	286	242	4	8	13	13	2	1	3
	수용인원(명)	19,151	17,729	110	457	229	457	169	–	–
2006	시설수(개소)	285	243	3	8	13	13	2	–	3
	수용인원(명)	18,817	17,517	75	436	235	391	163	–	–
2007	시설수(개소)	286	243	3	8	13	13	3	–	3
	수용인원(명)	18,426	17,161	72	404	269	365	155	–	–
2008	시설수(개소)	288	242	2	10	12	14	5	–	3
	수용인원(명)	17,992	16,706	69	477	257	341	142	–	–

주 : 종합 시설은 일시 보호 시설과 아동 상담소를 겸함.
출처 : 보건복지가족부(2009).

이들 시설 가운데 중요한 비중을 차지하는 것은 영유아 보육 시설이다. 영유아 보육 시설은 2008년말 현재 국공립 보육 시설이 1,826개소, 법인 보육 시설 1,458개소, 민간 보육 시설이 14,275개소, 가정 보육 시설 15,525개소, 부모 협동 보육 시설 65개소, 직장 보육 시설이 350개소로 총 영유아 보육 시설수는 33,499개소에 556,957명을 보육하고 있다(보건복지가족부, 2009).

이 밖에 개별적으로 존재하는 아동복지기관 단체 시설을 서로 연결해 주며 정부와 민간 아동복지기관 사이 또는 일반 사회와 아동복지기관 사이의 관계에서 이해와 업무 영역을 조정하고 공동의 관심사를 추진하고 회원기관의 공동 이익을 옹호하고 사회에 아동 복지를 널리 알리며 조사 연구, 교육하는 기능을 수행하는 협의체와 연구기관, 기타 아동 복지 옹호 단체들이 있다.

끝으로 아동복지기관으로 아동 복지와 관련된 각종 국제 기구를 들 수 있다.

국제 기구는 국가의 경계를 넘어 범세계적인 차원에서 아동의 복지와 권익을 위해 협력하는 단체들이다. 아동 복지를 위한 국제 기구는 다음과 같은 것들이 있다(주정일 · 이소희, 1993).

- 세계보건기구
- 국제노동기구
- 국제연합 교육 · 과학 · 문화기구
- 국제아동기금
- 국제아동복지연합

Ⅳ. 아동 복지 종사자

아동 복지 종사자란 아동 복지에 종사하는 모든 사람을 가리킨다. 예를 들어, 사회 복지사, 보육 교사, 유치원 교사 등 법적 지위를 갖춘 사람뿐만 아니라 각종 심의 및 자문 위원에 참여하는 전문가 및 각종 아동 복지 관련 행정 기구나 민간의 아동복지기관이나 아동 복지 시설에서 일하는 모든 사람과 자원 봉사자들을 일컫는다. 그러나 좁은 의미로 아동 복지 종사자를 말할 때는 아동 복지 사업을 수행하기 위해 요구되는 자격을 갖춘 사람이다.

아동 복지 종사자의 자격 요건에서 가장 중요한 것은 종사자 자신이 아동을 좋아하며 스스로 몸과 마음이 건강한 자이어야 하며 아동을 이해하고 아동을 위해 봉사하는 정신을 가져야 한다.

아동 복지 시설 종사자의 자격은 직무의 성격이나 책임수준에 따라 다르다. 자세한 내용은 「아동복지법」 16조 및 19조에 제시되어 있다. 아동 복지 시설의 종사자 수는 어떤 시설이냐에 따라 다르다. 도움의 손길을 많이 필요로 하는 아동이 있는 시설의 경우 성인 대 아동의 비율이 낮은 반면 아동 직업 보도 시설이나 교호 시설 같은 경우는 아동 30인당 보육사 1인으로 규정하고 있다. 그러나 「아동복지법」에서도 규명하고 있듯이 이러한 법적인 기준들은 최적의 기준이 아니라 최소한의 기준들이다.

「아동복지법」(시행령 제2조)에서는 아동복지지도원의 자격을 「고등교육법」에 의한 전문대학 또는 이와 동등 이상의 학교에서 보건복지부령이 정하는 아동 복지 또는 사회 복지 관련 교과목을 이수하고 졸업한 자 중에서 당해 지방자치단체의 장이 임용하도록 되어 있다.

또한 1997년 이후 보육 교사 양성을 위한 보육학과가 개설되고 있으며 동시에 현재 보육 교사는 관련 과목 35점 이상 이수하고 졸업한 경우 보육 교사 2급 자격을 취득할 수 있다.

아동 복지 사업에 종사할 수 있는 사람의 자격 요건이 이렇게 규정되어 있다고 할지라도 실제의 아동 복지 사업에서 빠져서는 안 되는 중요한 종사자들이 바로 자원 봉사자들이다. 아동 복지가 전문가 손에 의하여 이루어져야 하는 것은 자명한 사실이지만 모든 아동 복지 사업이 전문가에 의해서만 이루어져야 한다는 것은 오히려 사업의 비효율성을 자처하는 일이다. 아동이란 성장 과정에 있는 존재이며 많은 도움의 손길을 요구하는 존재들이다. 특히 시설에 수용되어 보호받고 있는 아동들은 도움의 잔손길을 많이 요구한다. 이에 자원 봉사자들의 적극적인 참여는 아동 복지를 크게 증진시킬 뿐만 아니라 아동 복지의 수준을 향상시킬 수 있다.

자원 봉사 활동은 아동 복지 사업의 모든 분야에서 가능하나 특히 아동 복지 시설에 수용되어 있는 아동을 대상으로 하는 활동은 매우 다양하다. 식사와 배설, 목욕 등을 도와주거나 아동의 생활을 지도하고 학습 지도, 기술 지도를 할 수 있으며 아동들과 함께 여가를 보내고 생일, 입학, 졸업과 같은 특별한 행사를 도와 줄 수 있으며 상담을 할 수도 있다(주정일 · 이소희, 1993).

참고 문헌

김현용 외 (1997). 현대사회와 아동. 서울 : 소화.

남세진 (1975). 한국 사회 사업 교육 과정 개발을 위한 연구. 한국 사회 복지, 1.

남세진 · 조흥식 (1995). 한국사회복지론. 서울 : 나남출판사.

박보희 (1975). 보편주의와 선정주의. 한국 사회 복지, 1.

보건복지가족부 (2009). 2009 아동 · 청소년백서.

보건복지부 (1999). 1999 보육사업 지침.

__________ (1999). 보육아동과 자료.

성영혜 · 김연진 (1997). 아동복지. 서울 : 동문사.

이용교 (1994). 청소년 복지론. 한국 청소년 개발원 (편). 서울 : 인간과 복지.

주정일 · 이소희 (1993). 아동복지학. 서울 : 교문사.

Costin, L. B. (1984). *Child Welfare: Policies & Practice* (3rd ed.). New York : Mcgraw-Hill Book Co.

Frederiksen (1950). *The Child and His Welfare*. SanFransico : Freeman Company.

Kadushin, A. (1988). *Child Welfare Services* (4th ed.). New York: Macmillan Publishing Co., Inc.

제2부 아동 복지의 실제

제 6 장

지지적 아동 복지 사업

Ⅰ. 미혼 부모 · 한부모 복지 사업

1. 미혼 부모 복지 사업

1) 개념

미혼 부모란 법적으로 혼인을 하지 않은 상태에서 자녀를 임신하였거나 자녀를 분만하여 부모가 된 사람을 말한다. 미혼 부모는 결혼을 한 적이 없는 부모, 특히 그 가운데에 모(母)를 말하나 결혼을 하였다 하더라도 자신의 배우자 이외의 사람과의 성관계를 통해 부모가 된 경우를 포함한다.

2) 발생 원인

미혼 부모의 발생 원인은 개인적, 사회적, 문화적 측면에서 다양하게 찾아 볼 수 있다. 사회적 요인으로는 산업화의 진전에 따른 사회 변화를 들 수 있다. 많은 젊은 남녀가 대규모 산업에 종사함에 따라 사회적으로 접촉할 기회가 많아지고 성개방 이데올로기가 확산됨에 따라 자유로운 성적 접촉이 이루어지면서 많은 수의 미혼 부모가 발생하게 되었다.

또한 문화적 요인으로 사회 곳곳에 서비스업이나 유흥업들이 넘쳐 나고, 다양한 시청각 매체들이 성적 자극을 여과 없이 청소년들에게 제공하고 있는 현상을 들 수 있다. 성적 자극을 제공하고 성 충동을 일으킬 수 있는 문화적 여건은 점점 늘어나는 데 반해 올바른 성 교육이 부재하다는 것 역시 미혼 부모 발생의 한 원인이 되고 있다.

개인적 요인으로는 개인의 성 지식과 태도, 교육수준, 연령, 개인적 경험, 가정적 요인 등을 들 수 있다. 개인이 성에 대해 잘못된 지식을 가졌거나 혹은 임신과 피임에 대해 지식이 없는 경우 미혼 부모가 되기 쉽다. 가정에서 안정된 가족관계를 경험하지 못한 경우, 성에 대해 올바른 교육을 받을 기회가 없었던 개인적 경험도 미혼 부모 발생의 한 원인이 된다.

3) 미혼모의 실태

미혼 부모들의 경우 대부분의 미혼부는 결혼 및 자녀 양육의 책임을 기피한다. 따라서 임신과 출산으로 나타나는 모든 책임과 결과들을 미혼모 혼자서 맡게 되는 경우가 대부분이다. 우리나라는 미혼모들을 동정의 대상으로 받아들이기보다 질타와 비난의 대상으로 삼고 있다. 따라서 미혼모나 미혼모의 가족들은 미혼 상태에서의 임신이나 출산을 다른 사람들에게 알리기를 꺼려한다. 이와 같은 이유로 미혼모에 대한 정확한 사회적 통계를 내기 힘들며, 또한 미혼 부모의 복지 대책이나 문제점, 현황들을 이야기할 때 미혼모 중심으로 이루어진다.

2005년 보건복지부에서 실시한 전국의 미혼모 시설에 입소한 미혼모들의 연

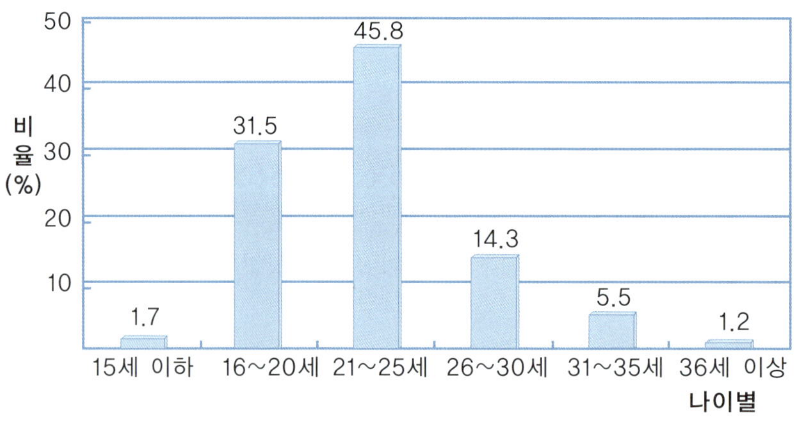

〈그림 6-1〉 미혼모 시설에 입소 중인 미혼모의 연령별 현황

출처 : 보건복지가족부(2008). 미혼모 현황 조사 결과.

령별 비율은 21~25세가 45.8%로 가장 많고, 16~20세가 31.5%, 26~30세가 14.3%로 나타났다.

〈표 6-1〉 연도별 미혼모 자녀 입양아 현황 (단위 : 명)

계	2001년	2002년	2003년	2004년	2005년	2006년
20,606	3,862	3,708	3,464	3,507	3,164	2,901

출처 : 보건복지부.

〈표 6-2〉 출산모의 연령별 출생 현황 (단위 : 명)

구 분	2001년	2002년	2003년	2004년	2005년
계	557,228	494,625	493,471	476,052	438,062
15세 미만	6	54	47	27	24
15-19세	3,872	4,323	3,806	3,412	3,108
20-24세	61,002	52,150	46,756	39,498	32,924
25-29세	274,148	227,172	219,932	199,075	175,551
30-34세	174,718	170,489	180,190	187,566	178,795
35-39세	35,683	34,265	36,036	39,778	41,031
40-44세	5,145	5,177	5,326	5,388	5,235
45-49세	302	353	379	373	355
50세 이상	44	36	51	26	62
연령 미상	2,308	606	948	909	977

출처 : 통계청.

4) 주요 추진과제

가. 양육미혼부모의 경제적 자립 지원

- 시설 퇴소 시 자립 정착금 지급을 통한 초기 자립 지원
- 특화된 직업 교육 과정 시범 개발 · 운영, 취업 알선

나. 「양육미혼부모 자립 지원 그룹홈」 확대 및 개선

- 그룹홈의 법적 근거 마련 및 확대 설치
- 운영수준 제고(면적 확대, 종사원 보강, 보호 기간 연장 등)

다. 「미혼모 시설」 운영 개편 및 기능 강화

- 기존의 '미혼모 시설'에서 '미혼모부자시설'로 개념 확대
  → 출산 후 미혼모의 일정 기간(90일 내외) 초기 양육 지원
- 미혼모로서의 분만 및 출산 영아에 대한 의료 보호 확대
- 미혼모의 퇴소 후 자활을 위한 프로그램 확대 실시

라. 미혼부모에 대한 「상담 및 정보지원센터」 운영

- 미혼부모들의 소외감 극복, 자아존중감 및 자립 의지 확보
- 건강가정지원센터 및 미혼모 시설을 활용하여
  - 가족과의 단절 극복을 위한 가족 치료 및 부모 상담
  - 미혼부모들의 긍정적인 관계 및 책임 공유 상담, 지원
  - 정부 및 민간 분야의 지원 사항을 종합 안내하는 원스톱 정보 제공 서비스

마. 사회적 인식 개선 및 성 교육 확대

- 미혼모부자가족을 다양한 가족의 형태로 인정하는 인식 확산
- 청소년의 성 교육 의무화 및 다양한 성 교육 프로그램 개발

출처 : 보건복지부(2007). 미혼모 현황 조사 결과.

2. 한부모 복지 사업

1) 개념

부모 가운데 한 명이 사망, 이혼, 별거로 인해 편부 혹은 편모와 그 미혼 자녀로 구성된 가구를 한부모가구라고 부른다. 한부모가족은 어머니가 없이 아버지와 자녀가 함께 사는 부자가족, 아버지 없이 어머니와 자녀가 함께 사는 모자가족으로 나뉘어진다. 이전에는 한부모가구를 결손가구라고 칭하기도 하였으나

〈표 6-3〉 모부자 보호 시설 현황

시·도	계	모부자보호시설		모자자립시설		모자일시보호시설		미혼모자시설		미혼모자공동생활가정	
		시설수	시설명	시설수	시설명	시설수	시설명	시설수	시설명	시설수	시설명
계	100	42		4		14		25		15	
서울	15	6	성심, 해오름빌, 영락, 동광, 창신, 평화모자원	–	–	2	샤인힐(구 자매복지회관), 서울모자의집	5	애란원, 구세군여자관, 열린집, 성심의어머니집, 아름뜰	2	애란모자원, 달빛둥지
부산	10	6	은애, 다비다, 안나, 청학, 한나, 마리아모자원	–	–	1	성현여성의집	2	마리아모성원, 사랑샘	1	마리아모성의집
대구	10	5	소망, 목련모자원, 자용모자복지관, 기독교가정복지관, 본마을빌라	–	–	3	여성회관태평상담실, 자비의쉼터, 대구가톨릭여성의집	1	대구혜림원	1	잉아터
인천	5	2	융신모자원, 아담채(부자)	–	–	1	은혜주택(구 여성쉼터)	1	인천자모원	1	스텔라의집
광주	5	1	인애모자원	1	인애자립장	–	–	2	인애복지원, 우리집	1	평안의집
대전	4	1	루시모자원	–	–	1	대전여성의집	2	아침뜰, 대전자모원		
울산	4	1	보리수마을	–	–	1	여성의쉼터	1	물푸레	1	물푸레
경기	11	2	새소망빌라, 세림주택	1	늘푸른빌라	1	가톨릭여성의집	5	에스더의집, 늘푸른집, 생명의집, 새싹들의집, 고운뜰	2	천사의집, 로뎀의집
강원	3	1	성은모자원	–	–	–	–	1	마리아의집	1	요셉의집
충북	3	1	성가마을	1	상록수	–	–	1	자모원		
충남	4	2	세화주택, 에베네셀모자원	–	–	1	테레사의집		–	1	새소망의집
전북	7	4	원광, 신광, 성애, 이산모자원	1	신광자립원	1	삼성여성쉼터		–	1	여성의집
전남	5	2	목포태화모자원, 함평자광모자원	–	–	–	–	2	어린엄마둥지, 성모의집	1	살로메나눔터
경북	6	5	포항, 상록, 영신모자원, 경주애가원, 안동복지원	–	–	–	–	1	샤론의집		
경남	4	2	통영신애원, 희망모자원	–	–	1	창원여성의집	–	–	1	생명터
제주	4	1	제주모자원	–	–	1	한빛여성의쉼터	1	애서원	1	아기사랑엄마의집

출처 : 보건복지부(2007). 보건복지통계연보.

현대 사회에서는 결손 가구라는 명칭은 사용되지 않고 있다.

2) 변화 추이

통계청의 해당 연도별 「인구주택총조사보고서」를 보면 전체적으로 한부모가족의 절대 수는 증가하는 추세이다. 그리고 전체 가구 중 한부모가정 가구가 차지하는 비율은 1985년 8.9%에서 1990년 7.8%, 1995년 7.4%로 감소하였다가, 2000년 7.9%, 2005년 8.6%로 다시 증가하는 추세에 있다(표 6-4).

한부모가정 가구에서 모자가정과 부자가정이 각각 차지하는 비율을 보면, 분리된 통계가 시작된 1995년 이후 모자가정의 비율은 줄어들고 있는 반면, 부자가정의 비율은 점차 증가하고 있는 것을 알 수 있다. 2005년 현재 모자가정 대 부자가정의 비율은 4:1로 나타나, 모자가정뿐 아니라 부자가정도 중요한 정책의 대상이 되어야 함을 시사한다(여성가족부, 2006, 한부모가족지원법안에 관한 연구).

〈표 6-4〉 한부모가구의 변화 추이 (단위 : 1,000가구, %)

연도	총 가구 수	한부모가구 수	모자가정 가구수(비율) / 부자가정 가구수(비율)
1985	9,571,361	847,796(8.9)	-
1990	11,354,540	888,823(7.8)	-
1995	12,958,181	959,972(7.4)	787,574(82.0)
			172,398(18.0)
2000	14,311,807	1,123,854(7.9)	903,857(80.4)
			219,997(19.6)
2005	15,887,128	1,369,943(8.6)	1,083,020(79.1)
			286,923(20.9)

출처 : 통계청(2005). 인구주택총조사보고서.

한부모가족의 가구주 연령대별 비율을 보면, 모자가정의 가구주 연령은 40대 36.2%, 50대 24.0%, 30대 19.9%, 60대 이상 15.5% 순으로 나타났고, 부자가정은 40대 39.6%, 50대 29.7%, 60대 이상 16.3%, 30대 12.6% 순으로 나타났다(표 6-5).

모자가정뿐 아니라 부자가정 모두 가구주 연령이 40~59세인 세대가 높은 비율을 차지하고 있음을 알 수 있다. 또한 십대 모자가정 및 부자가정이 각각 0.1%씩 나타나, 미혼모가정 및 미혼부가정에 대한 가족 정책적 관심이 요구되고 있다.

〈표 6-5〉 가구주 연령별 한부모가구 비율 (단위 : 가구 수, %)

가구 유형 / 가구주 연령	모자가정	부자가정
20세 미만	1,187(0.1)	213(0.1)
20~29세	46,322(4.3)	4,913(1.7)
30~39세	215,446(19.9)	36,208(12.6)
40~49세	391,585(36.2)	113,715(39.6)
50~59세	260,237(24.0)	85,262(29.7)
60세 이상	168,243(15.5)	46,612(16.3)
계	1,083,020(100.0)	286,923(100.0)

출처 : 통계청(2005). 인구주택총조사보고서.

3) 실 태

현재 미혼모 규모와 관련하여 가장 포괄적 정보를 제공하고 있는 자료는 통계청의 인구센서스 자료이다. 한부모가정 중 가장의 결혼 지위가 미혼인 경우가 미혼모가정에 해당된다. 미혼모가정의 수는 1995년 90,986가구, 2000년 117,764가구, 2005년 133,234가구로 증가하고 있다. 여기에 미혼부 가정을 추가하면, 수치는 조금 더 높게 나타난다.

모자녀가정(single-mother households) 중 미혼모가정의 비율이 〈표 6-6〉에 제시되어 있다. 이들의 비율은 1995년 11.6%, 2000년 13%, 2005년 12.3%로 큰 변화를 보이지 않는데, 그 이유는 모자녀가정 중 유배우와 이혼 여성의 비율이 급증하였기 때문이다(2008 제47차 여성정책포럼, 한국여성정책연구원).

〈표 6-6〉 연도별 결혼 지위별 한부모가정 (단위 : 가구)

연 도	구 분	가구 전체	한부모가정	모+자녀 가정	부+자녀 가정
2005년	가구계	15,887,128	1,369,943	1,083,020	286,923
	사 별	1,832,308	501,095	427,209	73,886
	유배우	11,120,410	327,864	263,716	64,148
	이 혼	904,154	398,532	258,861	139,671
	미 혼	2,030,256	142,452	133,234	9,218
2000년	가구계	14,311,807	1,123,854	903,857	219,997
	사 별	1,561,841	502,284	438,226	64,058
	유배우	10,739,411	252,917	194,690	58,227
	이 혼	552,720	245,987	153,177	92,810
	미 혼	1,457,155	122,666	117,764	4,902
1995년	가구계	12,958,181	959,972	787,574	172,398
	사 별	1,407,557	526,320	458,298	68,022
	유배우	10,060,042	216,067	165,401	50,666
	이 혼	277,798	123,969	72,889	51,080
	미 혼	1,212,746	93,616	90,986	2,630

출처 : 통계청(2005). 각 연도별 인구센서스.

4) 복지 대책과 과제

한부모가구에 대한 정부 지원은 거택 보호 및 자활 보호 등 생활 보호 형태의 지원이 전체 지원 형태의 3/4을 차지하고 있다. 정부 지원 내용은 생계비, 양육비 및 교육비가 주종을 이루고 있다. 이 밖에도 제한적으로 상담 서비스, 주택 알선 및 취업 알선 등의 기타 지원이 이루어지고 있지만 그 정도는 매우 미미하다. 정부 지원의 빈도는 정기적인 경우가 편부가구의 69.2%, 편모가구의 78.0%를 차지하고 있다. 정부의 지원이 생활에 도움을 주는 정도는 편부가구 가운데 37.2%가, 편모가구 가운데 26.1%가 크게 도움이 된다고 응답했다(공세권 외, 1995).

현실적으로 한부모가구들이 겪는 문제는 경제적 문제뿐만이 아니다. 경제적 문제 이외에도 역할 재조정 문제나 정서적 문제, 자녀 문제, 대인관계 문제 등을 겪고 있는 것으로 나타났다(한국여성개발원, 1984). 이러한 점을 고려해 볼 때 한부모가구에 대한 정부의 복지 대책이 경제적인 지원에서 역할 지원이나 정서적 지원으로 보다 확대되어 이루어져야 함을 알 수 있다.

Ⅱ. 상담 사업

1. 개념

아동 복지 사업 가운데 가장 일차적인 사업은 상담 사업이다. 상담 사업은 자기 가정 내에서 부모와 어린이가 바람직한 관계를 가지며 행복하도록 그들을 지지·강화해 주는 사업이다. 이 상담 사업을 아동 복지 사업 가운데 가장 일차적인 사업이라고 하는 것은 어린이가 가장 행복해 할 수 있는 곳은 다른 어느 곳보다도 자신의 가정이라는 기본 전제에 기인하는 것이다(Kadushin, 1988).

상담 사업의 내용은 부모나 어린이와 면접을 통한 상담 서비스, 가족 면담, 유사한 문제에 관심 있는 여러 가족들의 모임 등이다. 그 밖에 간접적인 원조로써 필요에 따라 공공 복지의 혜택을 받을 수 있도록 복지관계 당국과의 협상, 적절한 사회기관에의 의뢰, 학교나 법원 등의 사회기관과 가족 간의 중개자적 역할 등을 수행한다(Wittaker, 1982).

아동 상담 사업은 아동이 건전하고 행복한 가정 내에서 건강하게 자랄 수 있도록 도와 주는 사업이다. 아동 상담 사업은 보호를 필요로 하는 아동이 발생하기 이전에 튼튼하고 건강한 가족관계를 만들 수 있도록 조력하는 것에 더 역점을 두어야 한다. 그러나 한국 아동 상담 서비스의 실제를 규정하는 보건복지부의 「아동복지사업지침」(1996)에서는 아동 상담소의 목적을 요보호 아동의 발생 방지와 요보호 아동의 신체적·정신적 및 사회적 발달에 필요한 적합한 조치를 취하고 지역사회와도 밀접한 유대관계를 형성하여 아동의 복지 증진에 기여함에 두고 있다. 아동 복지 사업의 지침의 내용은 일반 아동보다는 요보호 아동에 대한 서비스에 초점을 두고 있는 것이다(노혜련, 1997).

2. 역사적 배경

미국의 경우 아동 상담 사업을 하는 기관으로 부모를 상담하거나 원조해 주는 기관과 어린이를 직접 상대로 상담해 주는 기관이 있다. 이 두 기관은 상담의 대상을 달리할 뿐만 아니라 역사적 배경도 다르다.

부모를 대상으로 원조 혹은 상담해 주는 사업은 1880년대에 설립된 '자선단체(Charity Organization Societies)' 에서 출발한다. 이 단체는 가난한 자를 돕는 사설 단체들을 통합하기 위한 것이었다. 이 단체의 기본 태도는 가난한 사람들과 친구의 입장에서 개인적인 관계를 맺어 도와 준다는 것이다. 이 단체는 1911년 '전국자선단체(National Association of Societies for Organizing Charity)' 로 확대되었으며, 1930년에는 '미국 가정복지단체(Family Welfare Association of America)' 로 명칭이 개정되었다. 1946년에는 '미국 가정서비스단체(Family Service Association of America)' 로 이름이 바뀌었다.

부모를 대상으로 하는 원조 혹은 상담 사업은 1930년대까지 빈곤 가정에 대한 자선의 차원으로 이루어지다가 그 이후 정부가 이 사업을 담당해야 한다는 인식이 점차 확산되었다. 그러면서 부모 지지를 통한 아동 복지 사업은 자선뿐만 아니라 가족 간의 정서 문제, 가족 간의 부적응 문제, 부모와 자녀 간의 문제, 부부 간의 문제 등을 상담해 주는 것으로 확산되었다.

다른 한편 아동을 대상으로 하는 '아동 상담소' 는 어린이를 우선적으로 면담하여 문제 해결을 도와 주는 사업이다. 이 사업은 1909년 청소년 재판소에서 청소년 범죄자를 연구하던 William Healy가 Freud 이론을 적용하여 청소년 범죄자에게 정신과적 서비스를 시작한 데에서 기원한다. Healy의 사업은 1920년대 초반 '전국 정신의학협회(National Commitee for Mental Hygine)' 의 원조를 받아 확대 실시되었다. 이후 정부 차원에서 사회사업가 훈련기관에 '아동상담국(Bureau of Child Guidance)' 등을 두어 아동 상담법과 정신과적 치료방법 등을 교육하여 상담 사업의 전문화 · 체계화를 실시해 오고 있다(Kadushin, 1988).

우리나라의 아동 상담 사업은 1959년 설립된 '서울아동상담소'를 계기로 시작되었다. 그러나 일반 아동을 포함한 모든 아동 및 청소년을 위한 종합적이고 포괄적인 상담 사업을 본격적으로 실시하고자 노력하기 시작한 것은 1990년대에 들어와 문화체육부에 의한 청소년 상담실이 설립되면서부터라고 해도 과언이 아니다(노혜련, 1997).

공립 아동 상담소는 1961년 제정 · 공포된 「아동복리법」에 근거를 두고 당시 5백여 개의 아동 복지 시설에 수용되어 있었던 약 7만 명의 고아를 위한 입양 사업의 전개를 목적으로 각 시 · 도에 설치되었다(이영희, 1990).

「아동복지법」(제16조)에서 규정하는 아동 상담소는 아동과 그 가족의 문제에 관한 상담, 치료, 예방 및 연구 등을 목적으로 하는 시설이다.

우리나라의 경우 국 · 공립 아동 상담소는 시 · 도지사, 시장, 군수가 설치하나, 사립 상담소는 사회복지법인 또는 재단법인, 연구소 등에서 시장 또는 도지사의 인가를 받아 설치할 수 있다. 시 · 도에서 설치한 상담소는 상담 조사, 판정 지도, 일시 보호의 세 가지 기능을 수행하게 된다. 상담 조사는 아동 또는 그 보호자에 대하여 적절한 조치를 위한 전문적 판정과 더불어 심리요법, 사후 지도, 위탁 보호 등 보호 지도를 행하는 것을 말한다. 한편, 사회복지법인이나 재단법인에서 설치한 경우는 일반적으로 상담 · 조사의 기능에 치중하고 유료 서비스의 형태를 취하고 있다.

아동복지법 규정에 의한 아동 상담소 시설은 상담실(16.5㎡ 이상), 심리검사 · 치료실(16.5㎡ 이상으로 하되, 2개실 이상), 집단 지도실(33㎡ 이상)을 갖추어야 한다.

학교 폭력이나 집단 따돌림이 사회적 이슈가 되자 교육부는 이에 대한 해결책으로 학교 현장에 전문 상담 교사를 배치하겠다는 방침을 내놓았으며(진해영, 2007), 전문 상담 교사의 양성과 함께 2007년 3월 1일부터 공립학교에는 전문 상담 교사가 175명 배치되었고, 사립학교에는 전문 상담 교사가 배치되지 않고 있었지만 공 · 사립학교의 균형 있는 발전을 위해서 2007년 9월 1일부터 사립학교에도 전문 상담 교사가 배치된다(교육인적자원부, 2007. 5. 17, 공고문).

3 상담이 필요한 상황

많은 가정에서 부모와 아동은 여러 가지 다양한 문제에 맞닥뜨리게 된다. 원활한 가족의 기능, 건강하고 긍정적인 가족관계 형성에 실패하면 부모와 아동은 도움을 필요로 하게 된다. Costin은 상담 서비스가 요구되는 경우를 다음의 네 가지로 정리하여 말하고 있다(Costin, Bell, & Downs, 1991).

첫째, 가족 생활 속에서 자연적으로 발생하는 위기 상황이다. 가족 생활에서는 심각하고 비정상적인 문제가 아닌 정상적인 사건들이 가족 성원의 긴장이나 신체적 · 정서적 문제를 야기할 수가 있다. 예를 들어, 아버지가 직장을 옮기면서 이사를 하게 되는 정상적인 사건으로 새로운 이웃, 낯선 친구를 만나 사귀어야 하고 새로운 학교에 적응해야 한다. 이때 여러 가지 스트레스가 있을 수 있다. 학력이 낮은 사람이 조기에 결혼하거나 출산함으로써 낮은 생활수준에 있어야 하고, 개인의 만족을 연기해야 하는 압박을 초래할 수 있다. 자녀나 부모 등 가족 성원 중 하나가 오랜 질병을 앓고 있어서 어머니가 과중한 책임을 져야 할 때 스트레스가 따르게 된다. 어린이가 사망하거나 원하지 않은 임신을 했을 때, 장애아를 출산했을 때, 아버지 또는 어머니의 사망 시에도 가족에게는 위기가 발생하며, 가정의 막내가 입학하거나 다 자란 첫째가 결혼하여 집을 떠날 경우, 어머니가 취업을 하게 되는 경우와 조부모나 친척과 동거하게 되는 경우에도 생활 유형이 변화함으로써 가족들이 스트레스를 받을 수 있다.

둘째, 부모의 능력 부족을 들 수 있다. 부모가 부적절한 보호를 함으로써 어린이가 바람직한 경험을 할 수 있는 기회를 잃는 경우이다. 부모가 빈곤하여 영양부족 때문에 건강하지 못하거나, 낮은 학력, 실업, 주거지 불량, 나아가 운동 · 도서실 등 공공 시설 부족, 사회로부터의 소외, 우울, 절망 상태에 빠져 있으면 아동을 제대로 양육할 수 없다. 특히 한부모가정은 정상적인 가족관계가 결핍되기 쉽다. 한부모는 가정 운영과 양육 책임을 동시에 담당해야 하므로 자녀에게 성역할 모델이 결핍되고 재정적 · 정서적 지원이 결손되기 쉽다. 부모가 정신이 박약하거나 정신적 · 신체적 질병을 가진 경우도 이에 해당된다. 가족 구성원 간 갈등이 있는 경우, 부모가 절도나 알코올 · 약물 남용, 폭력, 성격 이상 등 문제 행동을 하는 경우, 부모 책임에 대한 준비가 없어서 아동 양육과 가정 관리 능력이 부족한 경우 등이 있다.

셋째, 어린이의 신체적, 정신적 상태와 행동에 문제가 있는 경우이다. 어린이가 신체 및 정신에 장애를 가진 경우 부모로부터 거부당하거나 열등감을 갖게 되고, 다른 어린이로부터 소외되기 쉬워 정상적인 발달이 결핍될 수 있다. 이와 같이 특별한 요구를 가진 어린이는 적절한 상담이 이루어져야 한다. 또한 신체적으로나 정신적으로 정상아이면서도 혼란된 기능과 발달상에 장애 증상이 나타나는 어린이들이 있다. 이 어린이들은 대부분 부모와 자녀관계의 결손 때문에 이런 증상을 보이며 상담으로 해결되지 않으면 회복 불가능 정도의 심각한 문제가 된다. 그 밖에 성격이 난폭하거나 화를 잘 내고, 싸움을 잘 하고, 우울하며, 질투감 · 불행감에 빠져 있는 어린이, 친구나 학교에 관심이 없고 경쟁심이 없는 어린이, 가족이나 학교 · 사회에서 소외된 어린이로서 보호를 거부하거나 사회 당국과 문제를 일으키고 무책임하며 비행적 · 성적 행동 및 위험 약품을 사용하거나 무단 결석 · 방화 · 가출하는 어린이 및 신경증적 문제를 가진 어린이가 이에 포함된다.

넷째, 지역 사회 환경이 가족 생활에 부적합하거나 어린이의 욕구와 권리를 침해할 때를 들 수 있다. 예를 들어, 가족 생활을 지원하고 보충하는 사회 급여가 부적절하거나, 건전하고 이상적인 사회 계획이 실패했을 경우, 기존 프로그램에 대한 재정 · 정보 · 서비스의 제공이 부적절할 때, 특정한 사람이나 문제 집단에 대해 부정적인 태도를 보일 때(소수 집단 무시, 정당한 고용 기회 박탈, 어린이 학대에 대한 무관심), 사회에 대한 의견을 발표할 수 있는 통로가 결핍되어 있을 때, 경찰관의 권위적인 태도, 아동 단체 직원들의 비전문성 또는 다수의 학생들에게 문제를 야기시키고 그들의 실패에 기여하는 학교 정책과 실천 등을 통해 나타나는 사회 제도들이 실패했을 때 등이다.

4. 아동 상담 사업의 종류

상담 서비스는 기준에 따라 그 종류가 다양하게 구분된다. 이론적 기초에 따라 분류할 때는 정신 분석, 행동 수정, 현실적 상담, 인지 치료적 상담, 합리적 상담 등을 들 수 있다. 상담의 대상에 따라 분류할 때는 아동의 문제를 아동 개인 또는 관련 성인들을 개별적으로 상담하여 해결하고자 하는 개별 상담, 유사한 문제를 가진 아동 또는 성인들의 집단을 형성하여 개입함으로써 해결하고자 하는 집단 상담, 아동의 문제가 부부 문제와 연관되어 있다는 가정하에 부모를 대상으로 하는 부부 상담, 아동의 문제는 전체 가족과 연관되어 있다는 가정하에 가족 전체를 대상으로 하는 가족 상담, 아동의 문제는 지역 사회의 문제와 연관되어 있다는 가정하에 지역 사회의 개선을 꾀하고자 하는 지역 사회 조직 등으로 분류된다(노혜련, 1997). 청소년이나 아동을 대상으로 활용할 수 있는 상담방법은 놀이 치료, 음악 치료, 사회심리극 등이 있다.

상담의 실시에 따른 비용을 피상담자가 부담하는 경우는 유료 상담이며 민간단체나 아동 연구소 등에서 실시하는 상담은 유료로 이루어진다. 피상담자가 비용을 부담하지 않으면 무료 상담이다. 시 · 도에 설치되어 있는 아동 상담소에서는 무료 상담을 한다(주정일 · 이소희, 1993).

5. 현황

우리나라의 아동 및 청소년 상담기관은 정부의 부처별 고유 기능에 따른 행정기관 상담실, 학교 상담실, 민간 사회 단체 상담실 등이 있다. 먼저 정부에서 직접 운영하는 상담 사업은 관장 부서별로 독립 · 분산되어 실시되고 있다. 관장 부서별로 살펴보면 다음과 같다.

아동 및 청소년들은 급변하는 사회적 분위기 속에서 가족 갈등, 또래와의 갈등, 학업 문제, 사회적 압력 등과 같은 문제에 직면해 있다. 이에 대한 예방과 개입 및 지역 사회 중심의 청소년 육성을 종합적으로 지원하기 위하여 청소년 상담은 1990년부터 설치하기 시작한 청소년 종합상담실(현재는 청소년상담지원센터)에서 실시되고 있다. 청소년 상담지원센터는 16개 시도, 126개 시 · 군 · 구에 설치 · 운영되고 있으며, 상담 이용 건수를 살펴보면 2008년도 21,035,110건이다. 이중 대면 상담은 14,022건이며, 매체 상담은 21,021,088건이다. 문제 유형별로는 대인관계 문제가 20.2%로 가장 많았으며, 그 다음은 학업 및 진로 문제 16.2%, 가족 문제 15.2%, 비행 7.4%순이다(보건복지가족부, 2009, 아동 · 청소년 백서).

이 밖에 중 · 고등학교와 대학교에서 생활, 학습, 진로 지도 등을 담당하는 학교 상담실이 있다. 현재 우리나라에서는 12학급 이상인 중학교와 9학급 이상인 고등학교에서는 학교 상담실의 설치를 의무화하고 있다. 그러나 1995년 4월 1일 교육통계연보(교육부, 1995)에 의하면 전국의 중학교 총 2,683개교 가운데 173명의 전담 교도 교사가 있는 것으로 나타났다. 고등학교 경우는 전국의 1,830개교 가운데 전담 교도 교사가 225명뿐이다. 사회 복지 법인 혹은 기타 공익 법인에서도 민간 상담실을 운영하고 있다. 전국에 130여 개소가 운영되고 있으며 관련 상담원은 594명이 배치되어 있는 것으로 알려지고 있다. 이는 주로 사회 복지 법인, 사단 법인, 재단 법인 등의 비영리 공익 법인이다. 이러한 민간 상담실의 대부분은 상담 사업이 다른 공익 사업에 부수적으로 실시되고 있어 한계를 안고 있다(노혜련, 1997). 한국직업능력개발원에서는 1999년 이래 교육부의 위탁을 받아서 운영하는 종합진로정보망 커리어넷(http://careernet.re.kr)을 통하여 사이버 상담을 제공해 왔으며, 2004년의 경우 총 8,000여 건의 상담을 사이버상에서 제공하였다. 한국직업능력개발원 커리어넷에서 사이버 상담을 제공하던 초기에는 국내에서 사이버 진로 상담을 전문적으로 제공하는 거의 유일한 사이트였으나, 최근에 들어 각 시도교육청교육과학원, 대학교육협의회 등 다양한 사이트에서 사이버 진로 상담을 제공하고 있으며, 이는 향후 더욱 확대될 추세이다(한국직업능력개발원, 2005).

그 외에 전문 상담을 목적으로 하는 소수의 전문 상담실이 있다. 한국상담심리연구소, 행동과학연구소, 태화정신건강상담실, 원광아동상담센터 등을 들 수 있다. 이러한 전문 상담실은 전공 학회나 기타 관련 인사가 운영하는 것이 대부분이고 그 수가 너무 적어 한국 아동 상담 사업 안에서 큰 비중을 차지하지 못한

〈표 6-7〉 아동 상담소 수 및 상담 현황

(단위 : 개소, 명)

구분	상담소 수			성 별			발생 유형							발생 배경(가정형편)					
	계	공립	사립	계	남	여	계	비행 부랑 가출아	기아	학대 방치아	미아	일반 가정	기타	계	결손가정	결함가정	영세가정	일반 가정	기타
1990	50	13	37	34,041	19,493	14,548	34,041	6,325	1,369	968	1,705	14,119	9,555	34,041	10,144	2,404	4,367	11,728	5,398
1995	50	13	37	29,751	16,260	13,491	29,751	5,966	2,275	731	838	13,690	6,251	29,751	8,955	2,756	3,516	10,798	3,726
2000	39	6	33	28,125	14,802	13,323	28,125	4,433	1,536	975	973	12,792	7,416	28,125	11,865	1,963	3,263	8,704	2,330
2001	39	6	33	28,866	15,281	13,585	28,866	2,638	1,329	2,897	452	12,061	9,489	28,866	10,633	2,027	3,941	9,523	2,742
2002	42	6	36	31,303	17,313	13,990	31,030	3,606	1,232	3,559	377	15,000	7,529	31,303	11,560	1,962	4,125	11,353	2,303
2003	43	6	37	28,327	15,747	12,580	28,327	2,999	1,201	4,837	428	13,557	5,305	28,327	11,049	1,352	4,112	10,446	1,368
2004	41	6	35	29,926	15,484	14,441	29,926	4,381	1,001	4,529	286	14,247	5,482	29,926	10,769	1,103	3,727	12,638	1,689

〈표 6-8〉 아동 상담 고민 사항

(단위 : 명)

구분	상담 사항									조치 결과					
	계	비행 · 부랑아선도	성격이상 심리검사	미아상담	미혼모 상담	이성 · 성문제	진로취업	생계곤란 보호요구	기타	계	귀가연고자 인계	시설 입소 관계 의뢰	취업알선 후원자연계	가정위탁 보 호	일시적 귀가조치
1990	34,041	5,734	2,978	774	595	2,477	4,895	5,879	9,709	34,041	13,262	3,478	1,401	598	15,302
1995	29,751	6,139	2,514	958	550	2,904	5,056	6,126	5,504	29,751	10,178	3,821	1,803	256	13,693
2000	28,125	4,045	1,890	998	1,090	832	2,978	9,351	6,941	28,125	8,919	5,383	1,226	814	11,783
2001	28,866	1,841	6,054	586	1,123	604	2,348	9,734	6,576	28,866	12,909	5,485	669	732	9,071
2002	31,303	3,491	6,239	498	1,086	620	3,120	10,914	5,335	31,303	15,035	4,801	509	1,336	9,622
2003	28,327	2,804	4,883	548	1,049	611	2,999	10,732	4,701	28,327	14,185	5,522	281	1,220	7,119
2004	29,926	4,386	4,438	442	844	581	1,308	9,422	8,505	29,926	12,963	7,067	132	1,196	8,568

출처 : 보건복지부(2005). 아동정책과.

다. 아울러 전문상담교사들이 양성되고 있지만 현재 실질적으로 상담을 맡고 있는 대부분의 담임교사들은 상담심리학 혹은 교육 상담을 전공하지 않아 전문적인 상담이 이루어지지 못하고 있다(권미경, 2008).

전국의 공·사립 아동 상담소의 상담 현황을 살펴보면 2007년도 38개의 공·사립 아동 상담소에서는 매년 3만여 건의 상담이 이루어지고 있다. 상담 결과로 이루어지는 조치로는 귀가 연고자 인계, 시설 입소관계 의뢰, 취업 알선 후원자 연계, 가정위탁 보호, 일시적 귀가 조치가 이루어지고 있다(보건복지가족부, 2008).

6. 문제점 및 과제

현재 이루어지고 있는 아동 상담 사업은 양적으로 너무나 부족한 상황이다. 또한 아동 인구수의 분포와는 무관하게 특정 지역에 편재되어 있다. 이러한 문제점을 해결하기 위해서는 아동 상담소를 양적으로 늘려야 할 것이며 도시 및 공단 지역 등 취약 지역에 아동 상담소 설치를 추진해야 할 것이다.

아동 상담소의 질적인 수준 역시 문제가 된다. 공립 아동 상담소의 경우 전문 상담 인력이 양적으로 부족할 뿐만 아니라 전문 상담 인력에 대한 처우도 매우 미흡하다. 아동 상담 사업의 질을 높이기 위해서는 상담 인력을 위한 보수 교육 및 훈련이 지속적이고 체계적으로 이루어져야 한다.

아동 상담소의 효과적인 기능을 도모하기 위해서는 공·사립 아동 상담소의 기능이 분리되어야 하며 공립 아동 상담소는 요보호 아동을 위한 서비스가 미비한 점을 시정해야 하고, 가족 지원 서비스의 부족 현상을 개선해야 한다. 아동 상담 사업의 운영에 있어 상담 시간의 융통성, 상담 인력 업무의 집중화를 도모해야 한다.

현재 아동 상담 사업에 대한 사회적 인식은 긍정적인 편이 못된다. 문제를 드러내 놓고 해결을 위해 적극적으로 노력하기보다는 내놓기에 부끄럽다는 이유로 쉬쉬하는 경우들이 많다. 상담에 대한 부정적인 인식 때문에 상담 자체를 꺼리는 경우들도 많다. 이런 문제점을 개선하기 위해서는 상담 사업에 대한 교육과 홍보 활동을 적극적으로 펼쳐나가야 한다. 아동 상담 사업을 시행할 때는 지역 사회의 요구를 조사하고 그 요구에 맞추어 나가면서 주민의 참여를 유도해야 한다.

아동 상담 사업의 전달체계를 통합하고 의뢰체계와 협의체계를 구성해야 한다. 현재 아동 상담 사업의 전달체계를 살펴보면 전화 또는 가정, 학교, 시설, 경찰서의 성인에 의해 의뢰된 아동이 아동 상담소에 접수되면 아동에 대한 제반 검사를 통해 평가하고 필요에 따라서는 일시 보호를 하면서 가정과의 접촉을 통해 환경을 조사하고 상담한다. 전반적인 평가를 거쳐 아동은 귀가 조치, 위탁 보호, 입양 의뢰, 시설 입소, 거택 보호되거나 타기관으로 의뢰된다. 이러한 아동 상담 사업의 전달체계는 아직 정부 차원에서의 통합된 체계가 마련되어 있지 않다.

학교, 병원, 유치원, 보육 시설 등 기존의 아동 관련 기관들과 긴밀한 협조관계를 맺어 아동 상담 의뢰체계를 수립할 필요가 있다. 또한 상담이 필요한 아동들이 반드시 상담을 받게 하기 위해서는 상담 치료 명령 제도와 같은 제도적 장치가 필요하다. 끝으로 상담기관 간의 협의 기구가 필요하다. 상담기관들끼리 업무 협조와 정보 교환 등을 위해 협의 기구를 만들어 상담 인력의 자격 관리, 재정 지원, 정보 지원을 중심으로 업무를 이행하고, 정보 센터 운영, 관계망 구성, 긴급 일시 보호소 등을 운영하면 효율적인 아동 상담 사업이 가능해진다.

참고 문헌

공세권 외 (1995). 가족결손의 유형별 특성과 가족정책의 접근방안. 서울 : 한국 보건사회연구원.

교육인적자원부 (2007). 공고문 2007.5.19.

권미경 (2008). 초등학교 상담활동 실태에 대한 연구. 대진대학교 교육대학원 상담심리학과 석사학위 청구논문.

노혜련 (1997). 현대사회와 아동. 서울 : 소화.

보건복지가족부 (2008). 미혼모 현황 조사 결과.

보건복지부 (2007). 보건복지통계연보.

_________ (2005). 아동정책과.

서대문구 (1995). 제4회 문제해결사례우수논문집. 서울 : 서대문구.

윤현숙 외 (1997). 현대사회와 아동. 서울 : 소화. 108

이영희 (1990). 상담의 이론과 실제. 사회복지실무. 서울 : 한국사회복지협의회.

정경아 (1997). 사회지표로 본 아동의 삶. 보건복지포럼, 8, 11-20.

주정일, 이소희 (1993). 아동복지론. 서울 : 교문사.

진해영 (2007). 중등학교 학생들의 상담인식에 기초한 학교상담 활성안. 숙명여자대학교 교육대학원 석사학위 청구논문.

통계청 (2005). 각 연도별 인구센서스.

______ (2005). 인구주택총조사보고서.

한국여성개발원 (1984). 편부모가족의 지원방안에 관한 연구.

Costin, L., Bell, C. & Downs, S. (1991). *Child Welfare: Policies and Practice*. New York : Longman.

Kadushin, A. (1988). *Child Welfare Services* (4th ed.). New York : Macmillan Publishing Co., Inc.

Wittaker. (1982). 사회치료–대인관계적 접근. (문인숙 역). 서울 : 홍익재.

제 7 장

보충적 아동 복지 사업

Ⅰ. 유아교육기관의 복지적 프로그램 : 건강, 영양, 안전

먼저 유아교육기관의 종류와 그 특성 및 현대적인 경향을 알아보자. 현대의 유아교육기관은 그 유형이 매우 다양하다. 외국의 경우 유아교육기관은 대개 영아 프로그램(infant-toddler program), 유아원(nursery school) 및 유치원(kindergarten), 보육 프로그램(child care program) 등으로 구분된다.

이 중 보육 프로그램은 센터 중심 종일 보육(center-based child care, child care center), 가정 보육, 방과 후 보육, 시간제 보육, 직장 보육 등의 종류로 다시 나누어진다. 우리나라 유아교육기관은 외국의 경우와는 약간 달리 유치원과 보육 시설로 구분된다. 유아원과 유치원은 외국의 반일 프로그램과 동일한 것이며, 보육 시설에서는 종일 프로그램을 실시한다. 후자의 경우, 발생 초기에는 '탁아소' 라는 명칭으로 운영되다가 1969년부터는 '어린이 집' 으로 바뀌었으며 1981년에는 다시 '새마을 협동 유아원' 으로 명칭이 변경되었다. 그러나 1980년대 이후 기혼 여성의 취업률이 계속적으로 증가하면서 탁아의 문제가 점점 사회 문제로 강력하게 대두되기 시작하자 정부는 1989년 아동복지법 시행령에 탁아 시설의 법적 근거를 부활하였고, 1991년 1월 영유아보육을 위한 특별법으로 「영유아보육법」을 제정, 공포하기에 이른다. 동 법은 영유아의 건전한 보호 및 교육과 보호자의 경제적, 사회적 활동의 지원을 통하여 가정 복지 증진을 도모하고 영유아 양육을 사회적으로 책임진다는 인식 아래 국가와 기업주가 보육 비용을 부담하도록 의무화하고 있다. 동 법에 의할 때 보육 시설의 설치는 국가, 지방 자치 단체, 법인, 개인이 할 수 있도록 확대되었으며, 보육에 필요한 비용은 수익자가 부담하는 것을 원칙으로 하되 저소득층 자녀의 보육 비용은 국가 또는 지방 자치 단체가 부담하도록 하는 것을 주요 골자로 하고 있다. 동 법에서는 영유아의 보호와 교육을 동시에 중시하여 기존의 '탁아' 라는 용어를 '보육' 으로 대치하고 있다. 그리고 보육 시설의 종류를 국·공립 보육 시설, 민간 보육 시설, 직장 보육 시설, 가정 보육 시설로 규정함으로써 자생적으로 생겨난 기존의 민간 보육 시설과 놀이방이 법정 시설에 포함될 수 있는 계기를 마련하였다. 이로써 영유아보육법의 제정 이후 우리나라 영유아 대상의 교육과 보호는 유치원과 보육 시설에서 이루어지게 되었으며, 이 두 기관의 차이점 및 특성을 설명하면 다음과 같다.

여기서 분명한 것은 유치원은 모두 유아의 교육을 위한 프로그램이라는 점이다. 유치원은 3세 이상 유아를 대상으로 프로그램을 실시한다. 유아원은 일반적으로 2시간에서 3시간을 운영하는 반나절 프로그램이 대부분이다. 그러나 보육 시설은 대개 오전 7시 30분부터 오후 7시 30분까지(12시간)의 종일반인 경우가 대부분이다. 이 프로그램은 오전에는 유치원과 같은 교육 과정을 주로 실시하지만 오후에는 가정에서 쉬는 것과 같은 보호 서비스를 제공한다.

보육 시설 대상 어린이는 영아(infant), 보행아(toddler), 유아는 물론 방과 후의 초등학교 아동까지를 대상으로 한다. 이는 하루 중 일정 시간 만큼은 부모 대신, 가정과 같은 분위기와 부모와 같은 역할의 성인이 부모 역할을 보충해 주기 위해 고안된 것이다.

보육 시설이 유치원과 크게 다른 점은, 복지적 관점에서 보아 후자는 부모가 집에 있어 부모 역할을 수행하고 있다고 전제하지만 전자는 부모 역할을 유아교육기관(종일 프로그램을 운영하는 곳)이 대신해야 한다는 점이다. 따라서 보육 시설인 경우는 어린이가 등원하는 시간도 유치원과는 달리 대개 어머니의 직장이 시작하기 30분 전인 오전 8시 30부터 어머니의 근무 시간 8시간+데리러 오는 시간이 되는 오후 7시 30분까지의 시간, 즉 12시간 동안 어린이와 교사가 좀 더 밀착되어 부모-자녀 관계처럼 따뜻한 애정관계를 형성하는 것을 강조한다.

프로그램도 유치원보다는 신체적 보호, 휴식, 영양 등을 강조한다.

특히 이곳에서 제공하는 음식(점심)은 언제나 끓여 만든 음식으로, 영양 섭취에 있어 손색이 없도록 한다. 도서관이나 박물관 등을 견학한다든지 하는, 즉 가정에서 흔히 해야 하는 경험을 시켜 줄 것을 강조함으로써 아동 복지적 면에서는 반일제 프로그램보다 기여하는 바가 크다. 다시 말해 유치원은 교육을 주 관심으로 하는 반나절 프로그램이지만 보육은 교육은 물론 가정에서 미처 제공하지 못하는 여러 보호적인 면과 생활 경험이 동시에 이루어지는 종일 프로그램이다.

세계적인 추세와 마찬가지로 우리나라에서도 여성의 사회 진출이 해마다 증가되고 있어, 유치원도 보육의 성격을 지녀야 할 필요성이 많아졌다. 이에 따라 유치원에서도 종일반을 운영하고 있는 경우가 당연한 것으로 인식되기 시작하였고 그 수가 늘어나고 있다. 이는 어린이를 위한 복지적 프로그램을 유아교육기관이 실제로 할 수 있다는 면에서 매우 의의있는 일이다. 다시 말해서, 이제는 교육 따로 보육 따로가 아니라 교육과 보육이 동시에 이루어져야 하는 단계에 이른 것이다. 이러한 맥락에서 현재 유치원은 교육과학기술부 산하에 있고, 보육 시설은 보건복지부 산하에 있는 이원 체제를 일원 체제로 재정립해야 할 필요성은 더욱 절실하다는 판단 아래 유치원과 보육 시설을 통합하고자 하는 논의가 교육 개혁 위원회에서 활발히 이루어지고 있다.

이러한 현 추세를 고려하여, 본 장에서는 유아교육기관의 복지적 프로그램의 대상 기준을 종일반 유치원 혹은 보육 시설에 두고 제시하였다.

각 기관에서는 각자의 특수성에 따라, 또 대상 어린이의 필요에 따라 여기서 제시한 프로그램을 다소 융통성 있게 운영할 수 있다. 또한 유아교육기관으로 간주되지는 않지만 고아나 기아 등의 유아를 보육하는 시설로서 영아원(0세에서 3세)과 보육원(3세 이상의 유아) 등도 대상이 유아이므로 유아교육기관에서의 복지적 프로그램의 수준과 동일하게 혹은 그 이상으로 보장해 주어야 한다는 점을 강조해야 함은 더 논의할 필요도 없는 것이다.

유아교육기관에서의 복지적 서비스의 기본 내용이 무엇이어야 할지 결정하는 데에는 학자마다 다소 차이가 있다. 유아교육기관에서의 복지의 기본 내용으로 보호, 교육, 발달을 꼽는다. 여기서 말하는 발달은 영양, 건강, 정신 건강, 사회

사업적 봉사, 부모 참여, 상담, 사회적 및 창조적 활동을 포함한다. 미국의 HEW(Department of Health, Education and Welfare)에 의하면 유아교육기관의 복지 서비스의 구성 요소는 건강과 의학적 프로그램, 환경상의 안전, 사회적 봉사, 심리적 봉사, 부모 참여, 자원 봉사로 이루어진다(Malcom & Pearl, 1973). Zigler(1979)는 Head Start의 과제를 비평하는 글에 건강, 지능 발달, 사회 정서적 발달 그리고 가족 참여와 지역 사회의 변화로 구성 요소를 구분짓고 있다.

본 서에서는 유아교육기관의 복지적 프로그램의 기본 요소로써 교육, 안전, 의료와 신체 건강, 정신 건강, 영양의 다섯 가지 측면에서 살펴보기로 한다.

1. 교육

한 개인에게 있어 유아기는 성장 발달의 결정적인 시기라는 것은 자명한 사실이다. 이 시기 동안 인격이 형성되기 때문에 전인적인 발달이 이루어지도록 해야 한다. 이것은 곧 유아 교육의 대전제가 되고 있다. 그러기 위해 모든 유아기관은 유아의 신체적, 사회적, 정서적, 지적, 언어 발달에 기여할 수 있는 교육적 경험을 하게 하고, 심미적인 감상력을 키우며, 유능하고 존중받는 사람으로 자신의 이미지를 발달시키도록 도와 주려는 시도를 하여야 한다. 또한 매일매일의 활동들은 긍정적인 자아 개념과 동기 유발에 영향을 주고 유아의 사회적, 인지적, 의사소통의 기술을 강화하도록 계획되어져야 한다(Federal Panel on Early Childhood, 1970).

유아는 생활의 대부분을 놀이를 하면서 지내고, 놀이를 통해 학습하고 성장, 발달한다. 따라서 유아를 위한 교육 활동은 놀이로서 이루어져야 하고 교육 활동으로서의 놀이는 어느 한 영역의 발달을 목적으로 하여 제공되어서는 안 된다. 각 발달 영역을 통합적으로 운영하여 균형 있는 발달을 이루게 하는 것이 유아 교육의 목적이기 때문이다.

유아의 발달수준을 고려한 교육은 유아의 성장과 발달에 대해 훈련받고 경험이 있는 교사의 지도하에서 실시되어져야 하고, 취업 여성인 어머니를 가진 유아의 특성을 충분히 고려한 교육이어야 한다.

결론적으로 다시 강조하면, 유치원은 교육을 하고, 보육 시설은 보호만을 담당한다는 개념은 현대 사회의 구조적인 필요에 합당치 않은 것이며, 오히려 보육 프로그램이 유치원 프로그램보다도 더욱 광범위한 발달 영역에서의 교육을 포함해야 한다는 것이다.

2. 안전 관리

아동들이 유아 교육 · 보육 기관에서 하루를 보내게 되는 경우 아이들에 대한 안전 관리는 필수적인 사항이다. 특히 이 시기의 아동들은 즉흥적이고 돌발적인 행동이 많으므로 교사들은 아동들이 등원해서부터 하루를 보내고 하원할 때까지 항시 아동들을 살피는 세심한 주의가 필요하다.

1) 안전한 도착과 출발

아동들의 등하원은 일차적으로 부모들에게 책임이 있다. 등하원을 차량으로 하는 경우 안전 벨트 착용을 확인해야 한다. 또한 차량 주차시 안전한 절차 수칙을 지키도록 하여야 하고, 어린이들이 주차장에서 걸어다니지 않도록 하여야 한다. 어린이들은 너무 작아서 운전 기사들이 백미러로 어린이들을 볼 수 없기 때문이다. 하원 지도 시에는 아동을 누가 데리고 갔는지 체크하고 기록해야 한다.

2) 시설에서의 안전 보호

교사들은 어린이들을 위해 어떻게 하면 사고를 방지할 수 있는지를 알아야 한다. 어린이들이란 안전한지 위험한지의 관점에서가 아니라 경험하고 만져보기에 재미있는지의 관점에서 사물을 바라보기 때문이다. 특히 어린이들은 두 살이 되기 이전까지는 위험이란 개념을 이해하지 못하므로 어린이들을 보호하는 것이 교사의 임무인 것이다.

보육 시설에서의 안전성 관련 사항으로는 장난감의 안전성, 유아 침대의 안전성, 승용차의 안전성, 화재 및 사고로부터의 안전과 이와 관련한 응급 처치 관련 사항, 놀이터에서의 안전성이 포함된다.

안전을 위한 시설과 설비를 들어 보면 다음과 같다(Host & Heller, 1971). 먼저 실내의 안전 시설은 아래 사항을 구비해야 한다.

- 전기선의 누전 방지책
- 전기 소켓을 사용치 않을 때는 구멍을 테이프로 막아 둘 것
- 난로 등 불을 사용할 때의 유아와의 안전 거리 유지
- 온수 사용시 화상을 입지 않을 정도의 온도 유지
- 창문이나 유리창을 견고하게 하여 떨어지지 않게 할 것
- 바닥에 걸려 넘어지지 않도록 할 것
- 샤워 시설의 바닥은 유아들이 미끄러지지 않도록 우툴두툴한 깔개를 깔 것
- 주방의 가스는 그 핸들의 높이가 유아의 손에 닿지 않게 할 것, 또 사용하지 않을 때에는 안전 밸브를 잠글 것
- 거실은 물론이지만 특히 화장실도 문 손잡이가 유아의 키에 맞추어져 있어 감금되는 일이 없어야 하며 아주 어린 유아일 때에는 잠금 장치를 없앨 것
- 커튼은 타지 않는 천으로 할 것
- 모든 시설은 모서리를 둥글게 할 것
- 모든 페인트는 무독성을 사용할 것
- 위험 물건을 보관할 때는 반드시 잠글 것
- 소화기 등의 화재 대비 용품은 반드시 구비하되 항상 잘 작동하는지 확인할 것
- 비상구는 안에서 열리게 하고 항상 잘 보이는 위치에 둘 것
- 조용히 휴식을 취할 수 있는 장소를 마련할 것

실외 안전 설비는 다음의 사항을 구비해야 한다.

- 대문의 잠금 장치는 유아의 손이 닿는 위치에 설치할 것
- 놀이 기구 중 특히 미끄럼틀, 시소 등의 밑에는 모래를 깔아 둘 것
- 놀이 기구 사이의 공간을 충분히 두어 충돌하지 않게 할 것

- 유리 조각, 못, 막대 조각 등이 굴러다니지 않게 할 것
- 단층이 아닌 경우는 윗층과 옥상 베란다의 난간 간격을 좁게 하여 어린이가 빠지지 않게 할 것

3) 긴급 사태의 대비

긴급 사태를 대비한 책임 보험과 안전 조치는 필수적이며, 화재 안전에 대한 특별한 계획이 세워져야 한다. 각 직원들은 화재시 무엇을 해야 할지 업무가 분담되어 있어야 하고, 보증된 연기 알람 장치가 각방에 설치되어 있어야 한다. 이와 같은 긴급 사태를 대비한 직원 훈련이 필요하며, 긴급 사태 발생의 경우 특히 어린이들을 잃어버리지 않도록 확인하는 훈련이 특별히 요구된다.

시설의 구조에서는 화재에 대비하기에 적합한 위치에 현관과 비상출구가 반드시 있어야 한다. 또한 큰 출구가 2개 있어야 하는데, 이는 한쪽 문이 화재로 인해 사용할 수 없게 되는 경우에 다른 쪽 문을 사용해서 빨리 대피해야 하기 때문이다. 비상 출입구는 현관처럼 항상 사용이 가능하도록 열려 있어야 한다. 잠겨 있어서 비상시에 사용하지 못하는 것은 어린이 안전에 막대한 위험을 끼칠 소지가 있다.

〈표 7-1〉 화재 및 재해 훈련

月 日	시간 훈련 종류 (화재, 재해)	대피소 점검 및 출원	문 제	책임교사	기 타
2月15日	오전11시, 화재	전원 11시15	응급 약품 상자를 가지고 나오지 않았음	이명순	- 어린이들이 심각성을 느끼기보다는 놀이처럼 재미있어 했음 - 모든 어린이들이 잘 참여했음

출처 : O'Brien, M., et al(1979). The Toddler Centers: A Practocal Guide to Day Care for One and Two Olds, Baltimore: Univ Park Press. 148.

어린이들도 화재나 자연 재해 등과 같은 사건이 일어났을 때는 어떻게 피해야 하는지 반드시 연습을 해야 한다. 대피에 대한 사전 연습은 유아교육기관의 프로그램이 진행되는 동안 정규 프로그램에서 다루어져야 한다. 대개 한 학기에 2번 정도가 바람직하며, 어린이에게 공포를 주는 위협적 훈련이 되지 않도록 세심한 주의를 기울여야 한다. 한 학기에 화재 및 재해 훈련을 한 기록을 〈표 7-1〉처럼 해 두는 것이 바람직하다.

〈표 7-2〉 화재 사태 연습 일람표

화재

비상 출구에 제일 가까이 있는 어린이가 조용히 문을 열고 나가기 시작한다. 운동장에서 다른 어린이를 기다린다.

↓

교사는 어린이를 운동장에 가도록 지시한다. 이때 다른 교사는 비상 출구에서 어린이가 잘 나올 수 있도록 돕는다.

↓

교사 및 직원도 운동장으로 나온다.

↓

원장(혹은 시설장)은 모든 어린이가 대피했는지 점검한다.

↓

원장은 '안전 대피' 카드를 들어 보인다. 그리고 응급 약품 상자를 가지고 운동장으로 나온다 - 교사는 자기 반 어린이의 출석을 부른다.

↓

오늘 아침 등원한 어린이는 모두 운동장으로 대피했나?

예 ↓	↓ 아니오
운동장에 머무른다.	교사는 대피하지 못한 어린이를 찾으러 다시 교실로 간다.

연습 후

교사와 어린이는 앞에서처럼 교실로 돌아간다.

↓

교사는 자기 반 어린이가 모두 돌아왔는지 출석을 부른다.

출처: O'Brien, M., et. al (1979). The Toddler Centers: A Practocal Guide to Day Care for One and Two Olds, Baltimore: Univ Park Press. 124.

화재 사태 연습을 실시할 때는 어린이들에게 어떻게 해야 할지 그림으로 그 중요한 순서를 제시해서 이해를 돕는 것이 바람직하다. 이러한 순서는 〈표 7-2〉와 같이 작성할 수 있다.

지진이 났을 때의 대피 요령은 〈표 7-3〉과 같다.

〈표 7-3〉 지진 대비책

지진시의 대피 요령

침착히 그리고 서로 안심을 시킨다.

- 건물 안의 피신 장소 : 책상이나 탁자 밑으로 기어 들어간다. 문이나 모서리에 스스로 기대고 의지한다. 될 수 있는 대로 복도 쪽으로 이동한다. 건물이 붕괴하여 그 속에 갇힐 경우에 대비하여 공기를 마실 수 있는 장소를 선택한다. 창문, 책장, 찬장, 크고 무거운 거울, 매달린 화분이나 기타 무거운 물건 등을 멀리 한다.
- 건물 밖의 피신 장소 : 송전선, 전봇대, 나무, 벽체, 담 그리고 굴뚝 등에서 떨어진 개방된 장소에서 멈춘다.
- 건물 곁의 인도 : 낙하하는 벽돌, 유리, 석고벽, 기타 파괴물을 피하여 급히 출입문 안으로 뛰어 들어간다.
- 많은 군중 속 : 기타 사람이 많은 공공 장소에 있을 때에는 출구 쪽으로 뛰어 가려고 덤비지 않는다. 진열장 기타 낙하할 수 있는 물건들이 얹힌 선반 등을 멀리 한다.
- 고층 건물 내부 : 책상 밑으로 피신하고 창문을 멀리 한다. 있는 층에서 그대로 건물 안에 머물러 있는다. 정전에 대비하여 승강기를 사용하지 않는다. 화재 경보기나 스프링클러(sprinkler)가 작동해도 놀라지 않는다.
- 자동차 내부 : 성인의 경우, 도로의 가장자리에 차를 붙이고 정차한다. 교량, 인도교, 입체교차로(overpass) 또는 송전선 아래 등에 주차하지 않는다. 진동이 멎을 때까지 차내에 그대로 머물고 있는다. 전깃줄이 자동차 위에 떨어진 채로 닿아 있으면 차내에 가만히 있어야 한다. 파괴될 위험이 있는 교량이나 입체교차로 위를 그대로 몰고 지나가려 하지 않는다.

지진 대비 준비물

- 휴대용 라디오와 여분의 배터리
- 플래시 라이트와 여분의 배터리
- 음료수(병에 든 음료수) 및 물통
  (화장실 물은 내리지 않고 비상용으로 사용함)
- 휴대용 가스 버너와 여분의 부탄 가스
- 성냥, 양초
- 비상 상비약
- 1주일분의 비상 식량(가족수 만큼, 주로 캔 음식)
- 소화기
- 화재 경보 장치
- 경찰서, 소방서, 병원 전화 번호

세 가지 알아둘 일

- 물, 가스, 전기 끄는 방법
- 응급 치료법
- 비상시 식구를 만날 수 있는 방법

출처 : 미주 중앙일보 (1999. 6. 30.)

유아교육기관에서 화재 사태에 대한 연습을 하면 의외로 어린이는 협조도 잘 하며 또 놀이처럼 즐기기도 한다. 화재 사태 연습 이후에 토의할 기회를 주어 어린이로 하여금 안전에 대해 이해할 수 있게 하는 것이 바람직하다.

대개 유아교육기관은 1층 건물로 건축되어 안전을 기하여야 하지만 공간이 부족한 우리나라의 경우에는 2층에 있거나 1층과 2층을 사용하는 경우도 있다. 건물의 구조에 따라 대피 장소는 다를 것이다. 2층을 사용하는 경우에는 대개 연기가 위로 올라가기 때문에 질식하는 경우가 생길 우려도 있다. 이러한 경우에는 큰 수건을 준비하여 화재 사태 연습에 사용하여야 한다. 즉, 어린이로 하여금 머리에 수건을 쓰고 수건으로 입을 막고 연기를 들여 마시지 않고 수건을 통해 숨을 쉬도록 하는 것이다. 수건을 통해 숨을 쉬는 동안 연기는 걸러지므로 연기가 섞여 있는 공기로 숨쉬는 위험에서 다소 보호될 수 있다.

이러한 연습은 어린이 생명의 보호를 위한 아동 복지의 기본적인 요소로써 유아교육기관에서 반드시 실시해야 할 것이다. 나아가 긴급 사태에 대비한 사항으로는 전기가 끊어져 있는 곳 알기, 수도 밸브가 있는 곳 알기, 가스 밸브가 잠기어져 있는지 확인하기, 손전등의 배터리 확인 등도 항시 확인, 점검되어야 할 것이다. 긴급 사태에는 때에 따라 폭풍우도 포함시킬 수 있다.

4) 어린이들을 위한 안전 교육의 예

- 차를 탔을 때 안전 규칙을 설명하는 만화 만들기
- 학교 버스 규칙을 설명하거나 버스 안이나 광고판에 붙일 포스터 만들기
- 교통 신호를 위반하는 상황과 그 결과를 드라마로 만들기
- 보행시나 차량에 탔을 때의 안전 상황을 인형극으로 만들기
- 안전 보행과 차량을 방해하는 위험 요소를 파악하고 어떻게 피할 수 있고 행동할 수 있는지 이야기하기
- 차에 태워주겠다고 접근하는 낯선 사람의 제의가 얼마나 위험한가에 대해 토론하기
- "나는 자동차입니다. 내 아버지, 어머니, 형, 누나, 다른 십대들이 운전할 때 어떤 느낌이 드는지 이야기하겠습니다."라는 주제로 이야기를 만들기
- 교통 신호 표지판을 만들고 역할극에서 이용하기
- 안전 노래나 게임을 만들기
- 교통 안전 실습과 촉진을 위한 장소로 야외 견학 준비하기
- 보도나 도로에서 발생한 사건을 그림 도표로 만들고 어떻게 예방할 수 있는지 토론하기
- 응급 구조에 참여하기
- 자전거 안전모와 자전거 안전 인식 프로그램 시행
- 화재의 원인과 예방방법, 화재시의 대처방법 등에 대해서 토의하기

〈표 7-4〉 놀이터가 어린이에게 안전한지 알아보기 위한 점검 사항

기준	그렇다	아니다
1. 통로가 깨끗한가?		
2. 기구가 어린이들이 부딪치지 않도록 배열되었는가?		
3. 모든 기구가 잘 수리되어 있는가?		
4. 움직일 수 있게 되어 있는 기구는 기름칠이 잘 되어 있는가?		
5. 모래 지역이 동물과 벌레 없이 깨끗한가?		
6. 유아용 기구가 청결한가?		
7. 기구가 날카로운 가장자리, 깨진 부분, 혹은 독성물질로부터 안전한가?		
8. 큰 기구가 움직이지 않게 땅에 잘 설치되었나?		
9. 놀이터가 스위치 상자, 칸 없는 에어컨 혹은 전기 소켓과 같은 전기 위험으로부터 안전한가?		
10. 놀이터가 깨진 유리, 바위, 혹은 날카로운 막대기로부터 안전한가?		
11. 울타리가 안전하게 되어 있는가?		
12. 담이 최소한 1m 이상 되고 물이나 도로 같은 위험 가능성 있는 환경으로부터 어린이들을 보호할 수 있게 되어 있는가?		
관찰자 이름 관찰 일시		

〈표 7-5〉 시설의 건강과 안전 관련 관찰표

목록	예	아니오
1. 시설에 건강 관련 계획은 마련되어 있는가?		
2. 건강 방침은 세부적으로 기록되어져 있는가?		
3. 화재 정밀 검사는 하였는가?		
4. 소방서의 모든 제언은 수행되고 있는가?		
5. 연기 감지기는 모든 장소에 있고 점검되고 있는가?		
6. 소화기는 모든 장소에 있고 점검되고 있는가?		
7. 화재시 대피 계획은 준비되어 있는가?		

목록	예	아니오
8. 화재, 폭풍에 대비한 시설의 계획에 대한 정보를 부모가 알고 있는가?		
9. 타기 쉬운 물건이 적당하지 않은 장소에 보관되어 있는지 확인하였는가?		
10. 부모와 연락 가능한 가장 가까운 사람의 집, 직장, 주소, 전화번호는 있는가?		
11. 각 아동의 대리 보호자와 연락할 이름, 주소, 전화번호는 있는가?		
12. 아동의 긴급 의료적 치료를 따를 부모가 서명한 형식은 있는가?		
13. 각 아동의 의료 확인 형식서는 보관되고 있는가?		
14. 각 아동의 예방 주사 형식서는 보관되고 있는가?		
15. 고용자의 결핵 테스트는 지금까지 보관되고 있는가?		
16. 교사는 건강 및 안전 프로그램을 운영하고 있는가?		
17. 기관에 금연 표시가 붙어 있는가?		
관찰자 이름 관찰 일시		

3. 건강 관리

아동기는 신체 발달의 기초를 확립하는 시기로 아동기의 건강 관리란 아동이 기초 체력을 형성하고 적절한 발달을 이루도록 하기 위한 필수적 조건이다. 유아 교육 및 보육 관련 기관에서 지켜져야 할 건강 관리 사항은 다음과 같다.

1) 책임 보험의 관리

책임 보험이란 아동들의 건강과 안전을 보호해 주는 것이 아니라 단지 사고가 발생했을 때 재정적인 손실을 다소 막아줄 뿐이다. 아동의 건강과 안전의 문제는 교사들의 몫임을 인지하여야 할 것이다.

2) 건강 관리의 세부 항목

아동들의 건강 관리를 위한 세부 사항은 다음과 같다.

① 모든 직원들이 결핵으로부터 벗어나 있다는 사실이 증명되어야 한다.

② 응급 상황 발생시 시설에서 긴급 의료 처치를 할 수 있는 부모의 허락이 사전에 이루어져야 한다.

③ 예방 주사 혹은 개개 아동의 건강에 대한 상태가 확인되어야 한다.

④ 아동들에게 의료적 처방을 할 수 있는 부모의 허락이 사전에 이루어져야 한다.

⑤ 특별한 식이 요법을 하여야 하는 아동들을 위한 의사의 처방을 요구할 수 있다.

⑥ 시설 자체에서의 건강 및 안전 관리 서비스를 위한 계획이 마련되어야 한다.

⑦ 개개 아동들의 건강 상태가 계속적으로 기록되어져야 한다.

⑧ 아동 학대에 대처하기 위한 계획, 시설 내에서의 학대 방지 방안, 학대 경험이 있는 직원 고용의 방지 규정이 마련되어야 한다.

의료, 혹은 안전 관련 직원의 훈련, 그리고 부모와의 대화를 위한 계획이 마련되어야 한다.

3) 의료 문제 혹은 응급적인 상황에 대비한 자문가 확보

교사는 시설의 건강 관리 서비스를 위한 계획에서 건강 전문가(의사 등)와 밀접한 관계를 맺어 문제가 어디서 발생하든지 의료적 정보와 충고의 자료를 손쉽게 접할 수 있어야 한다. 전문가로는 소아과 의사나 공공 건강 클리닉 의사가 될 수 있으며, 이들의 전화번호는 눈에 쉽게 띌 수 있는 곳에 비치되어 있어야 한다.

4) 어린이 예방 접종 및 체질 카드 구비

입원 서류 접수시에 부모들로부터 전염병 예방 접종 내력과 특이 체질이나 지병을 기록한 것과 응급 치료 허가서를 필수적으로 받아, 유아의 건강을 위한 의료적 서비스를 좀 더 효율적으로 해야 한다. 유아교육기관에서 유아의 특이 체질이나 지병을 몰라서 적시에 적절한 대처를 못 하는 것은 크나큰 실수인 것이다. 예컨대, 유아교육기관에서 유아가 단순히 코피를 흘리는 것으로 판단하여 양호실에 눕혀 놓고 교사가 시간을 지체하였는데, 계속 코피가 흘러 뒤늦게 집으로 전화를 해 보았더니 혈우병 어린이었음이 밝혀지는 경우도 있다.

또한 간혹 때를 놓쳐 전염병 예방 주사를 맞지 않은 유아가 있을 때에는 집단적인 피해가 발생하므로 이를 예방하기 위해 사전에 접종 여부를 파악하여야 한다. 예방 접종을 하지 않았을 경우에는 접종을 하고 오게 하든지 기관에서 대신 접종해야 한다.

이런 내용들을 입원 서류 접수시에 추가 용지로써 〈표 7-6〉과 같이 정식 서류로 첨가하면 좋다.

〈표 7-6〉 어린이 예방 접종 및 체질 카드

어린이 예방 접종 및 체질 카드

본 카드는 귀 자녀의 건강을 위해 교사가 참고로 할 것이므로 상세하게 기록해 주시면 감사하겠습니다.

어린이 성명 ____________________

생 년 월 일 __________ 년 __________ 월 __________ 일 (양력)

※ 다음의 예방 접종 중 예방 접종을 한 것에 ○표 해 주십시오.

소아마비 __________	디프테리아 __________
백 일 해 __________	성 홍 열 __________
D. T. P __________	장티푸스 __________
수 두 __________	풍 진 __________
홍 역 __________	B. C. G __________

※특이 체질이나 특별한 질병이 있으면 적어 주십시오.

____

____

이 밖에도 교사는 부모에게 자녀를 위한 응급 치료 허가서를 받아 두어야 한다. 이 응급 치료 허가서는 어린이를 위한 것은 물론이고, 교사를 보호하기 위한 것도 있다. 교사의 판단에 ○○ 종합 병원이 좋을것 같아 그곳에서 응급 처치를 받게 했어도 부모는 ○○ 의원이 더 치료를 잘 한다고 생각하기 때문에 ○○ 의원에 갔어야 한다고 생각하는 경우가 있다. 만일 어린이에게 흉터가 생겼다면 법정 문제로까지 될 수도 있다. 허가서에 기재된 병원에 간다면 교사의 인권이 좀 더 보호될 것이다. 이러한 응급 치료 허가서는 〈표 7-7〉과 같다.

〈표 7-7〉 응급 치료 허가서

응급 치료 허가서

어린이 이름 ________　　집 전화번호 ________
어머니 이름 ________　　직장 전화 ________
아버지 이름 ________　　직장 전화 ________

응급 사태로 인해 어린이를 부득이 병원에 데리고 가야 할 때 되도록 부모님이 원하시는 대로 하고자 합니다. 그러므로 아래 사항을 기록해 주십시오.

※ 부모님이 연락이 되지 않는 경우 친척이나 친구에게 연락할 수 있는 전화번호

1. 이름 ________ 관계 전화번호(집) ______ (직장) ______
2. 이름 ________ 관계 전화번호(집) ______ (직장) ______

※ 응급 사태의 경우 응급 치료를 받기 원하는 병원이나 의사

① ______________ 전화 번호 ______________
② ______________ 전화 번호 ______________

응급 사태시 위에 기재한 대로 시행할 수 없는 상황인 경우에는 유치원(어린이집)에서 임의대로 조처해 주실 것을 허가합니다.

작성 일자 _____년 ____월 ___일　　부모님의 성함 ________ 인

5) 매일의 건강 점검

유아는 자기 자신의 건강 상태에 대해 성인처럼 민감하지 못하기 때문에 유아 기관의 교사 및 행정가가 매일 세심한 관찰을 하여 건강 점검을 해 주어야 한다.

유아가 등원할 때 혹은 아침 화장실 가는 시간을 건강 점검 시간으로 정하여 유아의 머리, 얼굴, 눈, 코, 이, 목, 등, 팔, 다리, 복부 등을 빨리 점검해 준다. 여기서 말하는 점검이란, 의사처럼 일일이 진찰하는 것이 아니고 머리에서 발끝에 이르기까지 빠른 시간에 점검하는 것을 의미한다. 매일 유아를 점검해 주는 것은 유아의 건강을 유지하는 데에 가장 좋은 방법이다. 유아가 화장실에 가서 속옷을 내리고 용변을 볼 때에도 교사는 세심한 주의를 기울여 피부에 이상이 없는지 점검해야 한다. 건강 점검에서 고려해야 할 사항은 단순한 상처나 증상인 경우도 있고, 전염병같이 심각한 경우도 있다. 단순한 상처나 증상인 경우의 점검표와 교사가 항상 구비하여 점검에 도움을 줄 증상 카드를 게재한다(O' Brien, 1979).

〈표 7-8〉 건강 점검표

부위	항목	확인	부위	항목	확인
머 리	• 상처		입, 입안, 잇몸	• 터진 입술	
	• 뾰루지			• 갑작스런 입술색 변화	
	• 탈모 현상			• 가래	
	• 종기			• 편도선 붓는 것	
얼 굴	• 상처			• 백태 끼는 것	
	• 뾰루지			• 잇몸이 붓는 것	
	• 타박상		몸	• 임파선 붓는 것	
	• 부기		가슴, 등	• 뾰루지	
	• 열기		팔, 다리	• 상처	
눈	• 색(붉은)			• 뾰루지	
	• 눈물 흘리는 것			• 타박상	
	• 눈곱 끼는 것		복부	• 뾰루지	
코	• 콧물 흘리는 것			• 부기	
	• 코 밑 피부			• 붉은색	
이	• 변화(부기)		기 타		
	• 치통				

출처 : O' Brien, M., et. al. (1979). The Toddler Centers: A Practocal Guide to Day Care for One and Two Olds, Baltimore: Univ Park Press, 324-326.

〈표 7-9〉 증상 카드

동물에게 물렸을 때

물린 부위를 'phisoderm'과 같은 방부용 비눗물로 씻어 내고, 흐르는 따뜻한 물로 잘 닦아낸다. 만일 피부가 벗겨졌을 때에는 깨끗한 헝겊으로 상처 부위를 잘 감싸고 의사에게 가 보도록 한다. 그리고 가능하면 문 동물을 찾아내야 한다. 이는 만일 물린 것에 대해서 항의할 수 없는 것이거나 그 동물이 개나 고양이라면 문제가 심각한 것이다.

또한 물렸다는 것을 경찰이나 보건 당국에 알려야 한다.

어린이들끼리 물었을 때

다친 부위를 'phisoderm'과 같은 방부용 비눗물로 씻어 내고 흐르는 따뜻한 물로 잘 닦아 낸다. 만일 피부에 깊은 상처가 났으면 상처 부위를 깨끗한 헝겊으로 잘 감싸 준 후 의사에게 보인다.

벌레에 물렸을 때

- 예리하지 않은(자극성이 없는) 벌레에 물렸을 때-잘 닦아내고 암모니아수(계관)로 중화시킨 후 카라민 로션을 발라 가려움을 없앤다.
- 거미 종류에 물렸을 때- 'phisoderm'과 같은 방부용 비눗물로 잘 닦아 낸 후 알코올을 조금 바르고 의사를 찾아간다.
- 진드기가 붙었을 때-아세톤을 충분히 바른 후 약 30분간 그대로 두었다가 쪽집게로 떼어낸다. 그리고 그 부위를 비누나 물로 닦아낸다.

코피를 흘릴 때

어린이를 눕히지 말고 앉히거나 기대도록 해야 한다. 어린이의 코를 약 5분간 살며시 쥐고 있다가, 그래도 피가 나면 반복한다. 계속하여 피가 나올 때는 의사에게 가야 한다.

머리의 상처에 의한 출혈

머리에 상처를 입은 것은 특히 주의깊은 치료를 해야 한다. 피를 멎게 하기 위해서는 목을 젖히지 않고 머리를 들게 하고 화장지나 솜을 쓰지 말고, 상처 부위를 거즈 등으로 처리해야 한다. 부드럽게 꼭 눌러 주고 필요에 따라서는 거즈를 갈아 주어야 한다. 피가 멎으면 거즈를 대고 붕대로 감아 주고, 어린이의 어깨와 무릎 부위에 베개를 끼우고 뉘어야 한다. 또 토하거나, 눈의 움직임이 불규칙하거나, 눈 동공의 크기가 변하면 의사에게 가야 한다. 만일 어린이에게 휴식이 필요하거나 15분 이상의 관찰이 필요할 때에는 부모를 오게 하는 것이 좋다.

약간의 출혈

상처 부위를 비누나 물로 잘 씻는다. 소독된 붕대로 싸 준다. 만일 피가 멈춘 후에도 상처 부위가 벌어지면 찬물이 들어 있는 봉지를 갖다가 대어 준다. 만일 상처 부위가 더러워져 닦아내기가 어려우면 상처 부위를 감싸고 의사에게 가도록 한다.

심한 출혈

상처 부위에서 피가 심하게 나오면 바로 의사에게 가야 한다. 그리고는 상처 부위가 심장보다 높게 위치하게 한다. 화장지나 솜은 사용하지 말고 소독된 거즈 등으로 상처 부위를 감싸고 부드럽게 꼭 눌러 준다. 그리고 필요하면 머리 부분의 거즈 등은 떼어 내지 말고 다른 깨끗한 거즈를 더 대고 누르면 좋다. 누르고 있어도 계속 피가 나오면 누르는 힘의 정도를 살펴서 더 눌러 준다. 지혈 기구를 사용해서는 안 된다.

내부 출혈

내부 출혈 때에는 의사를 찾아야 한다.

호흡 장애

어린이가 호흡 장애로 인하여 호흡의 한 주기 중에 급하게 쉬거나 깊이 쉬게 되면, 어린이는 호흡을 하기가 어렵게 되거나 호흡이 중단될 수 있다. 부모와 상의해서 의사를 찾게 한다.

골 절

골절되었을 때는 맞추려고 하지 말고 즉시 의사에게 가야 한다. 다친 부위를 거즈 등으로 닦고 붕대로 살짝 감아 준다. 골절 부위를 움직이지 않게 하고 두꺼운 신문지나 잡지 등을 골절 부위에 대고 묶어 주면 움직이지 않게 된다.

타 박 상

찬물 찜질을 한다.

약한 화상

피부가 붉어지거나 수포가 생기는 정도이면 가벼운 화상이다. 얼음을 사용하지 말고 흐르는 찬물에 대며 부모가 올 때까지 계속한다. 환자 어린이가 집에 도착할 때까지는 깨끗한 헝겊으로 부위를 닦아 주고 소독된 거즈를 대 준다. 이때 솜이나 화장지를 사용해서는 안 된다. 수포를 터뜨리면 안 된다. 크림이나 비눗물을 사용해서도 안 된다. 또한 버터나 다른 지방질 기름을 발라서도 안 된다.

심한 화상

허물이 벗겨질 정도의 화상은 심한 것이므로 즉시 의사에게 가도록 해야 한다. 상처에 대한 치료-두꺼운 거즈 등으로 싸 준다. 찬물 봉지 등을 대준다. 크림이나 비눗물이 묻지 않도록 한다. 버터나 다른 지방질 기름을 바르지 않아야 한다. 상처 부위를 찬물에 담그지 않도록 한다.

유아 질식

어린이의 목 속에 손가락을 넣어서 걸려 있는 것을 꺼낸다. 만일 할 수가 없으면 어린이의 가슴을 손으로 떠받치고 어린이의 다리는 받치고 있는 사람의 팔 뒤로 떨어지게 한다. 어린이의 머리는 처지게 하고 어린이의 어깨 사이의 등을 3~4회 가볍게 두드려 준다.

경 련

어린이를 부드럽고 안락한 곳에 눕히고 옷을 풀어 준다. 어린이 입에 무엇이 닿지 않게 하고 부드러운 헝겊을 물려 주는 것이 좋다. 만일 어린이가 토하면 질식하지 않도록 머리의 위치를 잘 잡아 주어야 한다. 어린이의 목과 머리에 찬 헝겊을 대어 주고 온몸은 미지근한 물에 적신 스펀지로 문질러 준다. 그리고는 의사에게 가도록 한다.

베거나 집히거나 찔렸을 때

조심스럽게 상처 부위에 묻어 있는 모래나 돌 따위를 'Phisoderm'과 같은 방부용 비눗물로 씻어낸다. 만일 피부에 상처가 생겼으면 마른 거즈 등으로 싸 준다. 비눗물이나 얼음물을 사용해서는 안 된다. 만일 상처 부위를 깨끗이 할 수 없으면 마른 거즈 등으로 싸 주고 즉시 의사에게 간다.

설 사

설사의 식별은 어렵지만 우선 묽은지 된지를 살핀다. 색깔은 때때로 회색이거나 황색이며 냄새가 독하고 하루에도 몇 회씩 하게 된다. 심하지 않을 때는 음식을 먹이지 말고 물이나 주스만 마시도록 한다. 어린이를 집으로 데려다 주고 의사에게 가도록 권유한다.

탈 골

꼬인 수족을 바로 잡으려고 하지 말아야 한다. 꼬인 부위를 종이나 잡지로 그대로 유지시켜 주고 의사에게 가도록 한다.

귀에 이물질이 들어갔을 때

어린이 귀에서 이물질을 꺼내려고 하지 말아야 한다. 어린이의 귀에 따뜻한 baby oil 몇 방울을 넣어 준다. 그러고 어린이 머리를 반대쪽으로 몇 분간을 돌려 준다. 그러면서 기름이 흘러나오도록 한다. 만일 그래도 이물질이 안 나오면 의사에게 가도록 한다.

귀 앓 이

만일 어린이가 자기의 주먹이나 손으로 치거나 머리를 찌르거나 긁거나 귀를 잡아당기면 귀앓이를 하는 것으로 보아야 한다. 어린이의 부모와 상의해서 병원에 가도록 한다.

안 질

어린이가 눈을 비비거나 눈이 충혈되어 있으면 안질을 앓는 것으로 보아야 한다. 부모와 상의해서 의사에게 가도록 한다.

눈에 이물질이 들어갔을 때

손을 깨끗이 씻고 물 눈약을 넣은 후 체온에 가까운 따뜻한 물로 씻어 낸다. 만일 물로 씻어 내지지 않으면 깨끗한 헝겊으로 묻혀 낸다. 그러나 헝겊으로 닦아 내다가 깊이 박히게 해서는 안 된다. 만일 그렇게 되면 곧 의사에게 가도록 해야 한다. 그리고 거즈나 붕대로 살짝 눈을 감싸 주고 머리를 뒤로 해서 누워 있게 한다.

발 열

38.3℃ 이상이 되면 특별히 주의해야 하며 즉시 부모가 오도록 한다. 부모가 오는 도중에 39.4℃ 정도가 되거나 그 이상이 되면 옷을 벗기고 미지근한 물을 스펀지에 묻혀서 몸에 발라 준다. 만일 부모의 도착이 늦어지면 어린이를 따뜻한 물이 들어 있는 욕조 속에 넣어 주고 떨기 시작하면 꺼내 준다.

열 사 병

더운 날 어린이가 밖에서 놀면 땀을 많이 흘리고 피부색이 하얗게 되었다가 몸이 차갑게 되면서 뜨거운 숨을 내쉬게 된다. 어린이를 시원한 곳으로 데려다가 편하게 누인 후에 옷을 풀어 주거나 벗겨서 몸을 시원하게 해 준다. 그리고 이마에 찬 수건을 대어 주고 물을 먹인다. 부모를 오게 하고, 부모가 올 때까지 어린이가 편히 있게 해 준다.

더위 먹음

만일 어린이가 뜨거운 날 밖에서 놀다가 고열로 쓰러지면 이는 더위를 먹은 것이므로 어린이를 찬물이 담겨 있는 욕조에 넣어 주고 의사에게 간다.

충 격

심한 병을 앓거나 다치면 충격을 받게 된다. 심한 병이나 부상이나 어떤 경우이든간에 어린이를 편하게 눕히고 상처 부위가 심장보다 높게 하여 얇은 담요 등으로 감싸 준다.

의기 쇠약

두 다리를 올리고 눕게 한다. 옷을 풀어 주고 가능하면 얇은 담요로 감싸 준다. 자기 정신이 돌아올 때까지 조용히 쉬게 한다. 만일 의기 쇠약이 다시 일어나면 잠시 안정시키고 의사에게 간다.

찰 과 상

소독된 바늘이나 알코올 또는 불에 소독한 핀셋 등이 완전히 식은 후에 사용하도록 한다. 파편 등에 의해서 피부가 파열된 것은 핀셋으로 꺼낼 수 있도록 피부를 절개해서 천천히 그리고 부드럽게 파편을 끄집어 낸다. 만일 파편이 부러지거나 깊이 박혔으면 부모에게 권유해서 의사에게 보이도록 한다.

인공 호흡법

어린이가 숨을 멈추거나 호흡에 곤란을 느낄 때는 언제나 의사를 찾는다. 이러한 상태를 발견했을 때는 6분을 넘기지 말고 지체 없이 인공 호흡 방법을 사용한다. 입에 더러운 것이 있으면 손가락으로 다 꺼내고 어린이를 아래 쪽을 향하게 하여 팔로 껴안고 등을 2~3번 두드려 준다. 앉아서 어린이를 무릎에 눕히고 턱이 위를 향하도록 한다. 그리고 입을 크게 벌려서 충분히 들이마신 후 코를 쥐고 입을 어린이의 코와 입에 밀착시킨다. 이렇게 공기를 불어넣은 후 어린이의 가슴이 부풀어 오르며 팽창하는가를 관찰한다. 아주 어린 아기에게는 약간의 공기를 불어 넣는 것이 좋다.

어린이의 가슴이 팽창하면 공기를 불어 넣는 것을 중단해야 한다. 그리고 머리를 들어서 옆으로 돌린 후에 귀를 어린이의 코와 입쪽으로 가져 가면서 어린이 가슴이 가라앉으면서 숨을 내쉬는지 들어 본다. 그리고 나서 리드미컬 하게 공기를 불어 넣고는 가슴이 팽창하는가를 살피고, 입을 떼고서 숨을 내쉬는가를 살핀다. 또 공기를 불어넣는 것을 약 매 3초마다 해 준다.

이상의 활동을 정상적으로 숨을 쉴 때까지 계속하며 만일 호흡이 불규칙하거나 끊어지면 인공 호흡을 계속해야 한다. 또한 '어린이 흡입제'를 사용하면서 공기를 불어 넣어 주어도 좋다.

구 토 증

토하는 어린이를 들어올려서는 안 된다. 그 대신에 배와 엉덩이를 들어올려서 어린이가 구토물을 다시 삼키지 못하도록 해야 한다. 먹거나 마실 것을 주어서는 안 된다. 부모가 오도록 하는 것이 좋다. 부모가 오는 것이 늦어지면 물을 매 10분마다 한 모금씩 마시도록 한다. 만일 구토와 설사를 동반하면, 의사에게 보여야 한다.

피가 섞인 구토증

내출혈의 징조이기가 쉬우므로 즉시 의사에게 보여야 한다.

독극물

먼저 무슨 독극물인지를 알아본다. 어린이가 휘발유나 석유 소독제 등에 중독되었거나, 염색제, 암모니아, 세척제 등에 중독되었으면 다음에 열거한 약물에 한 숟갈의 시럽을 어린이에게 먹여서 토하게 한 후에 의사에게 보이도록 한다.

특별 해독제

- 아스피린 : 2~3컵이나 한 병의 물이나 또는 우유를 어린이가 경련을 일으키지 않을 정도로 먹여서 토하게 한다.
- 표백제, 청정제, 액체 세척제 또는 욕실 세척제 : 2~3컵이나 한 병의 물 또는 우유를 먹인다. 이때 토하도록 유도할 필요는 없다.
- 직물 유연제 (섬유 린스) : 우유를 먹인 후 토하도록 한다.
- 암모니아 : 감귤류 주스나 8온스의 물을 탄 한 수저의 식초 또는 2온스의 올리브 기름을 먹이는데, 이때 토하도록 유도할 필요는 없다.
- 손 로션 : 우유를 먹인다. 이때 만일 많은 양을 먹었으면 토하도록 한다.
- 나뭇조각 : 경련을 일으키지 않는 범위 내에서 토하도록 해주며 필요하다면 인공호흡을 해 준다.

상처 부위 전염

만일 어린이가 칼에 베이거나 긁혀서 그 부위가 붉어졌다가 하얘 졌다 하면 이는 그 상처 부위가 전염된 것으로 보아야 하며 이럴 때는 부모에게 연락하고 바로 의사에게 데려 가도록 해야 한다.

접지름(삠) 또는 뒤틀림

격심한 아픔, 부어 오름, 접합 부분의 좌상은 삔 상태를 가리킨다. 좌상에는 얼음 주머니를 사용하면 좋다. 의사에게 보여야 한다.

출처 : O'Brien, M., et. al. (1979). The Toddler Centers: A Practocal Guide to Day Care for One and Two Olds, Baltimore: Univ Park Press. 124.

매일의 건강 점검시 교사가 보기에 앞의 표와 같은 단순한 증상이 아닌 경우 감염병의 증상인지 주의를 기울여야 한다. 특히 집단 생활 속에서는 감염병에 대한 주의가 필요하다. 대체로 한 어린이가 감염병을 앓게 되면 저항력이 약한 어린이는 순식간에 감염되어 건강에 장애를 일으키게 된다.

교사는 의심스런 증세를 발견하면 가정과 긴밀한 연락을 취해야만 한다. 그러기 위해서 교사는 유아기에 흔히 감염되기 쉬운 병과 그 증세, 격리해야 될 날짜 등에 대해서 정확하게 알아야 한다. 감염병은 소아마비, 마마, 수두, 풍진, 홍역, 유행성이하선염, 간장염, 괴혈병, 홍진, 뇌막염, 편도선염, 백일해 등이다. 이와 같은 감염성 질병을 증세, 격리해야 할 날짜, 대책 등으로 나누어 살펴보면 〈표 7-10〉과 같다.

〈표 7-10〉 전염병 차트

병 명	증 세	잠복기	예방법
소아마비	• 미열 • 일반적인 불안 • 두통 • 목, 등의 경직	• 1~4주간 • 일반적으로 1~2주간	• 내부 백신을 2달간 사용 • 그 다음에 세 가지의 약을 2달 간격으로 복용한다. • 다른 약은 1년 후에 사용
마마	• 갑작스런 열, 오한과 동통 • 생기면서 딱딱해지는 뾰루지는 좀 지나면 발포고와 딱지가 생긴다. · 입의 점막에서부터 입, 목, 호흡기로까지 번진다.	• 6~16일 • 일반적으로 16일	• 예방 접종은 실제적으로 완벽한 보호이다. 그러나 예방 접종의 부작용이 질병보다 더 유행되고 있다.
수두 (2~8세)	• 미약한 열과 36시간 안에 뾰루지가 몸과 머리에 돋아서 맑은 유동체로 가득 차게 된다.	• 2~3주 • 일반적으로 13~17일	• 전혀 없다. 1회 침범 후 면역이 된다.
풍진 (학령기 이상)	• 가벼운 열, 후두염, 감기 증상은 얼굴에 엷은 홍조의 뾰루지가 돋는 순서가 된다. • 목의 뒤편과 귀 옆에 이 뾰루지의 선이 확장된다. · 뾰루지는 압력으로 사라진다.	• 2~3주 • 일반적으로 18일	• 생후 15개월만에 백신을 투여한다. • 1번 침범 후에 면역된다.
홍역	• 열이 오르고, 지독하고 메마른 감기; 연속적이고, 3~4일간 붉어지는 코와 충혈되는 눈, 그 후에는 적갈색의 뾰루지가 머리 선에 부스럼으로 퍼진다.	• 1~2주 • 일반적으로 10~11일	• 생후 1년에 백신을 주사하면 영구 면역이 될 수 있다.

병 명	증 세	잠복기	예방법
유행성 이하선염 (5~10세)	• 열, 두통, 구토 : 귀 근처와 턱에서 턱선에 이르는 곳의 동통, 그리고 이 부분이 고통스럽게 부어오기 시작한다.	• 16~18일	• 추천된 백신을 생후 14개월에 주사한다. • 한번 주사하면 면역된다.
간장염 (15세 이하)	• 가볍고 작은 증상이나 열, 두통, 복통, 메스꺼움, 설사, 일반적인 피로를 동반한다. • 나중에는 황색 피부와 흰눈(즉, 황달), 소변색이 짙어지고 창자 운동이 약해진다.	• 2~6주 • 일반적으로 25일	• 만약 노출된 어린이에게 gamma globulin의 주사를 하면 면역이 된다.
전염성 선열	• 목의 동통, 목선과 다른 곳이 붓고, 때때로 뾰루지가 온몸에 생기며, 황달의 증세, 낮고 계속적인 열이 생긴다.	• 대개 4~14일이나, 좀 길다	• 전혀 없다. • 젊은이에게 치명적
수막염	• 대개 감기로부터 시작된다. • 두통, 목의 통증, 구토, 고열과 경련 또는 졸린 듯한 무감각 상태, 숫구멍(정문)의 팽창 등이 3세에 나타나는 가장 중대한 증상이다.	• 2~10일	• 전혀 없다. • 젊은이에게 치명적
홍진	• 뾰루지가 생긴 후의 고열 또는 커다란 분홍색의 뾰루지가 온몸을 뒤덮는다.	• 약 2주	• 전혀 없다. • 한번 침범 후에 면역이 생긴다.
부종	• 때때로 구토와 열이 있고 그 후에 갑자기 목의 통증이 생긴다. • 만일 뾰루지(붉은 소름 돋은 피부)가 몸과 사지에 퍼졌으면 그것은 성홍열이라고 불린다. • 가장 빈도가 높은 때는 3월이다.	• 1~7일 • 일반적으로 2~4일	• 항생물질은 의사가 옳다고 느낀다면 병의 침입을 막거나 가볍게 할 수 있을 것이다.
백일해	• 초기에는 기침이거나 저열을 동반한 감기처럼 보이나 2주 말이 되면서 심한 헐떡임을 동반한 기침으로 변한다.	• 7~14일 • 일반적으로 7일 정도	• 유년기의 모든 어린이에게 DPT백신을 주사해야 하지만, 백신을 주사하지 않은 채 노출되면, 의사에게 신속하게 보호 혈청 주사를 요청해야 한다.

6) 정기 진단

유아교육기관은 1년에 적어도 2번, 즉 한 학기에 한번 건강과 치아 진단을 해주어야 한다. 진단 후 기록을 남겨 두는 것도 상식적인 일이라 하겠다.

7) 아동이 아픈 경우의 보호

취업 부모를 둔 아동이 아플 경우 이들을 위한 보호가 심각한 문제가 된다. 외국의 경우(Texas, Lubbock에 있는 메소시스트 병원) 취업 부모를 둔 아픈 아동들을 위한 병원이 별도로 설치되어 있으며, 이 병원에는 특별하게 배려된 작은 독립 공간이 있다. 이 공간은 유리벽으로 되어 있어 간호사들이 모든 아동을 볼 수 있게 해 놓았고, 하루 동안 알맞은 놀이 활동을 제공한다. 아동들은 이곳에서 개인적으로 특별한 비디오를 보거나 이야기를 듣고, 음악을 들을 수 있다. 그러나 우리나라에서는 아직까지 이러한 방안이 제시되고 있지 않은 상태로 시설이 아픈 아동을 보호하기가 매우 어려운 현실이다. 이 경우 아동들의 아픈 정도의 기준을 정하여 귀가 조치하거나 시설에서 보호하게 되는데 아동의 상태, 질병의 종류 등을 고려하여야 하며 관련 지침을 부모와 시설 간에 명확히 하여야 한다.

시설에서는 아픈 아동들을 부모가 데려가기 전까지 다른 아동들과 격리시켜 쉬거나 놀게 할 필요가 있다. 이 경우 아동들이 혼자 있지 않고 누군가로부터 사랑받고 보호받고 있다는 느낌이 들도록 배려해야 한다.

8) 낮잠과 휴식

영유아 보육 시설에서는 점심 후에 낮잠을 자게 한다. 어린이는 적어도 1시간 이상 낮잠을 자거나 쉬어야 하는데, 이는 어린이들이 유아교육기관에서 오전에 활동하면서 충분히 쉬는 시간을 갖지 못했으므로 낮잠으로 피로가 없어지고 에너지가 보충되지 않으면 유아의 건강을 유지하는 데 어려움이 있기 때문이다.

낮잠 시간은 대개 1시에서 3시 사이에 이루어지며, 보육 시설에서 다른 활동은 진행하지 않고 낮잠과 휴식을 하게 한다. 어린이가 낮잠을 잔다고 해서 교사도 쉬는 것은 아니다. 대개 어린이가 잠을 자는 옆에서 적어도 한 명의 교사는 앉아 있음으로써 어린이가 안심하고 잠을 잘 수 있게 해 주어야 한다.

낮잠 영역은 매트와 부분 카펫으로 놀이 영역 한쪽에 낮잠 자는 시간에만 설치한다. 낮잠에서 먼저 일어난 어린이는 놀이 영역에서 조용히 자유 놀이를 시작할 수 있다. 낮잠 자는 영역을 따로 두는 것보다 놀이 영역의 한 구석에 낮잠 영역을 설치하는 것이 바람직하다. 이렇게 낮잠 영역을 놀이 영역의 한쪽에 설치하면 교사가 낮잠 자는 어린이와 놀이를 시작한 어린이를 동시에 보살펴 줄 수 있다.

낮잠 영역을 설치할 때는 보조 교사가 어린이들이 점심을 먹는 동안 한쪽에 쌓아 놓은 매트나 카펫을 펴서, 점심을 먹은 어린이는 화장실에 가서 이를 닦고 용변을 본 후 잠자는 영역의 카펫에 와서 조용하게 몇 분 동안 앉아 있게 한다. 어린이는 개별적으로 잠자리에 들어가게 된다. 낮잠 후에도 어린이는 역시 화장실에 갔다가 자유 놀이를 시작한다.

깔개와 덮개는 개인용을 준비하였다가 각자 자기 것을 사용하도록 한다. 방이 꽤 큼직하여야 하며 매트나 카펫은 〈그림 7-1〉처럼 엇갈리게 놓는 것이 바람직하다.

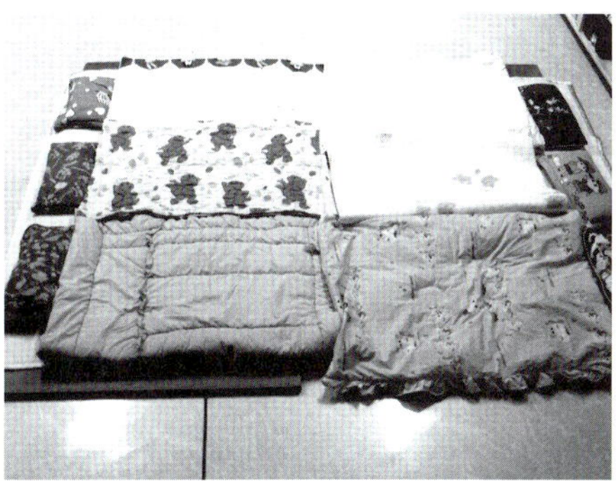
〈그림 7-1〉 낮잠 영역 (1)

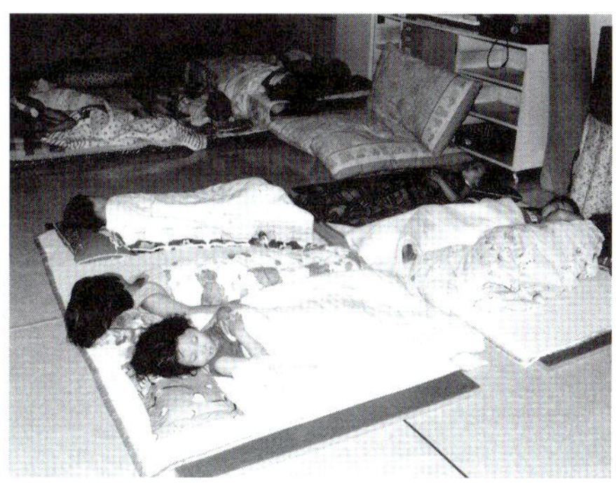
〈그림 7-2〉 낮잠 영역 (2)

어린이는 반듯하게 누워 자게 하는 것보다는 얼굴을 베개 쪽으로 가게 한다. 그리고 다른 아이의 발을 보도록 하는데, 이는 어린이들이 서로 시선을 마주쳐서 장난을 치거나 방해를 받지 않도록 해 주기 위한 것이다. 만일 방이 좁아 침구를 나란히 놓게 되면 한 어린이는 머리를 발쪽으로, 그 다음 어린이는 똑바로 눕게 하면 엇갈려 눕게 되어 서로 방해받지 않게 된다.

어린이들이 덮개를 덮고 잠잘 준비가 되었으면 커튼을 내리고 불을 끈다. 어린이들은 잠자기 위해서 아주 깜깜하거나 조용하지 않아도 된다. 만일 가능하다면 조용한 소리로 이야기를 들려 주거나 음악을 들려 준다.

잠을 곧 이루지 못하는 어린이를 위해 잠 영역 옆에 부드러운 부분 카펫을 놓아 쉬는 영역을 만들어 준다. 쉬는 영역에서 어린이는 조용히 쉬거나, 또 잠을 이루지 못하는 어린이는 이곳에 와서 잠시 앉아 있다가 다시 침대로 갈 수 있게 한다. 낮잠 당번 교사는 어린이 모두 잠을 자도록 조정할 수는 없다. 그렇다고 해서 어린이 등을 두드려 주거나 다독거려 주지 말고 오히려 잠자리에 들어갈 때 친절하고 따뜻하게 대해 주고 그 다음은 어린이에게 맡겨야 한다. 때로 시끄럽게 굴거나 뒤척이거나 노래하거나 선생님을 부르는데, 낮잠 당번 교사는 어린이 옆에 습관적으로 가지 않아야 한다. 교사는 한쪽에 계속 앉아 있으면서 어린이를 보살피는 것이 바람직하다. 또한 어린이가 잠들었다고 해서 자리를 떠나지 말아야 한다. 어린이는 잠이 들면서 교사가 있는 곳을 쳐다보고 안심하며, 잠에서 깨어나면서 교사를 찾아보는 습관이 있으며 이로 인해 안정감을 갖게 된다. 만일 교사가 '찾는 곳'에 있지 않으면 어린이는 다음에 쉽게 잠들지 못하게 된다.

낮잠 당번 교사는 어린이의 낮잠 습관 및 시간을 기록해 둔다. 낮잠 기록 카드의 예는 〈표 7-11〉에 예시되어 있다.

〈표 7-11〉 각 어린이의 낮잠표

유아 이름	월	화	수	목	금
김 철 수	안 잠	1:10~2:45			
김 충 현	안 잠	안 잠			
박 현 자	12:10~1:25	1:05~1:50			
이 지 윤	안 잠	안 잠			

9) 배변가리기 연습

어린이는 하루 중 어느 때라도 화장실에 갈 수 있으나, 아침 등원 후, 낮잠 자기 전, 낮잠 자고 난 후, 그리고 오후 늦게 화장실 가는 시간으로 정할 수 있다.

화장실 문은 낮은 가리개로 가려 화장실에서 일어나는 일을 교사가 알 수 있게 한다. 영아를 대상으로 하는 프로그램에서는 특히 화장실에 어린이를 눕게 하여 기저귀를 갈아 줄 수 있는 기저귀 가림대와 세면기를 설치하는 것이 바람직하다. 또한 욕조기 안에 놓을 수 있으며 얼깃설깃하게 넓은 고무로 얽어진 기저귀 가림대도 설치하면 편리하다. 때로 물로 씻어 주어야 할 어린이가 있을 때 교사는 허리를 굽히지 않고 어린이를 잘 씻어 줄 수 있기 때문이다.

보육 시설에 오는 어린이는 기저귀를 착용해야 하는 경우가 많다. 어린이는 바지가 젖었을 때 새 것으로 갈아 입고 싶어하며, 유아 교사 역시 마른 상태로 어린이를 돌보는 것이 그들의 책임이라고 하겠다. 이 시기 어린이에게 배변가리기를 연습시키는 것은 쉽지 않으나 어린이가 수저를 사용할 수 있게 되는 것과 마찬가지로 화장실도 사용할 수 있게 되어야 한다.

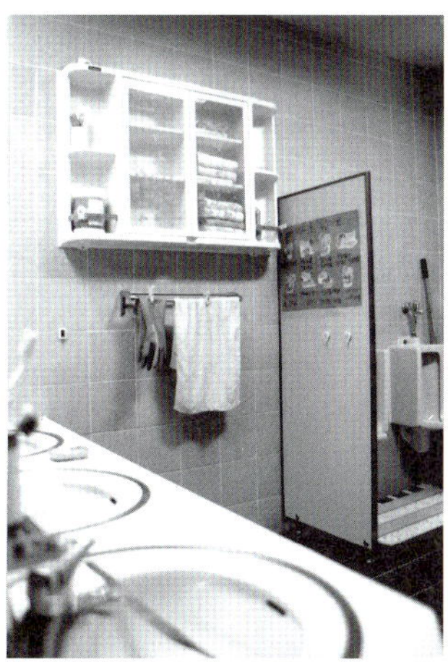

〈그림 7-3〉 화장실

10) 손씻기와 양치질

손씻기와 양치질은 모든 유아교육기관에서 습관화해야 할 것이다. 특히 치아의 건강은 유아기에 매우 중요하다. 치아 손상은 보상이 되지 않고 위장 장애 등의 합병증도 유발하므로 강조해야 할 부분이다. 점심을 먹고난 후 반드시 양치질을 하고, 점심을 먹기 전과 화장실을 사용하고 나서 손을 씻도록 한다. 어린이들이 사용하는 수건, 칫솔, 양치질 컵은 개인용이어야 한다.

(1) 직원의 건강

시설의 직원은 일을 하기 위한 좋은 건강 상태를 유지할 수 있어야 하며, 특히 직원들은 결핵 테스트에서 이상 없음이 확인되어야 할 것이다.

(2) 아동의 가정 생활에 대한 정보 구하기

취원 시 가족 오리엔테이션 동안에는 아동의 행동에 변화를 일으킬 수 있는 가정에서 일어나는 일, 사건, 위험 등을 교사에게 알릴 수 있도록 고무해야 한다. 즉, 할아버지의 방문과 같은 즐거운 일, 부모의 이혼, 가족의 죽음 등과 같은 슬픈 상황들을 포함한다. 이를 위해 사전에 부모와 교사 간에 신임이 구축될 수 있도록 하여야 할 것이다. 또한 가족들에게 들은 정보는 비밀이 보장될 수 있도록 직원 교육이 선행되어야 할 것이다. 가족 관련 내용들은 아동의 개인 파일에 기록되어져야 하되 특별히 부모가 정보 제공을 요청하면 부모에게도 제공되어야 할 것이다.

(3) 영아를 위한 기저귀 훈련

영아는 태어나서 배변 훈련을 할 때까지 기저귀를 대략 만 개 정도 사용한다고 한다. 기저귀의 사용에서는 환경 문제와 관련하여 상업적인 종이 기저귀와 위생적인 천 기저귀에 대한 논란이 있다.

시설의 경우 기저귀 테이블을 별도로 마련하는 것이 바람직하며, 기본 물품으로는 소독제, 티슈나 종이 타올이 상비되어 있어야 할 것이다. 기저귀를 갈아주기 전후에는 필히 손을 씻도록 하여야 한다. 나아가 더럽혀진 기저귀 역시 위생적으로 처리되도록 하여야 할 것이다.

또한 교사는 기저귀를 가는 동안 아이와 이야기하고, 아기가 보내는 단서에 응해 주며, 눈과 눈을 맞추어 보호자에 대한 신뢰감을 얻도록 도와주어 자신 이

외의 다른 사람들과 상호작용하는 것을 연습하는 것이 중요함을 느끼도록 해 주어야 할 것이다.

(4) 아동들을 위한 건강 교육의 예

교사들은 교과 과정을 계획할 때 아동들이 스스로에 대하여 적당히 책임을 질 수 있도록 돕는 다음과 같은 건강 교육을 포함시켜야 한다.

- 화장실을 다녀온 뒤, 음식을 먹기 전에 손씻기
- 양치질하기
- 영양가 있는 음식 먹기
- 부모들이 아이들에게 좋은 건강 습관을 지도할 수 있도록 돕기
- 건강 관련 놀이 계획하기 : 예 극 놀이영역은 아픈 역을 해 보거나 돌보아 주는 역을 해 보는 기회를 제공할 수 있다.

4. 스트레스

유아들은 유아교육기관을 매우 즐거운 곳이라고 생각하는 한편 이곳에서 상당한 스트레스(stress)를 받는 것도 사실이다. 집에서는 자기가 하고 싶은 때에 하고 싶은 놀이를 하고, 있고 싶은 곳에 있을 수 있으며, 먹고 싶은 것을 엄마에게 청해서 먹을 수도 있는 등 비교적 허용적이며 자기 의사가 반영될 수 있다. 그러나 유아교육기관은 아무리 민주적이고 허용적이더라도 그 자체가 많은 인원수의 유아를 교육하고 이끌어야 하는 사회 집단이므로 가정보다는 덜 편안하게 느껴지는 것이 당연하다.

유아들에게는 우선 엄마와 떨어져 유아교육기관에 올 때 생기는 격리 불안이 있다. 또한 엄마와는 달리 선생님은 자기 혼자만 돌보는 것이 아니라 다른 아이들도 공평하게 사랑한다는 것을 이해하여야 하기 때문에 정신적으로 긴장하게 된다.

유아교육기관은 교육을 위해, 또한 또래들과의 공동 생활을 유지하기 위해 규율과 규칙과 질서를 강조하는데, 이러한 규율과 규칙은 필요한 것이지만 유아를 긴장시키는 큰 요인이 된다.

간식도 유아교육기관에서는 균형 있는 영양을 위해 다양하게 제공하다 보면 어떤 유아에게는 생소한 음식이므로 간식조차도 스트레스의 한 요인이 되기도 한다. 이와 같은 스트레스가 유아에게 작용하면 유아는 이에 저항, 대처하기 위해 전력을 다하여 노력하게 된다. 그러나 이것에 대한 방어력이 감소되면 정신적인 질병뿐만 아니라 신체적인 질병까지도 유발하게 되는 것이다(O' Brien, 1979).

이러한 스트레스는 유아에게 미치는 영향이 매우 심각한 정도로 진전될 때까지도 성인들에게 파악되지 않는 경우가 많다. 왜냐하면 스트레스에 의한 영향이 초기엔 매우 미미하게 표현되며 유아는 자신의 정신 혹은 심리 상태를 정확히 분석하여 자신의 감정을 표현하는 능력이 부족하기 때문이다. 따라서 부모는 물론, 교사는 정신 건강을 해치는 스트레스의 영향과 그 증후를 잘 알아서 사전예방법과 조기 진단에 의한 근본 치유책을 시행해야 할 것이다.

1) 스트레스의 영향

A. Brenner(1984)는 스트레스에 의해 일어나는 유아의 방어 기제를 회피하는 기제와 성숙된 기제로 나누었는데, 회피하는 기제에는 부정, 퇴행, 도피, 충동적 행동이 있고, 성숙된 기제로는 이타주의, 유머, 억제, 기대감, 승화 등을 들었다. 그 내용을 살펴보면 다음과 같다.

① 부정 : 부정은 스트레스가 존재하지 않은 것처럼 행동하는 것으로, 이것은 고통을 감소시켜 주고 평형을 유지하는 데 도움이 된다.

② 퇴행 : 유아가 자신의 연령보다 더 어리게 행동하는 것으로써 어른에게 더욱 의존적이 되며 그 결과 보통 때보다 애정과 신체적 접촉을 더 많이 요구한다.

③ 도피 : 애완 동물이나 사물에 관심을 집중시킴으로써 한동안 긴장 상태를 연장시킨다.
④ 충동적 행동 : 자신의 감정을 충동적 행위로 감추어 버린다.
⑤ 이타주의 : 타인을 도와줌으로써 자신의 문제를 잊어버리는 것으로, 유용한 일을 하였다는 만족감을 갖게 된다. 이 경우의 어린이는 그들 동료보다는 좀 더 나이 든 어른과 친하고자 하며, 이때 어린이는 자신도 친구들과 마찬가지로 돌보아질 수 있다는 생각은 좀처럼 하지 않는다.
⑥ 유머 : 유쾌하고 재미있는 말을 하여서 얼마간 적응의 시간을 연장시키는 방어 기제이다.
⑦ 억제 : 잠시 동안 어려운 상황을 미루어 두는 것으로, 고통을 무시함으로써 심리적 균형을 취한다.
⑧ 기대감 : 강력한 대처 방안으로, 피하지 않고 그대로 받아들이는 것이며 천천히 그 해결 방안을 찾아내고자 한다.
⑨ 승화 : 슬픔, 분노, 공포 등을 게임이나 스포츠 등에 몰두함으로써 발산, 극복하는 방법으로 만족과 보상을 받는다.

어린이는 위와 같은 방어 기제를 한 번에 한 가지만 사용하지 않고 여러 전략을 복합적으로 사용하기도 한다. 유아는 스트레스에 대한 반응으로, 방어 기제 이외에 행동 장애를 보이기도 한다. 그 내용으로 정신 집중력의 감퇴, 식욕 감퇴, 언어 기능 장애, 용변 습관의 변화, 수면 습관의 변화, 공격적 행동 등이 있다. 이 밖에 끊임없이 손가락을 빠는 것, 과식하거나 또는 거부하는 것, 야뇨증, 이기적 행동, 욕함, 남을 다치게 함, 파괴적인 행동 등으로 표현된다(박문희 외, 1984).

2) 스트레스에 대한 대책

스트레스를 예방하기 위한 방법으로 특별히 등원 시간을 활용하면 효과적이다. 이는 아동들의 정신적 긴장 요인 중 가장 큰 요인이 어머니와 헤어져 있는 것이므로 특히 그러하다.

등원 시간을 7시 30분에서 8시 30분 혹은 9시까지 등으로 길게 잡아 각 유아가 등원할 때마다 교사와 개별적인 접촉을 가짐으로써 긴장을 풀고 편안한 마음이 들도록 해야 할 것이다. 이때 교사는 부모와도 잠시 이야기를 나눌 수 있으며 아이를 껴안아 주고 전날 집에서 있었던 일들을 들어주고, 유치원의 암탉이 새벽에 알을 낳았다는 등의 새 소식도 전해 주어, 유아교육기관에 올 때 스트레스 없이 편안하게 올 수 있도록 매일 아침 노력해야 할 것이다. 물론 이 시간에 아침 식사를 못 하고 온 아동을 위해 간단한 식사를 제공하기도 해야 한다.

간식 및 주식의 식단이 주는 스트레스를 예방하기 위해서, 초기에는 집에서 친숙히 먹는 음식을 제공하다가 나중에 영양을 고려한 생소한 음식으로 옮겨 가는 배려가 있어야 할 것이다. 또한 조용한 영역(개인 영역)을 마련해 두어 각 유아가 필요한 때에 심신의 휴식을 취할 수 있도록 하는 것도 매우 중요하다(그림 7-4).

〈그림 7-4〉 개인 영역

정신 건강을 위한 보다 더 적극적인 방법으로는 때때로 전문가의 협조를 얻어 심리 검사를 실시하고 필요에 따라 놀이 치료 등의 통합 처치도 수행하여야 할 것이다. Erikson을 포함한 현대 아동 심리학자들과 소아 정신 의학자들이 주장하듯이, 유아들은 성인과의 관계에서나 주변의 물리적 환경에서 기본적인 신뢰감과 안정감이 있을 때 인지, 사회성 등의 제반 발달이 이루어질 수 있다는 사실을 생각할 때, 정신적인 건강을 위한 서비스는 매우 중요하게 시행되어야 할 것이다.

5. 영양

종일제 유치원이나 보육 프로그램에서는 간식을 제공하며 유아들의 식사를 1일 1회 이상 그리고 하루 간식의 대부분을 담당해야 하므로, 영양에 대한 기능을 소홀히 할 수 없다. 유아들에게 알맞고 영양적인 식사와 간식은 자격 있는 영양사나 전문가에게 자문을 받아 안전하고 위생적인 방법으로 준비되고 제공되어야 한다.

영양 서비스는 균형 있는 영양으로 이루어진 음식을 제공하는데 그칠 것이 아니라 유아들이 그것을 고루고루 섭취할 수 있도록 해야 하며 음식 먹는 습관을 가질 수 있도록 도와주어야 한다.

영양 서비스는 영양학상으로 알맞는 음식을 제공하는 것을 목표로 한다. 또한 사회적으로 받아들일 수 있는 식사 행동을 배우고 실천하며 대화를 발달시키기 위해 자극을 주어야 한다. 세부 운동 협응력에 자극을 주는 것 역시 영양 서비스의 한 목표이다.

1965년 Head Start 운동 이후 아동 복지의 차원에서 어린이의 영양과 보건에 대한 프로그램이 강화되었다. 우리나라에서도 주식, 간식에 대한 소책자가 출간될 정도로 이를 잘 인식하고 있다. 새세대육영회 편(1984)의 『유아의 영양과 급식』, 삼성어린이개발센터(1995)의 『유아를 위한 영양과 식단』이 바로 그것이다. 현재는 전국의 51개 보육정보센터에서 『영유아를 위한 영양과 식단』 제공 서비스를 제공하고 있다.

영양은 어린이가 자라는 데에 필요할 뿐만 아니라 건강한 상태를 유지하는 데에도 필수적인 것이다. 어린이가 섭취하는 음식의 종류를 고려할 때 열량뿐만 아니라 그 내용도 생각해야만 한다. 예를 들어, 콜라나 사이다 같은 탄산 음료는 열량은 많으나 뼈와 살이 되도록 하는 음식의 내용은 아닌 것이다. 어린이의 영양은 주식과 간식으로부터 섭취하게 된다. 또한 주식 및 간식을 계획할 때 우선적으로 음식 알레르기가 있는 어린이의 경우를 고려해야 한다.

어떤 어린이는 돼지 고기를 먹으면 두드러기가 난다. 또 어떤 어린이는 달걀, 초콜릿, 우유 등을 먹으면 구토를 하고 피부에 이상 현상이 나타나는 경우도 있다. 이러한 어린이에게는 다른 음식을 주어서 영양을 보충할 수 있게 해 주어야 할 것이다.

어린이가 어떤 음식에 알레르기 반응을 일으키는지는 부모가 가장 잘 알기 때문에 학기가 시작되기 전에 부모로부터 정보를 얻어야 한다. 음식 알레르기와 증상을 알아보기 위한 기록 카드의 예는 〈표 7-12〉와 같다.

〈표 7-12〉 음식 알레르기 증상 기록표

음식 알레르기 증상

어린이 이름 ________________

어린이가 음식 알레르기로 인해서 의사에게 치료받은 적이 있습니까?

치료 날짜 ________________

치료 받은 기간 ________________

어린이의 증상은 무엇입니까?

____

날짜 ________________ 부모님 성명________________ 인

알레르기를 일으키는 음식	아주 작은 양이면 괜찮은 음식	흔히 먹는 음식이라도 주어서는 안 되는 음식

1) 주식

주식이란 하루 3번에 걸쳐 섭취하며 우유 종류, 단백질 종류, 채소 · 과일 종

류, 빵 · 곡식 종류로 나누어진다(Brown, 1982). 우유 종류는 근육, 뼈, 치아를 튼튼하게 해 주고 사람들이 움직일 수 있게 해 주는 힘(에너지)을 준다. 단백질 종류는 근육을 튼튼하게 해 주고 피를 만들고 에너지를 준다. 곡식류는 우리 몸의 각 부분이 각기 자기 일을 잘 맡아서 할 수 있도록 해 주며 에너지도 만들어 준다. 채소, 과일 종류는 우리 몸이 골고루 건강한 상태에 있도록 해 준다.

유아의 하루 영양 권장량은 〈표 7-13〉과 같다. 이 표는 일반적인 예이므로 유아에 따라 차이가 있을 수 있다는 것에 유의하여야 한다.

〈표 7-13〉 유아의 1일 영양 권장량

연령 (세)	체중 (kg)	신장 (cm)	열량 (kcal)	단백질 (g)	비타민A (R. E)	비타민D (μg)	비타민E (α-T.E.)	비타민C (mg)	
1~3 4~6	13.3 18.5	91 108	1,200 1,600	30 40	350 400	10 10	5 6	40 40	
연령 (세)	비타민 B1(mg)	비타민 B2(mg)	나이아신 (N. E.)	비타민 B6(mg)	엽산	칼슘 (mg)	인 (mg)	철분 (mg)	아연 (mg)
1~3 4~6	0.6 0.8	0.7 1.0	8 11	0.6 0.8	80 100	500 600	500 600	10 10	10 10

출처 : 삼성어린이개발센터(1995). 유아를 위한 영양과 식단. 16.

유아교육기관, 특히 보육 시설에서 제공하는 점심은 대개 어린이가 먹는 하루 세 끼 음식 중에서 가장 좋은 음식이어야 한다. 이는 대개 일하는 어머니가 아침 일찍 나가고 그리고 저녁에 퇴근하므로 유아의 영양을 생각해서 기본군의 음식을 골고루 마련하지 못하는 경우가 많기 때문이다. 유아교육기관에서 제공하는 점심과 간식은 유아의 건강 유지와 성장을 위한 것이어야 하고, 또한 유아들이 즐길 수 있는 것이어야 한다.

일반 유아교육기관이나 지역 사회, 더 나아가서 국가적 차원에서 어린이나 성인 모두에게 필요한 영양량을 손쉽게 골고루 섭취할 수 있도록 기초 식품군을 정했는데, 단백질 식품, 칼슘 식품, 무기질과 비타민 식품, 탄수화물 식품, 그리고 지방 식품으로 이들 영양소에 중점을 두었다. 이 다섯 가지 기초 식품군은 반드시 매일의 식사에서 취해야 한다.

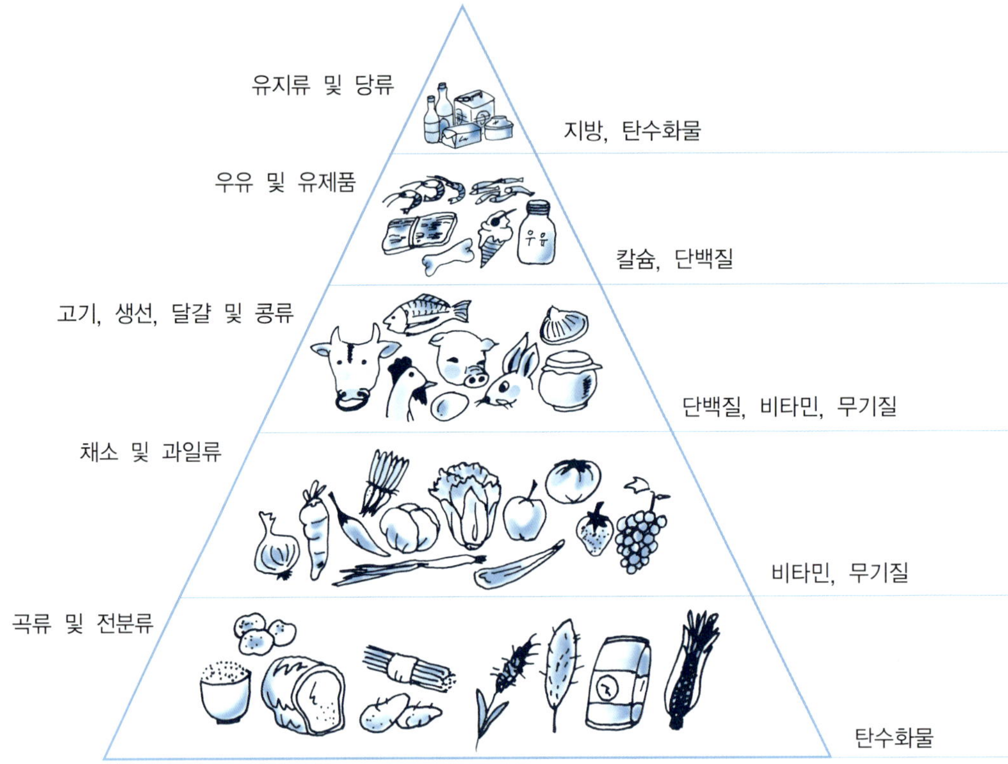

〈그림 7-5〉 다섯 가지 기초 식품

주식과 간식 식단은 대개 주기적으로 사용된다. 유아교육기관에서 식단 대강표를 만들어 놓으면 시간이나 에너지 소모를 덜 수 있다. 대강표는 일년치의 것이 아니라 각 계절별로 3주 것이면 충분하다(Squibb, 1980)는 생각은 3주 것을 기본으로 적용할 수 있다는 것이다. 식단은 부모에게도 우송하여 어린이들이 어떤 음식과 간식을 제공받는지 알게 한다. 한 달에 한 번씩 특별한 날로써 생일과 명절의 행사를 곁들일 수 있다.

어린이집의 주간 교육 내용, 행사 등과 관련하여 운동량이 많은 날은 열량 식품을 주로 하고 행사가 있어 일손이 부족한 날은 한 그릇만 사용해도 되는 음식을 준비한다든지, 월요일 점심은 장보기가 간단한 것을 준비하는 등 앞의 식단 대강표를 주일별로 서로 잘 어울리는 음식끼리 배열한다. 수요일에는 새롭고 맛있는 음식을 준비하여 1주일 동안 유아들이 즐겁게 식사할 수 있게 한다.

〈표 7-14〉 1~3세 유아의 식단 구성

▶1일 영양 권장량

열량 1,200 kcal, 단백질 30g(10%) 탄수화물 210g(70%), 지방 27g(20%)

구분			단위수	대표 식품의 중량 예(g)	목측량
1	곡류군		7	밥 350(1+2/3공기), 식빵 35(1쪽) 감자 150(大 1개)	
2	어육류군	저지방	0.5	생선 25(小 1/2토막)	 小 1/2 토막
		중지방	1	달걀 25(1/2개), 콩 10(1큰술)	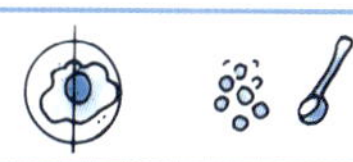
3	채소군	녹황색채소	0.5	시금치 35	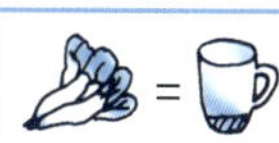 데쳐서 1/4컵
		담색채소	1.5	무 70, 콩나물 35	 익혀서 1/3컵  익혀서 1/5컵
4	지방군		3	식용유 5(1작은술), 땅콩 10(1큰술), 마요네즈 6(1.5작은술)	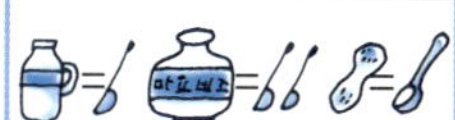
5	우유군		1	전유 200(1컵)	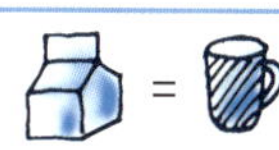
6	과일군		1.5	사과 100(1/2개), 오렌지 주스 무가당 50(1/4)	
	단순당류			설탕 5	
	된장 · 고추장			된장 미량	

2) 간식

간식이란 끼니 외에 먹는 음식으로써의 의미와 정규 식사 사이에 먹는 음식이라는 두 가지 의미가 있다. 아동 복지에서 간식이 의미하는 것은 유아의 경우 영양적인 특징 때문에 어린이에게 필요한 보조식을 의미한다. 영양적인 특징 때문이라는 것은 아래와 같이 설명될 수 있다.

유아는 신진 대사가 왕성하고 성장 발육이 매우 빠를 뿐만 아니라 운동량도 많다. 그러므로 유아는 어른보다 단위 면적당 영양 소요량이 매우 크다(이봉자, 1985). 이는 많은 영양을 섭취해야 함을 의미한다. 그러나 어린이는 위가 작기 때문에 한 번에 많은 음식을 먹을 수 없다. 자연히 유아는 하루 세 끼의 식사만으로는 필요한 영양을 섭취할 수 없기 때문에 식사 사이에 먹는 간식이 반드시 필요하다. 어린이가 하루에 세 끼만 먹으면 영양 부족 및 영양 불량을 초래하게 된다. 어린이 자신도 자주 배고픔을 느껴 먹을 것을 찾게 된다. 그러므로 어린이에게는 그들을 자라게 할 수 있는 기본적인 주식과 이를 보조할 수 있는 적은 양의 간식이 반드시 필요하다.

간식에 대해 생각할 때에는 간식으로 적절한 종류, 양, 그리고 시간에 대해 살펴보아야 한다. 간식의 종류, 분량 및 시간을 살펴보면 다음과 같다.

가. 간식의 종류

유아교육기관에서 사용함직한 1주일 동안의 간식 종류를 들어 보면 〈표 7-15〉와 같다.

〈표 7-15〉 주간 간식 계획표

구분	월	화	수	목	금	토
오전 간식	사과 크림수프	배 약밥	감 과자	바나나 코코아	포도주스 슈크림	요구르트 웨하스
오후 간식	수수경단 오렌지주스	고구마파이 우유	핫케이크 우유	크래커 요구르트	콘플레이크 우유	

출처 : 삼성어린이개발센터(1995). 유아를 위한 영양과 식단. 47.

이상을 종합해 보면 적절한 간식의 종류로는 첫째로 영양면으로 에너지뿐 아니라 단백질, 비타민, 무기질, 수분을 풍부하게 가지고 있는 것이어야 하며, 둘째로 소화가 잘 되는 것이어야 하며, 셋째로 맛이 있고 유아의 기호에 맞는 것으로 하며, 넷째로 이에 부착되는 당분이 많은 것을 피하며, 다섯째로 자극이 심한 음식을 피한다. 적절한 간식 식품으로는 칼슘의 급원인 우유 · 요구르트 · 비타민과 무기질의 급원인 과일 · 채소류, 단백질 급원인 삶은 달걀과 치즈 · 콩과자 ·

우유 등의 식품, 열량을 공급하는 비스킷 · 쿠키 · 찐 감자 · 고구마 · 밤 등의 식품이 있다. 이러한 식품들을 사용하여 식단을 작성할 때에는 주식에서 부족되기 쉬운 칼슘 식품 한 가지와 비타민, 단백질, 열량 식품 중 한 가지를 조합하여 영양적 균형을 이룰 수 있도록 작성되어야 할 것이다.

나. 간식의 분량

유아들의 건강을 유지시키기 위한 적절한 간식의 분량은 첫째로 하루 총 에너지 필요량의 10~15%를 충당할 수 있어야 하며, 둘째로 다음 식사의 식욕을 감퇴시키지 않도록 적은 분량이어야 하고, 셋째로 알맞은 만족감을 줄 정도의 분량이어야 한다.

다. 간식 시간

주식 시간에 식욕을 느끼려면 간식으로 섭취한 음식물이 위에 많이 남아 있지 않아야 하므로 간식을 제공할 때에는 다음 주식 식사 시간까지 2시간 정도의 간격이 있어야 한다.

적절한 간식 시간은 오전 10시와 오후 3시경이 적당하다.

이상에서와 같이 유아에게 있어서 간식은 세 번의 주식 식사로는 모자라는 영양소의 보충에 가장 큰 목적이 있다. 그리고 간식은 피로를 회복시키는 역할도 한다. 따라서 활동량이 큰 유아들은 간식을 먹지 못하면 아주 피곤해 한다. 유아들은 지치거나 기분이 나쁘거나 심심할 때에도 만족을 얻기 위해 간식을 먹고 싶어한다. 간식은 긴장한 마음을 전환시켜 유아의 기분을 상쾌하게 하고, 기쁨을 주며 정서를 풍부하게 하는 역할도 한다. 유아기는 식습관이 형성되는 시기이므로 이들에게 제공하는 간식은 식습관 형성에도 영향을 미치게 된다.

이상 살펴본 바와 같이 유아의 간식은 중요한 여러 가지 역할을 하므로 꼭 필요하며, 올바르게 시행되어야 할 것이다.

Ⅱ. 소득 보완 사업

1. 개념

소득 보완 사업이란 가정 경제를 책임지는 보호자가 사망하거나 질병에 걸렸을 때, 혹은 직장을 잃고 수입이 없을 때, 혹은 무능력으로 인해 가정 경제가 위기에 처했을 경우 가정을 유지해 주기 위해 사회에서 연대 책임을 지고 경제적 지원을 하는 사업을 말한다. 가정 경제가 위기에 처했을 때란 가족의 수입만으로 최저 생활을 유지하기 어려운 경우를 말한다.

소득 보완 사업은 기능적인 측면에서 보충적 아동 복지 사업의 하나이다. 왜냐하면 소득 보완이란 부모 역할 가운데 하나인 돈을 벌어 가정 경제를 유지하는 일을 보충해 주기 때문이다(Kadushin, 1988).

이러한 소득 보완 사업은 아동이 성인이 될 때까지 부모의 보호하에 부모에 의존하여 자라나야 한다는 점에서 아동 복지에서 차지하는 비중이 매우 크다. 다른 무엇보다도 가정 경제의 안정은 아동의 건강한 성장에 기본적인 조건이 되며 아동 학대나 유기 등 다른 아동 문제 발생을 미리 예방하는 것에도 큰 역할을 한다.

2. 소득 보완 사업의 종류

소득 보완 사업은 소득을 보장해 주는 사업으로 사회 수당, 사회 보험, 공적 부조와 같이 크게 세 가지 유형으로 구분된다.

1) 사회 수당

사회 수당이란 경제수준, 가족 상황, 고용 상태 등 어떠한 조건과도 관계없이 한 나라의 국민 전체, 혹은 아동이나 노인과 같은 어떤 일정한 분류 집단에 속하는 대상 전체에게 국가가 일정한 액수의 금품 또는 서비스를 제공하는 것을 가리킨다.

이 사회 수당 프로그램 가운데 선진 복지 국가들에서 실시되는 가장 대표적인 프로그램은 가족 수당이다. 가족 수당은 아동이 있는 가정에 현금으로 지불되는 형태의 프로그램이다.

현대에 들어서면서 많은 국가들이 가정의 자녀 양육을 지원하기 위하여 아동 수당을 지급하고 있으며, 우리나라에서는 2009년도부터 보육 시설 미이용 영유아를 대상으로 양육 지원 수당이 지급되고 있다. 보육 시설을 이용하지 않는 영유아 중 일정 소득 이하(최저 생계비의 120% 이하) 영유아에 대하여 2009년 7월부터 월 10만 원의 양육 수당이 지급되고 있다. 또한 정부는 향후 자녀 양육 수당을 점차 확대해 나간다는 방침이다(보건복지가족부, 2009).

2) 사회 보험

사회 보험이란 국가 또는 공공 단체가 운영 주체가 되는 것이다. 근본적인 원리는 경제적으로 위기에 빠질 때를 대비하여 미리 일정액을 적립한 후 위기 상황이 닥쳤을 때 그 혜택을 받는 것이다. 사회 보험의 목적은 이처럼 질병, 노령, 실업, 사망, 기타 신체적 장애로 인해 소득이 감소되거나 상실되었을 때를 미리 대비하는 것이다.

사회 보험은 다른 사(私)보험과는 대비되는 개념으로 개인이 임의대로 가입할 수 없으며 가입이 강제적인 경우도 있다. 보험료, 기여금, 혹은 갹출금을 정기적으로 일정 기간 지불하며 보험금의 조건과 내용 및 수준이 법적으로 결정된다. 또한 사회 보험은 개인의 생활 전체를 안정되게 보장하는 것이 아니라 특정한 사고와 사고의 수준에 따라 보장성을 가진다. 그러므로 보험금 지급 사유가 발생하지 않은 집단에서 보험금 지급 사유가 발생한 집단으로의 소득 이전 효과도 있다.

사회 보험에 의한 아동의 소득 지원은 아동을 직접 대상으로 하기보다는 가정의 소득을 지원함으로써 간접적으로 이루어진다. 사회 보험 가운데 대표적인 것은 실업으로 인해 소득이 없을 때 소득을 지원하는 실업 보험, 장애로 인해 가계주의 소득 능력이 손상을 입을 때 지원하는 장애 보험, 퇴직시 지급되는 연금,

산업 재해 보상 보험의 유가족 연금 등이 있다.

3) 공적 부조

공적 부조는 질병, 노령, 실업, 사망, 기타 신체적 장애로 소득이 감소되거나 전혀 없을 때 국가나 공공단체가 기본 생활을 보장하기 위해 소득을 지원하는 사업이다. 공적 부조는 조세를 재원으로 한다. 공적 부조의 할당은 자산 조사에 의한 개별적인 욕구의 측정과 확인에 의해 이루어진다. 공적 부조는 가정이 가장 마지막으로 의존할 수 있는 소득원의 일종이다.

공적 부조의 서비스를 받기 위해서는 일정의 신청 과정과 양식이 있다. 대부분 자산과 소득 정도를 보고하여야 하는데, 이러한 과정은 신청자가 직접 기관에 찾아오거나 혹은 우편으로도 가능하다. 이러한 신청에 이어 몇몇 나라에서는 직접 방문하여 좀 더 자세한 조사를 하기도 한다. 독일의 경우에는 공식적인 신청이 없더라도 관리기관이 수혜의 자격을 인정하면 서비스를 받을 수 있게 된다. 공적 부조의 지급은 주 혹은 월 단위로 수표나 현금으로 우편이나 수혜자의 은행 구좌를 통해 송금된다.

3. 우리나라의 소득 보완 사업

1) 사회 보험

사회 보험 방식의 소득 보완 프로그램으로는 공무원연금제도, 군인연금제도, 산업재해보상제도, 사립학교 교원연금제도, 국민연금제도 등이 있다. 이러한 연금 제도는 대개 퇴직 후의 생활 보장을 위해 실시된다. 따라서 가정의 아동에 대한 소득 지원의 효과는 거의 미미할 것이다.

산업재해보상보험은 우리나라에 가장 먼저 도입된 사회 보험이다. 이 보험은 1963년 사회 보장에 관한 법률과 함께 제정 · 공포되어 1964년부터 실시되었다. 산재보험은 현재 특정 업종(공무원, 사립학교교원, 군인)을 제외한 5인 이상 사업장에 적용되었다(남세진 · 조홍식, 1995). 산재 보험은 노동자 재해에 대한 사용자의 보상 책임을 담보하는 성격을 지니므로 보험료 전액을 사용자가 부담하는 것이 일반적이다. 산업 재해를 당한 노동자가 이 제도에 의해 받을 수 있는 급여는 요양 급여, 휴업 급여, 장해 급여, 유족 급여, 상병 보상 급여, 특별 급여가 있다.

장해 급여나 유족 급여는 가계 책임자가 산업 재해로 인해 가계에 경제적 위기가 닥쳐올 때 근로자 가정을 보호하고 어린이들에게 생계 유지를 계속할 수 있는 물질적 기반을 마련해 주는 데 의의가 있다.

국민연금은 아동에 대한 직접적인 소득 지원이라기보다는 가정의 소득을 보장해 준다는 의미에서 아동에 대한 간접적인 소득 지원이라고 할 수 있다. 우리나라의 국민연금제도는 1973년 법률로 제정되었으나 그 이후 계속 실시를 연기해 왔다. 국민연금제도가 실제로 실시된 것은 1988년이다. 급여의 종류로는 노령 연금, 장해 연금, 유족 연금, 장해 일시 보상금, 반환 일시금 등이 있다. 국민연금제도는 도입 시 10인 이상의 근로자를 사용하는 사업장에 대하여 실시되기 시작하였으며, 그 후 1992년 1월부터 5인 이상으로 확대되었고, 1995년 7월부터는 농어촌 지역 주민에게까지 확대되었다. 1999년 4월부터는 도시 지역 주민에게까지 연금 제도가 확대됨으로써 전 국민 연금 시대가 개막되었다. 국민연금 가입자는 2008년 18,355,409명이다.

공무원 연금은 1949년 국가공무원법에 의해 제도화되었으나 1960년 공무원연금법 및 공무원연금 특별회계법이 제정되면서 비로소 실시되기 시작하였다. 공무원연금의 적용 대상은 「국가 공무원 및 지방 공무원법」에 의한 공무원과 대통령령에서 정하는 국가 또는 지방 자치 단체의 직원이다. 연금 급여의 종류로는 퇴직 급여, 유족 급여, 보건 급여, 휴양 급여, 재해 급여 등이 있다.

군인연금은 1960년 공무원연금법에 포함되었다가 1963년 군인연금법이 제정됨에 따라 독자적으로 시행되기 시작했다. 적용 대상은 현역 장기 하사관 이상의 군인과 소집되어 실역에 복무하는 예비역이다. 재해 보상금은 모든 장병들에게 적용된다. 급여의 종류는 퇴직 연금, 상이 연금, 유족 연금, 재해 보상금, 사망 보상금 등이 있다.

사립학교 교원연금은 1975년부터 시행되고 있다. 이 연금은 사립학교 교원연금관리공단에서 관리 · 운영하고 있다. 적용 대상은 사립학교 교원 및 사무 직원, 학교 법인 사무 직원들이다. 급여의 종류로는 직무상 휴양비, 요양 일시금, 재해 보조금, 퇴직 급여, 장해 급여, 유족 급여 등이 있다.

2) 공적 부조

우리나라에서 실시하고 있는 공적부조는 거택 보호, 시설 보호, 자활 보호, 교육 보호, 의료 보호 등이 있다(김연진 · 이상희, 2009).

거택 보호란 빈곤으로 각종 요보호 아동의 발생을 미연에 방지하기 위하여 극빈 가정과 모자가정 등 생활이 어려운 가정을 대상으로 자신의 가정에서 생활할 수 있도록 지원해 주는 사업을 말한다. 아동은 외부의 경제적 지원에 의해 자신의 집을 떠나지 않고 부모의 슬하에서 최소한의 양육을 보장받게 되는 것이다.

시설 보호는 아동이 보호자로부터 유실, 유기 또는 이탈된 경우나 보호자가 자신의 자녀를 도저히 가정에서 양육하기 어려운 경우, 아동이 18세 미만에 해당될 때 아동복지법 및 사회복지사업법, 심신장애인복지법 등의 규정에 의해 시설에서 수용, 보호받는 것을 말한다. 시설 보호는 대부분 부모 역할을 대리하는 성격을 떠나 부분적으로는 부모 역할을 보충하는 기능을 갖는다.

자활 보호는 근로 능력이 있는 자로서 생계가 어려운 경우에 생계비를 지원하지는 않지만 취로 사업 및 생업 자금의 융자 등을 지급하여 가정 경제를 돕는 것이다.

교육 보호는 취학 적령기에 있는 국민기초생활수급권자의 자녀에게 사회가 요구하는 최소한의 교육 기회를 부여하여 장차 이들이 사회에서 정상적인 근로 능력을 가지고 자활해 나갈 수 있도록 중학교 및 실업계 고등학교의 수업료 및 입학금 전액을 국가가 지원하는 것이다.

의료 보호는 생활이 어려워 질병이 발생하여도 스스로 의료비를 부담할 수 없는 저소득 계층을 대상으로 의료의 위기로부터 보호하기 위한 사업이다. 우리나라는 1977년도부터 「의료보호법」제정으로 의료 보호 사업을 실시하여 왔다. 그 후 2001년 「의료급여법」으로 법명이 변경되어 생활이 어려운 자에게 의료 급여를 실시하고 있다. 의료 급여의 대상자 중 아동과 관련된 대상으로 「국민기초생활보장법」에 의한 수급자와 「입양촉진 및 절차에 관한 특례법」에 의해 국내에 입양된 19세 미만의 아동이다.

4. 문제점 및 과제

우리나라에서 실시되고 있는 소득 보완 사업 가운데 아동을 주요 급여 대상으로 하는 사업은 없다. 선진국의 대부분 국가들은 보편적인 아동을 대상으로 하는 아동 수당 제도를 실시하고 있는 점을 볼 때 우리나라에도 전체 아동을 대상으로 하는 아동 수당 제도와 같은 소득 보완 사업이 필요하다. 물론 특별한 경제적 요구가 있는 아동을 대상으로 하는 별도의 급여 제도도 함께 실시되어야 한다. 전체 아동과 특별한 요구를 가진 아동 모두를 대상으로 하는 소득 보완 사업이 이루어질 때 실질적인 의미에서의 아동에 대한 소득 지원이 이루어질 수 있을 것이다.

소득 보완 사업 가운데 실질적으로 아동이 혜택을 입을 수 있는 사업은 공적 부조인 생활 보호 사업이다. 현재 이루어지고 있는 생활 보호 사업은 소년 · 소녀 가장 세대, 혹은 영세 모자가정, 혹은 시설에서 보호 · 양육되고 있는 아동들과 같이 한정된 아동을 대상으로 한다. 이러한 대상자들은 이미 가정을 잃어버린 상태이다. 아동 복지의 진정한 목적이 모든 아동의 안녕과 행복이라는 의미에서 볼 때 사후적인 대책보다는 예방적 차원의 복지가 보다 강조되어야 할 필요가 있다.

Ⅲ. 보육 사업

1. 보육 사업의 개념

자녀 양육은 일차적으로 부모의 책임이다. 그러나 가족 구조가 점차 핵가족화되고 취업부부가구가 일상화되는 등 사회 변화에 따라 부모가 자녀를 양육하기 어려워지자 이를 지원하기 위한 사회적 양육 지원이 보편화되어 왔다. 영유아 시기란 발달 특성상 혼자 자립이 어려운 시기로 안전한 삶을 유지하기 위한 성인의 보호를 필요로 한다. 기본적인 보호로는 안전한 생활, 건강한 몸과 마음의 육성, 위생 관리를 통한 질병예방 등이 포함된다. 또한 영유아기는 일생 중 성장과 발달이 가장 급격히 이루어지는 시기로 신체, 언어, 인지, 정서, 사회성 발달의 기초가 확립되는 시기이다. 이 시기 동안 적절한 발달을 이루지 못하는 경우 이후 회복이 어려워지기 때문에 영유아기를 '발달의 결정적 시기'로 일컫는다. 따라서 영유아들이 이 시기 동안 최적의 성장, 발달을 이룰 수 있도록 지원과 개입이 요구되며, 잠재적 발달을 최적으로 개발할 수 있도록 하는 지원은 교육 서비스 제공으로 촉진시킬 수 있다.

「영유아보육법」에 의할 때 "영유아"라 함은 6세 미만의 취학 전 아동을 말하며, "보육"이라 함은 영유아를 건강하고 안전하게 보호 · 양육하고 영유아의 발달 특성에 적합한 교육을 제공하는 사회 복지 서비스를 말한다. 보육 사업을 추진하기 위한 "보육 시설"이라 함은 보호자의 위탁을 받아 영유아를 보육하는 시설을 말한다.

제3조 보육 이념에서의 보육은 영유아의 이익을 최우선적으로 고려하여 제공되어야 하며, 보육은 영유아가 안전하고 쾌적한 환경에서 건강하게 성장할 수 있도록 하여야 한다. 또한 영유아는 자신 또는 보호자의 성 · 연령 · 종교 · 사회적 신분 · 재산 · 장애 및 출생 지역 등에 따른 어떠한 종류의 차별도 받지 아니하고 보육되어야 한다고 명시하고 있다.

2. 보육 사업 현황

영유아에 대한 보호와 교육은 초기에는 저소득층 영유아를 대상으로 지원, 관리되었던 것이 대상이 보편화되어 모든 일반 영유아가 보육의 대상이 되면서 정부 및 사회가 바람직한 영유아 양육 보장에 적극 참여하고 있다. 그 결과 보육 시설 취원아의 보육률을 살펴보면 2002년도 21.5%에서 2003년도 23.9%, 2005년도 29.8%, 2007년도 38.2%, 2008년도에는 41.4%로 높아졌다.

〈표 7-16〉 연도별 보육 시설 이용 영유아 현황 (단위 : 명, %)

연도	총 영유아 수	보육 영유아 수	보육률
2002	3,720,013	800,991	21.5
2003	3,598,194	858,345	23.9
2004	3,497,255	891,028	25.5
2005	3,158,538	941,388	29.8
2006	3,011,800	1,040,361	32.9
2007	2,880,788	1,099,933	38.2
2008	2,744,597	1,135,502	41.4

출처 : 보건복지가족부(2009). 보육통계.

보육 영유아는 2008년 12월 현재 총 1,135,502명으로 국공립 보육 시설 123,405명(10.9%), 법인 113,894명(10.0%), 민간 개인 669,465(59.0%), 가정 보육 210,438명(18.5%), 직장 보육 16,809명(1.5%)이다.

〈표 7-17〉 보육 영유아 현황(2008. 12) (단위 : 명, %)

구분	계	국 · 공립	법인	민간			부모 협동	가정	직장
				소계	법인 외	민간 개인			
영유아수	1,135,502	123,405	113,894	669,465	53,818	615,647	1,491	210,438	16,809
	(100.0)	(10.9)	(10.0)	(59.0)	(4.7)	(54.3)	(0.1)	(18.5)	(1.5)

출처 : 보건복지가족부(2009). 보육통계.

보육 시설뿐만 아니라 유치원 취원아까지를 포함한다면 0~5세 전체로는 기관 이용률이 59.7%이고 영아와 유아를 구분하여 살펴보면 영아 37.7%, 유아 80.3%이다. 연령별로는 0세아 기관 이용률이 22.2%로 가장 낮고 5세아가 87.7%로 가장 높다. 연령별로는 특히 기존에 보육 이용률이 낮았던 영아 보육이 활성화되었음을 알 수 있다. 0~2세 영아 보육은 2006년도 총 인구수 대비 보육률이 11.6%이었으나 2007년도 26.2%, 2008년도 37.7%로 높아지고 있다.

〈표 7-18〉 0~5세 영유아의 기관 이용 현황

(단위 : 명, %)

구분	전체 영유아수(A)[1)]	시설 이용 영유아(B)			시설 미이용 영유아
		어린이집[2)]	유치원[3)]	소계	(A · B)
0세	446,738(100.0)	99,245(22.2)	–	99,245(22.2)	347,493(77.8)
1세	445,796(100.0)	160,320(36.0)	–	160,320(36.0)	285,476(64.0)
2세	438,576(100.0)	242,324(55.3)	–	242,324(55.3)	196,252(44.7)
소계(영아)	1,331,110(100.0)	501,889(37.7)		501,889(37.7)	829,221(62.3)
3세	448,625(100.0)	229,424(51.1)	99,499(22.2)	328,923(73.3)	119,702(26.7)
4세	475,449(100.0)	192,668(40.5)	184,178(38.7)	376,846(79.2)	98,603(20.8)
5세	489,413(100.0)	175,323(35.8)	254,145(51.9)	429,468(87.7)	59,945(12.3)
소계(유아)	1,413,487(100.0)	597,415(42.3)	537,822(38.0)	1,135,237(80.3)	278,250(19.7)
계	2,744,597(100.0)	1,099,304(40.1)	537,822(19.6)	1,637,126(59.7)	1,107,471(40.3)

출처 : 1) 통계청 · KOSIS(2008). 연령별추계인구.
2) 보건복지가족부(2009). 보육통계(2008. 12월 현재).
3) 교육과학기술부(2009). 2008 교육통계.

2008년 12월 현재 총 보육 시설 수는 33,499개소로 이중 국공립 보육 시설은 5.5%(1,826개소)이며 법인 보육 시설은 4.4%(1,458개소)이다. 민간 개인 보육 시설은 42.6%(14,275개소)이다. 가정 보육 시설의 증가가 가장 높았으며 2006년도 40.5%, 2007년도 42.7%에서 2008년도 46.3%(15,525개소)로 2000년 이후 매년 점유율이 높아지고 있다.

〈표 7-19〉 설립 유형별 보육 시설 현황

(단위 : 개소, %)

연도	계	국공립	법인	민간			부모 협동	가정 보육	직장
				소계	법인 외	민간 개인			
2003	24,142 (100.0)	1,329 (5.5)	1,632 (6.8)	13,644 (56.5)	787 (3.3)	11,225 (46.5)	미분류	8,933 (37.0)	236 (1.0)
2004	26,903 (100.0)	1,349 (5.0)	1,537 (5.7)	14,728 (54.7)	966 (3.6)	12,225 (45.4)	미분류	10,583 (39.4)	243 (0.9)
2005	28,367 (100.0)	1,473 (5.2)	1,495 (5.3)	13,748 (48.5)	979 (3.5)	12,769 (45.0)	42 (0.1)	11,346 (40.0)	263 (0.9)
2006	29,233 (100.0)	1,643 (5.6)	1,475 (5.0)	13,930 (47.6)	1,066 (3.6)	12,864 (44.0)	59 (0.2)	11,828 (40.5)	298 (1.0)
2007	30,856 (100.0)	1,748 (5.7)	1,460 (4.7)	14,083 (45.6)	1,002 (3.2)	13,081 (42.4)	61 (0.2)	13,184 (42.7)	320 (1.0)
2008	33,499 (100.0)	1,826 (5.5)	1,458 (4.4)	14,275 (42.6)	969 (2.9)	13,306 (39.7)	65 (0.2)	15,525 (46.3)	350 (1.0)

출처 : 보건복지가족부(2009). 보육통계.

중앙 및 지방 정부의 예산을 살펴보면 2002년도 4,411억 원이었던 예산은 2003년도에는 8,261억 원으로 전년 대비 87.3% 증가하였고, 2004년도에는 10,619억 원으로 전년 대비 28.5%, 2005년도에는 1조 6,050억 원으로 전년 대비 51.1%, 2006년도에는 2조 408억 원으로 전년 대비 27.2% 증가하였다. 2007년도 중앙 및 지방 정부의 보육 예산은 2조 6,835억 원으로 전년 대비 31.5%, 2008년도 예산은 3조 3,667억 원으로 전년 대비 25.5%, 2009년도 예산은 3조 5,738억 원이다.

〈표 7-20〉 연도별 보육 예산 (단위 : 억 원)

구 분	국 비	지방비	계
2003	3,120	5,141	8,261
2004	4,050	6,569	10,619
2005	6,004	10,046	16,050
2006	7,913	12,495	20,408
2007	10,384	16,451	26,835
2008	14,117	19,550	33,667
2009	16,959	18,782	35,738

출처 : 기획예산처(2007). 내부자료
보건복지가족부(2008). 보육사업안내.

3. 보육 정책의 문제점 및 과제

우리나라에서 보육은 이미 공공 서비스의 형태로 제공되기 시작하였다. 그러나 아직까지는 정책 발전의 초기 단계라고 할 수 있으며, 보육이 공공 서비스라고 한다면 국가는 이러한 공공 서비스가 작동될 수 있도록 책임을 다하여야 할 것이다. 이를 위해서는 접근 가능한 시설의 설치, 이용 가능한 비용, 자녀 양육을 믿고 의지할 수 있는 일정 수 수준이 보장되는 서비스가 제공되어야 한다. 특히 취업부부가 늘어나면서 부모들은 집 근처에서 안심하고, 믿을 수 있으며, 편리하게 이용할 수 있는 보육 시설을 희망하고 있다. 적절한 시설의 설치는 보육 서비스 제공의 기본 조건이다. 또한 보육 시설에서의 영유아 양육 지원은 부모들이 감당할 수 있는 수준으로 비용이 책정되어야 한다. 육아 비용 지원은 일차적으로 중산층 이하 자녀, 장애 자녀는 무상 지원되고, 나아가 지원 대상을 중산층 이상으로까지 확대하여 국가의 자녀 양육 지원 책임을 강화해 나가야 할 것이다. 영유아들은 어느 지역에서 어떤 보육 시설을 이용하든 기본적으로 동일한 수준의 서비스를 제공받을 수 있어야 한다. 현재 국공립 · 민간에 따라 차이가 나타나는 서비스 수준에 대한 통합 조정이 요구된다. 이를 위한 지원과 관리 · 감독이 이루어져야 할 것이다.

세부적으로는 현재 민간 시설이 중심이 되어 제공되고 있는 보육이 사회적 공공 서비스로써의 기능을 다할 수 있도록 가능한 한 국공립 보육 시설 취원아가 50%는 되어 국공립 보육 유형이 기본 운영 모형이 되어야 할 것이다. 또한 보육 서비스 제공은 영유아에 초점을 둔 보육 서비스 수준 관리 강화로 정책의 효과를 높여야 할 것이다. 동시에 보육 수요자의 요구 유형을 분석하여 다양한 유형의 수요자 중심 보육이 제공되어야 할 것이며, 보육의 대상은 아동 스스로 자립이 어려운 초등학교 저학년 대상의 방과 후 보육에 대한 논의까지 구체적으로 포함되어야 할 것이다(2010, 유희정).

Ⅳ. 비행 아동 복지 사업

1. 비행 아동의 개념

아동의 비행이란 개념은 한마디로 정의하기 어렵다. 상식적으로 비행이라고 하는 것은 사회 질서에서 어긋난 행동을 말하는데, 이 사회 질서란 한 사회의 사회 문화적인 가치를 내재하고 있다. 따라서 비행의 개념은 나라마다 시대마다 달라질 수 있다.

미국에서는 아동의 비행을 약 18세까지의 아동이 행한 범법 행위라고 정의한다. 범법 행위의 유형은 크게 두 가지 유형으로 분류된다. 첫째는 살인, 강간, 사기, 절도, 강도, 마약 남용과 같이 성인의 경우에서와 같이 범죄로 간주되는 행위이다. 두 번째는 가출, 부모가 감당할 수 없는 행위, 무단 결석과 같은 우범 행위로 성인의 경우에는 범죄로 간주되지 않은 행동이다(노혜련, 1997).

우리나라에서는 「소년법」에서 비행 아동을 다음의 세 종류로 세분하고 있다. 첫째는 범죄 소년이다. 14세 이상 19세 미만으로 형벌 법령에 저촉되는 행위를 한 아동을 말한다. 이들은 형사상의 책임을 져야 한다. 둘째는 촉법 소년이다. 10세 이상 14세 미만의 아동으로 소년법에 저촉되는 행위를 하였으나, 형사상의 책임을 지지 않는 아동을 말한다. 셋째는 우범 소년이다. 10세 이상 19세 미만의 소년으로서 집단적으로 몰려다니며 주위 사람들에게 불안감을 조성하는 성벽이 있거나 정당한 이유 없이 가출을 하거나 술을 마시고 소란을 피우거나 유해 환경에 접하는 성벽이 있는 자를 말한다.

우리나라의 경우 미국과 마찬가지로 성인의 경우에서도 범죄로 인정되는 행위와 아동이기에 비행으로 인정되는 경우로 나뉘어진다. 우리나라가 미국과 다른 점은 우범 소년이라고 하여 아직 법을 어기기 전임에도 불구하고 범법 행위의 가능성을 포괄하여 미래에 죄를 저지를 가능성까지도 포함하고 있다는 것이다. 미래 범법 행위의 가능성을 포함한 우범 소년이라는 개념은 단순히 불량성을 가지고 있다고 하여 범죄 소년과 동일한 심판기관에서 조사와 심판을 받는 것은 인권 옹호의 정신에 어긋나는 것이라는 주장도 있다. 독일에서는 우범 소년을 소년 심판에서 제외시켜 그 처우를 아동복지법에서 일임하고 있다(노혜련, 1997).

2. 비행 아동의 현황

현대로 넘어오면서 핵가족화 및 이혼가구의 증가 등으로 가정의 자녀 양육 환경이 어려워지자 비행 아동이 증가하고 있다. 최근 5년간 아동 범죄 현황은 다음과 같다.

〈표 7-21〉 총 범죄 대비 소년 범죄 구성 현황 (단위 : 명, %)

구분	2003	2004	2005	2006	2007	2008
총 범죄	2,441,267	2,606,718	2,384,613	2,401,537	2,548,010	2,733,185
소년 범죄	104,158	92,976	86,014	92,643	116,135	133,072
구성 비율(%)	4.3	3.6	3.6	3.9	4.6	4.9

출처 : 보건복지가족부(2009). 2009 아동 · 청소년백서.

청소년 인구는 저출산 현상과 더불어 1980년을 정점으로 계속 감소 추세이다. 당시 전체 인구의 43.4%를 차지하던 것이 2007년에는 23.4%로 줄었다(보건복지가족부, 2009). 그러나 위의 표에 의하면 지난 5년간 총 범죄는 매년 증가 추세를 보이다가 2005년에 감소한 후 다시 증가한 반면 청소년 범죄는 2003년에 총 범죄 대비 4.3%였던 것이 2004년, 2005년에는 3.6%까지 감소하였다가 2008년에 다시 4.9%로 증가하였다.

2008년도 청소년 범죄 유형별 분포 상황을 보면 재산범이 30.8%로 가장 많았고, 다음으로 폭력범 24.4%, 교통사범 17.9%, 성폭력 등 강력범은 2.7% 순이었다(보건복지가족부, 2009).

3. 비행 아동 복지 사업의 개념

비행 아동 복지 사업이란 비행 아동의 발생과 비행 아동이 다시 비행을 저지르는 것을 예방하고 비행 아동이 사회의 한 성원으로서 효과적으로 적응하고 기능할 수 있도록 돕는 사업이다. 아동은 미성숙한 단계에 있는 인간이라고 정의할 때 아동의 비행은 사회적 산물이며 한 사회 전체가 책임을 나누어야 할 문제이다. 아동의 건전한 성숙과 올바른 인격적 완성은 한 사회 전체의 노력에 의해 가능하며 이는 아동 복지 정책의 목적이기도 하다. 이러한 의미에서 볼 때 비행 아동은 성인 범죄자와는 달리 교육적인 측면이 고려되어야 하며 무조건 형벌을 내리는 것을 피해야 한다.

비행 아동을 보호, 선도하기 위한 복지 사업이 교정 사업이다. 우리나라에서 실시되는 교정 사업의 근거가 되는 법은 미성년자보호법, 소년법, 소년원법, 보호관찰법, 갱생보호법, 아동복지법 등이 있다. 「미성년자보호법」에서는 비행의 가능성을 미연에 방지하기 위한 여러 사항들을 규정하고 있다. 「소년법」에서는 비행 아동을 선별적으로 선도 · 보호하기 위한 보호 처분과 형사 처분에 관한 특별 조치를 규정하고 있다. 소년법원에서는 비행 아동을 사회에서 격리하여 보호 선도하기 위한 소년원과 소년감별소의 조직과 기능 및 기타 교정 교육에 관한 사항을 규정하고 있다. 「보호관찰법」에서는 보호 관찰 제도를 실시하기 위한 제사항에 대해 규정하고 있다. 그리고 「갱생보호법」은 출소한 범죄자의 자립 의식을 고취하고, 경제적 자립 기반을 조성시켜 건전한 사회 복귀를 촉진함으로써 재범의 위험을 방지하기 위한 여러 조치에 대해 규정하고 있는데, 아동도 그 대상으로 포함하고 있다(주정일 · 이소희, 1993).

4. 교정 사업의 현황

교정 사업은 사회 내 교정 사업과 사회 밖 교정 사업으로 구별된다. 사회 밖 교정 사업이란 비행 아동을 위해 특별히 설치된 시설에서 이루어지는 것으로 비행의 정도가 무거울 경우나 일정 기간 사회와 격리되어 특별한 선도를 받을 필요가 있을 때 시설에 수용 조치하는 사업을 말한다. 근래에 이르기까지 교정 사업의 전형적인 방법은 법적 조치에 따라 소년원이나 교도소에 수용, 보호하는 것이었다. 즉, 사회 밖 교정 사업이 실시되었다. 그러나 이러한 방법이 선도와 사회적 재활에 크게 도움이 되지 않는다고 보기에 최근에는 사회 내 교정 사업으로 전환하고 있다.

1) 사회 내 교정 사업

사회 내 교정 사업은 비행의 정도가 가벼울 때 아동을 시설에 수용하지 않고 사회 안에서 선도받도록 하는 여러 활동을 말한다. 대표적인 사회 내 교정 사업은 다음과 같다.

가. 보호 관찰 제도

보호 관찰 제도는 법원에 의해 유죄가 인정된 비행 아동에 대해 소년원이나 소년교도소에 수용하지 않고 보호관찰관으로 하여금 사회 안에서 선도하도록 하는 제도를 말한다(주정일 · 이소희, 1993).

보호 관찰 제도는 1989년 7월 1일부터 소년 범죄자에 대해 전면적으로 시행되고 있다. 2008년말 기준 고등검찰청 소재지(서울, 대전, 부산, 대구, 광주)에 설치되어 있으며, 지방검찰청 및 주요 지청 소재지마다 보호관찰소 및 지소를 설치하여 16개 보호관찰소 및 29개 지소가 있다. 2008년 청소년보호관찰대상자 신규 접수 인원은 36,099명으로 2007년 29,005명, 2006년 23,451명에 비하여 증가하고 있음을 알 수 있다(보건복지가족부, 2009 아동 · 청소년백서).

전체 보호 관찰 실시 인원 중 청소년 대상자가 차지하는 비율은 높지 않은 편이나, 청소년 대상자의 높은 변화 가능성 및 잠재력 등을 고려하여 청소년 대상자에 대해서는 보다 집중적인 보호 관찰을 실시하고 있다. 청소년 대상자들이 범죄로부터 벗어나 건전한 사회인으로 복귀할 수 있도록 지역 사회의 우수 자원과 연계하여 재범 방지 전문 프로그램을 개발하여 시행하고, 보호 관찰의 재범 방지 기능을 더욱 충실히 수행하고자 대상자가 필요로 하는 지역 사회 자원과 연계를 강화하여 국민들이 공감하고 참여하는 보호 관찰을 실현하기 위한 정책을 지속적으로 추진하고 있다(보건복지가족부, 2008).

나. 갱생 보호

비행 아동의 갱생 보호는 「갱생보호법」에 따라 실시되는 것으로 소년교도소에서 출소하거나 소년원에서 퇴원 또는 가퇴원한 자, 소년법상 보호 처분을 받은 자 등에 대해 그들이 자립 갱생하여 건전한 사회인으로 복귀할 수 있도록 지도하여 성행을 교정하고 물질적인 지원을 제공하여 자립 기반을 마련하여 주는 사후 관리 제도이다(노혜련, 1997). 갱생 보호는 범죄의 재발을 방지하고 자활 독립의 기반을 조성시켜 사회를 보호하고 개인 및 공공의 복리를 증진하기 위해 실시된다(주정일 · 이소희, 1993).

한국법무보호복지공단은 「보호관찰등에관한법률」(제71조)에 의거해 출소자와 소년원 퇴원생 등 갱생 보호 대상자의 건전한 사회 복귀 촉진과 효율적인 범죄예방 활동을 통한 사회 보호 및 공공 복지 증진을 위하여 법무부 산하에 설립된 특수 법인이다. 주요 활동으로는 갱생 보호의 실시, 다각적인 범죄예방 활동 전개, 갱생 보호 제도의 연구 등이다. 한국갱생보호공단은 중앙에 본부를 두고 있으며, 전국 주요 도시에 14개 지부와 11개 출장소를 운영하고 있고, 총 130여 명의 직원이 근무하고 있다. 비행 청소년에 대한 지원 활동은 5개 출장소에서 담당하고 있는데, 남자 청소년 지원 시설 2곳(서울 은평구, 전남 순천시)과 여자 청소년 시설 3곳(서울 송파구, 경기 안양시, 광주광역시)이 운영되고 있으며, 각 시설마다 사회복지사 등 3명의 직원이 상주 근무하고 있다(보건복지가족부, 2008).

2) 시설 내 교정 복지 사업

시설 내 교정 사업이란 비행 아동을 사회와는 분리된 별도의 시설에서 수용하는 것을 말한다. 시설 내 교정 사업은 사회 내 교정 사업과 달리 사회와 분리된 시설에 수용된다는 점에서 사회 외 교정 사업이라고도 할 수 있다.

현재 우리나라의 시설 내 교정 사업은 가정법원 소년부 또는 지방법원 소년부로부터 보호 처분의 일종인 소년원 송치 처분을 받은 소년을, 소년교도소는 징역 또는 금고형을 선고받은 소년을 각각 수용하여 교정을 담당하고 있다(박재윤, 1991).

가. 소년교도소

소년교도소는 형사 처벌을 받은 아동을 성인 범죄자와 분리하여 수용하는 시설이다. 현재 천안과 김천의 두 곳에서 남자만을 수용하고 있다. 천안 교도소는 초등학교 졸업 이상의 초범자를, 김천 소년교도소는 초등학교 중퇴 이하의 누범자를 수용하고 있으며, 여자의 경우는 일반교도소 내의 분리된 장소에 수용하고 있다(노혜련, 1997).

소년교도소의 수형자에 대한 교정 사업은 일반 교도소와 비슷하나 특별히 학교 교육과 직업 훈련을 강조하고 있다.

소년교도소 수용 인원은 지속적으로 감소하고 있다. 2002년에는 1,505명이던 것이 2007년에는 371명, 2008년 142명까지 줄었다(보건복지가족부, 2009).

나. 소년원

소년원은 「소년법」에 의거 가정법원 또는 지방법원 소년부의 보호 처분 결정에 의하여 송치된 14세 이상 19세 미만의 범죄 소년, 형법에 저촉되는 행위를 한 10세 이상 14세 미만의 촉법 소년, 성격 또는 환경에 비추어 장래 형법에 저촉되는 행위를 할 우려가 있는 10세 이상 19세 미만의 우범 소년 등을 보호하여 교정 교육을 하는 법무부 소속 특수교육기관이다. 소년원은 서울 · 부산 · 대구 · 광주 · 전주 · 대덕 · 안양 · 춘천 · 제주 등 전국에 9개가 설치되어 있다(보건복지가족부, 2009).

소년원의 목적은 소년원법 제5조에 나와 있듯이 "보호소년 또는 위탁 소년에 대한 처우는 그들의 심신 발달에 알맞은 환경을 조성하고 안정과 규율있는 생활 속에서 보호 소년 등의 성장 가능성을 최대한 신장시킴으로써 사회 적응력을 길러 건전한 청소년으로서 사회에 복귀할 수 있도록"하는 것이다.

소년원은 교과 교육 소년원, 직업 훈련 소년원, 여자 소년원과 특별 소년원으로 나뉘어져 운영되고 있다. 특별 소년원은 범죄적 경향이 현저하거나 성격 또는 행동의 장애로 인하여 타인에게 나쁜 영향을 미칠 우려가 있는 아동을 수용 보호하는 것이다(주정일 · 이소희, 1993). 소년원의 교정 교육에는 입원자 교육, 기본 교육, 사회 복귀 교육의 3단계 외에도 학과 교육, 직업 훈련, 생활 지도, 특별 교육 행사 등이 포함되어 있다(한국청소년연구원, 1992).

5. 문제점 및 개선 방안

비행 아동이 발생하는 원인은 다양하고도 복합적이다. 따라서 비행 아동의 예방을 위해서는 발생 원인에 대한 체계적인 연구가 필요하며 그 결과를 바탕으로 예방 프로그램을 만들어야 한다. 또한 가족, 학교, 직장, 전체 사회를 포함하여 다양한 집단을 대상으로 다방면으로 이루어져야 한다. 현재 필요한 비행 아동을 위한 구체적인 예방 프로그램은 가족 상담 사업의 확대, 학교 사회 사업의 실시, 유흥 향락 업소를 포함한 유해 환경에 대한 규제 등을 들 수 있다.

소년법에서 범주화하고 있는 비행 아동의 범주에 우범 소년을 포함시키는 것은 개선되어야 할 여지가 있다. 우범 소년은 단순히 비행을 범할 가능성이 있다는 이유만으로 재판을 받게 된다. 재판의 결과에 관계없이 가능성만으로 인신 구속이나 신체 자유를 제한한다는 것은 형평의 원칙상 허용될 수 없다.

시설 내 교정 사업이 가지는 폐해를 개선해야 한다. 시설 내 교정 사업이란 기본적으로 사회와 격리된 곳에서 폐쇄적으로 비행 아동을 수용하는 것이다. 이러한 수용 사업은 아동 개개인에게 사회적으로나 심리적으로 큰 상처를 줄 수 있으며 사회적으로 낙인이 찍히게 되어 장래의 인생에도 많은 피해를 줄 수 있다. 수용 시설의 소규모화, 다양화를 꾀하여 비행 아동을 보다 효과적으로 선도하면서 사회에의 적응을 독려할 수 있는 형태의 교정 사업이 요구된다. 또한 시설 수용 기간을 단기화하여 장기간 수용의 부정적 효과를 최대한 줄이는 것이 필요하다(노혜련, 1997).

Ⅴ. 장애 아동

1. 장애의 개념

UN의 「장애자권리선언」(1975)에서는 장애자를 다음과 같이 정의하고 있다. '장애자' 라 함은 선천적이든 후천적이든 관계없이, 신체적 · 정신적 능력의 불완전으로 인하여 일상의 개인 또는 사회 생활에서 필요한 것을 확보하는 데 자기 자신으로서는 완전하게 또는 부분적으로 할 수 없는 사람을 의미한다.

우리나라의 「장애인복지법」(제2조)에서는 장애인을 "신체적 · 정신적 장애로 오랫동안 일상 생활이나 사회 생활에서 상당한 제약을 받는 자"로 규정하고 있다.

세계보건기구(WHO)는 1980년 장애의 개념을 단계별로 이해할 수 있는 세 가지의 개념으로 제시하였다. WHO는 장애 발생의 과정을 질병에서 시작하여 손상/기능 장애, 불능/능력 장애, 불리/사회적 불리로 이어지는 것으로 보았다. 즉, 어떠한 질병으로 인하여 기능 장애가 발생하고, 이러한 기능 장애가 활동 능력에 제약을 가져오는 경우 능력 장애가 생기며, 이러한 능력 장애가 어떠한 사회적 불이익을 초래할 때 사회적 불리라고 한다. 신체 구조의 장애를 가진 사람도 반드시 능력 장애를 가진 것은 아니며, 활동 능력에 제약을 받고 있는 능력 장애인도 반드시 이로 인해 사회적 불이익 상태에 놓이게 되는 것은 아니다(WHO, 1980; 노혜련, 1997, 재인용).

우리나라의 장애자 복지 대책의 근간이 되는 법은 아동복지법(2006), 장애인 차별금지 및 권리구제 등에 관한 법률(2008), 교통약자 이동편의 증진법(2005), 장애인복지법(2007), 장애인 등에 대한 특수교육법(2008) 등이 있다.

2. 장애 아동의 유형

장애 아동을 분류할 때는 장애 영역별로 집단화하는 것이 보편적이다. 「장애인 등에 대한 특수교육법」(2008)에 의하면 특수 교육 대상 아동은 시각 장애, 청각 장애, 지적 장애, 지체 장애, 정서 · 행동 장애, 자폐성 장애, 의사소통 장애, 학습 장애, 건강 장애, 발달 지체, 그 밖에 대통령령령으로 정하는 장애를 지닌 아동으로 분류된다. 미국의 장애인교육법은 이와 달리 지적 장애, 청각 장애, 말/언어 장애, 심각한 정서 장애, 지체 장애, 자폐, 외상성 뇌 손상, 기타 건강상의 장애, 특정 학습 장애의 열 가지로 분류하고 있다.

1) 시각 장애 아동

시각은 시력과 시야에 의해 결정된다. 대부분의 경우 시야에는 문제가 없지만 시력이 낮아서 시각 장애를 일으키는 경우가 많다. 그러나 터널비전과 같이 시야가 극도로 부분적이기 때문에 시각 장애를 초래하는 경우도 있다(이소현 · 박은혜, 1998).

시각 장애 아동은 시력, 즉 물체의 존재와 형태를 식별하는 시각 기능에 장애가 있는 아동을 말한다. 시력이 전혀 없는 상태를 전맹이라고 하며 암실에서 장애인의 눈에 광선을 점멸할 때 이를 인식할 수 있는 상태를 광각, 눈 앞에서 손을 좌우로 움직일 때 이를 알아볼 수 있을 정도를 수동, 자기 앞 1m 전방의 손가락 수를 헤아릴 수 있는 상태를 지수(시력 0.02), 그리고 일반 활자를 읽을 수는 없으나 시력으로 일상 생활을 할 수 있는 상태를 약시로 표현한다(노혜련, 1997).

시각 장애의 원인은 매우 다양하다. 가장 흔한 원인은 유전이다. 유전적 원인 가운데에서 대표적인 것은 수정체에 염증을 일으켜 발생하는 수정체 종양증이 있다. 이 밖에 출산시 산소에 과다 노출되는 경우에도 시각 장애를 가져 올 수 있다. 출생 후에 풍진, 매독, 임질 등의 각종 전염병과 사고에 의한 상해로 발생하기도 한다. 그 밖에 원인을 알 수 없는 경우도 많다(이소현 · 박은혜, 1998; 주정일 · 이소희, 1993).

시각 장애 아동은 다른 비장애 아동과 비교해 볼 때 그 능력이나 성격에 큰 차이가 없다. 그러나 만 5세 이전에 시력이 손상된 아동은 시각적 상을 갖지 못하고 개념에 대한 학습도 다른 방법으로 이루어지게 된다. 시각 장애를 가진 유아들은 운동성 발달의 지연을 보인다. 선천적이거나 영아기에 시각 장애가 생긴 경우에는 정보 수집체계에 손상을 입게 되므로 개념 형성에 큰 영향을 받게 된다. 시각 외에 청각이나 촉각 등으로 주변 사물을 인지하고 받아들이게 되므로 잘못된 개념을 갖게 될 수도 있다. 사회성 발달의 경우 주변 사람들과의 시각적 신호의 교환이 제한되고, 사회적 상호작용의 시작과 유지가 어렵고, 시각적 관찰과 모방을 통해 자연스럽게 습득되는 사회성 기술들이 구체적으로 교육되어야 하는 등의 어려움이 있다(이소현 · 박은혜, 1998).

2) 청각 장애 아동

청각 장애란 경도에서 최중도에 이르는 청력 손실을 모두 지칭하는 일반적인 용어로 농과 난청이 모두 여기에 속한다. 농이란 청력 손실이 심하여 보청기를 착용하고도 청각을 통해 언어의 정보를 주고 받지 못하는 사람을 말한다. 난청

출처 : J. W. 피터슨 글
D. K. 레이 그림
김서정 옮김
중앙출판사

〈그림 7-6〉 그림책 『내게는 소리를 듣지 못하는 여동생이 있습니다』

이란 대개 보청기를 착용했을 때의 잔존 청력으로 청각을 통한 정보 교환이 가능한 정도를 말한다(이소현 · 박은혜, 1998).

청력 손실은 언어 발달에 절대적인 영향을 미치므로 청각 장애의 발생 시기는 매우 중요하다. 태어날 때부터 장애를 가지고 태어났거나 말을 배우기 전에 청각 장애가 발생한 경우는 언어 장애를 낳게 되며 언어 장애는 사회적 발달을 제한한다.

청각 장애는 주로 귀의 구조인 외이, 중이, 내이의 이상으로 발생한다. 외이의 이상은 귀바퀴나 외이도가 형성되지 않거나 외이도에 염증이 생기는 외이염, 고막이 파열되는 등의 경우에 발생한다. 중이의 이상은 대개 이소골의 기계적인 작용에 결함이 있는 경우이며, 의학적인 치료나 수술 등으로 교정이 가능한 경우도 많다. 박테리아나 바이러스에 의해 감염되는 것으로써 주로 아동기에 많이 나타나며 치료하지 않으면 만성 중이염이 되어 청각 장애를 일으킬 수 있다. 내이 손상은 치명적이며 다시 회복되기 어려운 경우가 많다. 내이 손상의 원인은 뇌막염이나 뇌염, 그 밖에 세균에 의해 뇌세포가 파괴되는 경우이며 발육이 제대로 되지 않은 데서 문제가 발생할 수도 있다. 이 밖에 질병이나 사고, 혹은 큰 소리에 오래 노출되는 경우도 청각의 장애를 불러 올 수 있다.

청각 장애 아동이 겪는 가장 큰 어려움은 언어 발달이다. 청각 장애로 인한 언어 발달의 장애는 학습에 영향을 미친다. 청각 장애 학생들은 말하기 뿐만 아니라 어휘나 문장 구조의 습득에도 어려움을 겪는다. 이러한 어려움은 국어 교과뿐 아니라 다른 교과목에도 영향을 미치며 전반적으로 학업 성취가 떨어지는 결과를 초래한다. 청각 장애 아동들의 사회 · 정서적 발달은 일반 학생들과 유사하다. 유아기에는 청각 장애 아동과 일반 아동 간에 차이가 별로 없이 잘 어울리지만, 연령이 높아갈수록 서로 간의 상호작용과 친밀한 친구관계의 유지가 어려워진다(이소현 · 박은혜, 1998).

3) 지적 장애 아동

지적 장애는 여러 기관이나 단체, 그리고 연구자에 따라 다양하게 정의되고 있으나 미국 지적장애협회에서 규정한 정의가 가장 널리 사용되고 있다. "지적 장애는 현재 정신적 기능에 실질적인 제한성이 있는 것을 말한다. 지적 장애는 유의하게 평균 이하인 지적 기능과 동시에 그와 연관된 적응적 제한성이 두 가지 혹은 그 이상의 실제 적응 기술 영역들, 즉 의사소통, 자기 관리, 가정 생활, 사회성 기술, 지역 사회 활용, 자기 지시, 건강과 안전, 기능적 학업 교과, 여가, 직업 기술의 영역에서 존재하는 것으로 특징지어진다. 지적 장애는 18세 이전에 나타난다(박승희, 1994; 이소현 · 박은혜, 1998, 재인용).

지적 장애의 분류는 의학적 분류와 교육학적 분류로 나뉘고 있으나 대체로 교육학적 분류를 따르고 있다. 교육적인 차원에서 일반적으로 지능 지수가 75 이하이면 지적 장애로 인정한다. 그러나 지능 지수가 75 이하인 경우라고 하더라도 그 능력의 차이가 너무 크기 때문에 이를 보통 세 군으로 나눈다. 지능 지수 55에서 79를 교육 가능 지적 장애라 하고, 지능 지수 30에서 55를 훈련 가능 지적 장애라 하며, 지능 지수 30 이하를 보호 · 의존 지적 장애로 분류한다(주정일 · 이소희, 1993).

지적 장애의 원인은 다양하다. 그러나 지적 장애 아동 중에는 정확한 원인을 알 수 없는 경우가 많으며 원인을 알 수 있는 경우가 오히려 드물다. 밝혀진 가운데 주요한 원인으로는 다운증후군, 페닐커톤뇨증, 약체 X 증후군, 두뇌의 손상을 들 수 있다(이소현 · 박은혜, 1998). 산전 원인으로는 임부의 풍진 감염과 RH 혈액형의 모자 간 불일치 및 영양 장애에 의한 지체 등이 있으며, 난산과 인공 분만시 처치 잘못 등도 원인이 된다. 뇌염 · 뇌막염 등의 고열성 질환과 사고에 의한 뇌 손상 및 인지적 자극 결여 등에 의해서도 발생한다(주정일 · 이소희, 1993).

지적 장애의 특성은 지적 장애인들 간에도 개인차가 크며 특히 장애 정도에 따라 큰 차이가 있다. 지적 장애아와 비장애 아동 사이의 가장 커다란 차이는 학습 성취에 있다. 지적 장애아는 다른 비장애아에 비해 학습 성취도가 낮고, 언어 발달이 지체되어 기본적인 사회 생활을 유지하기 어렵다.

교육 가능 지적 장애 아동은 일반 아동 교육으로는 충분한 성취를 얻을 수 없지만 최소수준에서 교육 활동이 가능하며, 지역 사회에서 독립해서 살아갈 수 있는 사회적 적응 기술을 배울 수 있다. 또 성인으로서 정상인의 수준에 근접한 만큼의 직업적 능력을 획득할 수 있다.

4) 지체 장애 아동

지체 장애 아동은 팔 · 다리 및 체간에 운동 기능의 장애가 있는 아동을 말한다. 체간이란 두부, 흉부, 복부를 말하며 내장 기능은 제외된다. 지체 장애는 뇌성마비와 소아마비 등의 신경 계통, 근육 발육 이상증과 관절염 등의 근골격 계통과 척추관이 열려 있는 이분척추의 선천성 기형과 기타 장애로 유형화될 수 있다(주정일 · 이소희, 1993).

지체 장애 가운데 가장 많이 나타나는 장애의 하나가 뇌성마비이다. 뇌성마비란 출생전, 출생시, 출산후에 뇌에 손상을 입음으로써 신체 여러 부위의 마비와 자세 및 운동 능력 장애를 가져오는 것을 말한다. 뇌성마비는 신생아, 영아 시기의 뇌 손상까지 포함하여 대개 만 2세 이전에 발생한 경우를 말한다. 이분척추는 출생시 척추뼈의 뒷부분이 완전히 닫히지 않은 채 태어나는 선천적 결함이다. 이분척추의 경우 분리된 척추뼈 사이로 신경이 돌출되지 않아 심한 마비가 오지 않고 조기에 외적 수술로 치료를 할 수 있다. 그러나 신경이 돌출되어 손상된 경우에는 손상된 신경이 관장하는 신체 부위 하단에 마비 현상이 나타난다. 진행성 근위축증은 점차적으로 근육이 힘을 잃어가는 질병이다. 이 병은 신경계의 이상으로 근육 세포가 위축되는 소아마비나 뇌성마비와는 달리 근육 세포 자체가 지방질로 바뀌어감에 따라 기능을 하지 못하게 되는 것이며 이런 현상이 심장이나 폐의 근육까지 미치면 사망하게 된다. 이 밖에 경련 장애(간질), 외상성 뇌 손상 등도 지체 장애의 원인이 된다. 신체 능력에만 결함이 있는 지체 장애 아동들의 경우에는 일반인과 마찬가지로 다양한 인지 능력 분포를 나타낸다. 이들을 다른 비장애 아동들과 비교하였을 때 크게 다른 발달적 특성은 운동 발달이다. 지체 장애아들은 운동 능력의 협응이 어려우므로 행동 반경이 제한되어 있고, 이로 인해 사회성 발달이 지체된다. 또한 성장기에 지체 장애가 나타나는 경우 병원 생활, 학교 생활, 학습된 무기력 등으로 인해 사회 정서적 발달에 많은 영향을 준다(이소현 · 박은혜, 1998).

5) 정서 장애 아동

정서 장애는 행동 장애, 사회 부적응, 심리 장애 등의 다양한 용어로 불리우고 있는데 이에 대한 정의도 하나로 통일되지 못하고 있다. 미국의 공공법 94-142는 정서 장애를 "아동의 교육 성과에 부정적인 영향을 미치는 다음과 같은 특징 중 한 가지 이상을 장기간 두드러지게 나타내는 상태라고 본다. 첫째, 지적, 감각적 또는 건강과 관련된 요인으로는 설명할 수 없는 학습 능력의 결핍, 두번째, 동료와 선생과의 만족스러운 대인관계를 형성 · 유지할 수 있는 능력의 결핍, 세번째, 정상적인 상황에서의 부적절한 행동 또는 감정 표현, 넷째, 전반적으로 슬프거나 우울한 기분, 다섯째, 개인이나 학교 문제와 관련된 신체적 증상이나 두려움을 보이는 경향"이다(U.S. Federal Register, 42, August 23, 1977; 노혜련, 1997, 재인용). 이 정의에는 정신분열증을 갖고 있는 아동이 포함되나 과거에 포함되었던 자폐 장애는 '기타 건강상의 장애'라는 다른 항목으로 재분류되었다. 그러나 우리나라에서는 자폐 장애를 정서 장애에 포함시키고 있다(노혜련, 1997).

정서 장애의 발생 원인은 생리적 원인과 심리적 원인 두 가지로 분류할 수 있다. 출산 전 · 후의 감염, 염색체 이상, 중추신경계의 이상 등이 생리적 원인이며 이러한 생리적 원인은 자폐 장애와 관련이 있다. 심리적 요인은 정서 장애 발생에 중요한 역할을 한다. 아동에게 심리적으로 중요한 영향을 미치는 환경은 가정과 학교이다.

정서 및 행동 장애아들이 보이는 중요한 특성 가운데 하나는 낮은 학업 성적이다. 정서 장애아들은 공격적이고 겉으로 드러나는 행동을 보이거나 미성숙하면서도 내부적으로는 위축된 행동을 보이는 등의 다양한 사회 · 정서적 특성을 보인다. 사회적으로 미성숙하고 위축된 행동을 보이는 아동들은 아동기 발달에 심각한 영향을 미칠 뿐만 아니라 성인이 된 후에도 정신 건강상 좋지 않은 예후를 보이곤 한다(이소현 · 박은혜, 1998).

6) 언어 장애 아동

언어 장애는 아동의 말이 타인들로부터 바람직하지 못한 관심을 끌거나, 의사소통에 방해가 되거나, 사회 · 대인 관계에서 문제를 갖게 하는 경우를 말한다. 언어 장애는 조음 장애, 음성 장애, 유창성 장애와 같은 말 장애와 구어의 결여, 질적으로 다른 언어, 지연된 언어, 중단된 언어 발달의 네 가지 유형의 언어 장애로 분류할 수 있다.

조음 장애는 혀, 입술, 구개, 턱의 이상으로 말소리를 생략, 대치, 왜곡 또는 첨가하는 것을 말한다. 음성 장애는 목소리의 질, 높낮이 크기에 있어서 결함을 보이는 것을 말한다. 콧소리, 숨이 새는 소리, 거친 소리, 쉰 소리 등이 음성의 질에 포함된다. 유창성 장애는 부적절한 속도나 부적절한 리듬으로 말하는 것이다. 너무 빠르거나 문장의 잘못된 곳에서 쉬거나 부적절한 형태의 강세를 사용하거나 흐름이 부드럽지 못하여 음절이나 단어를 반복하는 등의 특성을 보이며 가장 보편적으로 말더듬의 형태로 나타난다.

언어 장애의 요인으로는 크게 신체적인 상태, 상황에 따른 정신적 부담, 환경적 요인으로 나누어 볼 수 있다. 언어 장애를 일으키는 신체적인 원인은 중추신경계나 입, 후두 등에 손상을 가져오는 질병이나 사고에 의한 것으로 출산전, 출산시, 출산후 또는 아동기나 성인기 모든 시기에 걸쳐 발생할 수 있다. 상황적 요인이란 상황에 따른 정신적 부담감에 의해 발생하는 것을 말한다. 환경적 요인은 부적절한 언어 모델, 언어 자극의 결여 등과 같은 환경에서 비롯된다. 일반적으로 언어 장애 아동은 지적 능력이나 성취도 평가에서 평균보다 낮은 점수를 보이곤 한다. 또한 이들은 상대방으로부터 거절당하거나, 창피를 당하거나 열등감을 경험하게 되며, 심하게는 말을 제대로 하지 못한다는 이유로 벌을 받는 경험까지도 하게 된다. 이로 인해 많은 언어 장애아들이 낮은 자존감을 형성하게 된다(이소현 · 박은혜, 1998).

7) 학습 장애 아동

학습 장애라는 용어는 1960년대 초반에 처음으로 제안되었으며 그 이후로 비교적 정상적인 지적 기능을 지니고 있으나 학습상의 문제를 지닌 아동들을 지칭하는 용어로 사용되어 왔다. 그 이후로 학습 장애에 대한 여러 가지 논의들이 있어왔고 아직까지 보편적으로 통일된 정의가 존재하지는 않는다. 여러 논의들 가운데 공통적으로 포함되고 있는 요소들을 살펴보면 다음과 같다.

첫째, 학습 장애는 학습 영역, 특히 듣기, 말하기, 읽기, 쓰기, 산수 등의 영역 가운데 한 가지 이상에서 어려움을 지니는 것을 말한다. 둘째, 잠재적인 능력은 있으나 특정 학습 영역에 있어 심각한 어려움을 경험하는 것이다. 셋째, 학습 장애아들은 학업 수행에 있어 영역 간 불균형한 성취를 보인다. 넷째, 학습 장애는 중추신경계의 신경학적 기능 장애와 관련되는 것으로 추정되고 있다. 마지막으로, 대부분의 학습 장애에 대한 정의들은 아동의 학습 문제가 환경적인 불이익이나 지적 장애, 정서 및 행동 장애 등의 기타 장애로 인한 경우를 제외하고 있다.

학습 장애의 원인으로 초기 태아 발달시 신경 세포 형성에 이상이 있는 경우를 들 수 있다. 그 밖에 유전적 요인, 환경적 요인들을 학습 장애의 원인으로 볼 수 있다. 환경적 요인이란 빈약한 사회 · 정서 · 지적인 환경, 부적절한 영양 공급, 빈곤한 환경 등을 들 수 있다.

학습 장애아들의 특성으로는 무엇보다도 학습에서의 장애를 꼽을 수 있다. 학습 장애를 지닌 아동들은 사회 · 정서적 측면에서도 문제를 보인다. 대부분의 학습 장애아들은 또래들로부터 거부당하는 경향이 있으며 이로 인해 사회 · 정서적 문제를 보일 가능성이 커진다. 뿐만 아니라 학습 장애 아동은 주의 집중 장애 및 과다 행동을 보인다. 기억력 및 인지의 영역에서도 문제를 갖고 있다.

3. 장애 아동의 현황

한국보건사회연구원에서 2008년에 실시한 장애인 실태 조사를 통해 산정된 장애인 수는 총 213만 7천여 명이다. 성별로 구분하여 살펴보면, 남자가 58.6%, 여자 41.4%로 남성 장애인의 출현율이 더 높은 것으로 나타났다. 본 조사에서 장애 아동에 해당하는 만 17세 이하의 장애 출현율은 3.9%이다. 특히, 장애 아동은 다른 연령층에 비해 자폐성 장애와 지적 장애 비율이 78.5%, 30.4%로 상대적으로 높은 것으로 나타났다.

연령별, 장애 종류별로 장애 출현율을 살펴보면 다음과 같다.

〈표 7-22〉 연령별, 성별, 장애 종류별 장애 출현율 (단위 : %, 명)

구분	지체 장애	뇌병변 장애	시각 장애	청각 장애	언어 장애	지적 장애	자폐성 장애	정신 장애	신장 장애	심장 장애	호흡기 장애	간 장애	안면 장애	장루 · 요루 장애	간질 장애	전체
만 0~17세	0.9	3.8	1.8	2.1	7.7	30.4	78.5	0.3	0.3	6.9	0.0	4.4	6.6	1.4	4.3	3.9
만 18~29세	2.1	1.9	1.6	1.7	5.8	26.6	18.5	6.0	4.6	3.5	0.8	1.8	8.6	0.6	11.3	4.0
만 30~39세	6.8	3.8	5.4	4.0	11.5	16.2	2.2	21.7	10.8	3.9	2.3	5.6	23.3	3.2	22.2	7.4
만 40~49세	19.4	8.0	11.9	9.6	17.8	15.5	0.1	35.2	21.7	9.1	7.0	26.5	22.2	6.9	36.2	16.7
만 50~64세	35.3	36.6	31.3	27.3	24.3	8.7	0.7	29.4	38.9	28.9	38.9	52.6	31.1	28.4	23.2	32.0
만 65세 이상	35.5	45.9	48.0	55.3	32.8	2.5	0.0	7.4	23.8	47.7	51.1	9.2	8.2	59.6	2.9	36.1
계	100.0	100.0	100.0	100.0	100.0	100.0	100.0	100.0	100.0	100.0	100.0	100.0	100.0	100.0	100.0	100.0
전국 추정수	1,132,116	219,156	220,061	207,383	15,103	140,079	12,329	84,780	48,284	14,606	14,393	6,514	2,185	11,356	8,881	2,137,226

출처 : 한국보건사회연구원(2009). 2008년 장애인 실태조사.

4. 장애 아동 복지 사업의 개념

장애 아동 복지 사업이란 장애 아동의 발생을 예방하고 장애 아동이 가지고 있는 잠재 능력과 잔존 능력을 최대한 발휘하여 발달의 신장과 함께 정상적인 생활이 가능하도록 원조하는 제반 사회적 활동을 말한다(주정일 · 이소희, 1993).

장애 아동 복지 사업은 크게 특수 교육과 재활 사업으로 구분된다. 특수 교육이란 장애 아동의 개별적인 필요를 충족시키기 위해서 특별히 고안된 교수를 의미한다. 특별히 고안되었다는 것은 특별한 교재나 교수방법, 도구나 시설을 필요로 한다는 것이다. 특수 교육은 일반 학급에서 이루어지는 특수 교육, 특수 학급에서 이루어지는 특수 교육, 좀 더 제한적인 환경인 특수 학교나 병원, 기숙제 시설에서 이루어지는 특수 교육으로 구분된다(이소현 · 박은혜, 1998).

재활 사업이란 사회적 책임을 강조하는 인도주의 철학을 기본으로 모든 장애를 제거하여 사회에 복귀시키는 데에 그 목표를 두며, 신체 장애의 발생 초기부터 의료적, 직업적, 교육적, 사회 심리적 개입 과정을 통하여 서비스 대상자에 따라 개별화되고, 통합적인 서비스와 장애자 가족 및 지역 사회의 참여를 필요로 하는 사업이다(성영혜 · 김연진, 1997). 재활 사업은 의료적 재활, 직업적 재활, 교육적 재활, 사회적 재활, 심리적 재활 등으로 구분된다.

5. 장애 아동 복지 사업의 현황

장애 아동을 위한 복지 서비스로는 크게 소득 보장, 의료 서비스, 시설 서비스, 교육 서비스, 가족 지원 서비스, 재활 치료 서비스 등이 있다(도미향 외, 2009).

1) 소득 보장 서비스

장애 아동을 위한 대표적인 소득 보장 서비스로는 장애 아동을 보호, 양육하는 보호자를 경제적으로 지원하기 위한 장애 아동 부양 수당이 있다. 장애 아동 부양 수당은 장애인의 경제적 생활수준을 고려한 장애로 인한 추가 비용 보전에 대한 부분으로 지급 대상으로는 「국민기초생활보장법」에 의한 수급자와 차상위 계층의 18세 미만 아동들의 보호자이다. 지급 내용으로는 2008년 현재 기초 생활 수급자의 경우 중증은 월 20만 원, 경증은 월 10만 원이며, 차상위 계층의 경우 중증은 월 15만 원, 경증은 월 10만 원을 지급하고 있다.

2) 의료 서비스

의료 서비스는 장애인의 잔존 능력을 최대한 증진시켜 사회에 복귀시키는 데 목적을 달성하기 위한 의료 재활에 목표를 두고 있다. 의료 재활방법에는 약물 투여 및 수술 등의 치료와 물리 치료, 작업 치료, 언어 치료 등이 있다. 장애인의 의료비에 대한 지원은 「의료급여법」에 의한 2종 의료급여 대상자인 장애인에 대해 1차 진료기관 진료시 본인 부담금 1천 원 중 750원을 지원하고, 2, 3차 의료급여기관 및 국 · 공립 결핵병원 진료시 의료급여수가 적용 본인 부담 진료비 전액을 지원하고 있다. 또한 정형외과용 구두나 욕창 방지용 매트, 장애인 재활 보조 기구를 무료로 제공하고 있다. 보장구와 관련해서는 건강 보험 급여를 실시하여 건강 보험 대상자는 적용 대상 품목의 기준액 범위 내에서 구입 비용의 80%를 공단에서 부담하고, 의료급여 수급권자는 전부(1종) 또는 80%(2종)를 공단에서 부담하도록 하고 있다.

3) 시설 서비스

「장애인복지법」에 규정된 장애인 복지 시설은 장애인 생활 시설, 장애인 지역 사회 재활 시설, 장애인 직업 재활 시설, 장애인 유료 복지 시설로 구분된다. 이를 구체적으로 살펴보면, 장애인 생활 시설은 장애 유형별 생활 시설, 중증 장애인 요양 시설, 장애 영유아 생활 시설을 포함한다. 장애인 지역 사회 재활 시설에는 장애인 복지관, 장애인 의료 재활 시설, 장애인 주간 보호 시설, 장애인 단기 보호 시설, 장애인 공동 생활 가정, 장애인 체육 시설, 장애인 수련 시설, 장애인 심부름센터, 수화통역센터, 점자도서관, 점서 및 녹음서 출판시설 등이 포함된다. 장애인 직업 재활 시설에는 장애인 작업 활동 시설, 장애인 보호 작업 시설, 장애인 근로 작업 시설, 장애인 직업 훈련 시설, 장애인 생산품 판매 시설 등이 속한다.

장애인복지관의 경우 1995년에 37개소이던 것이, 2002년에는 83개소로 증가하고 있으나, 장애인 복지관을 통해서 서비스를 받는 장애 인구는 2.2배 정도의 증가에 그쳐, 등록 장애 인구의 증가 비율과 비교했을 때 서비스 이용자 수가 큰 편차를 보이고 있는 실정이다(변용찬, 2002). 그리고 장애인 생활 시설은 무연고자나 국민기초생활보장 수급자의 경우에만 입소하는 것이 가능하므로 대부분의 생활 시설 보호를 희망하는 장애인들이 이용할 기회가 제한되어 있어 2005년 정부는 유료 복지 시설의 설치에 주안점을 두었다. 이 외에도 장애 아동의 사회적응 및 자립을 위하여 장애 아동 재가복지봉사센터, 장애인 주간 및 단기 보호 시설, 장애인 공동 생활 가정 등의 이용 시설들이 증가하고 있는 추세이다.

4) 교육 서비스

「특수교육진흥법」은 1977년 제정 이후 장애인의 교육을 권리로서 접근하는 사고가 2000년 초부터 발생하면서 장애인 당사자 및 장애 아동 부모, 전문가 집단의 요구에 의해 2008년 「장애인 등에 대한 특수교육법」으로 개정되었다. 「장애인 등에 대한 특수교육법」에서는 일반학교에서의 '특수 학급' 설치의 의무화와 '특수교육보조원' 의 배치와 '특수 교사' 의 배치 기준을 보다 명확히 하였으며, 장애인 교육에 있어서 조기 교육과 평생 교육 등 생애주기별 교육 지원을 명시하였다. 뿐만 아니라 장애 학생이 대학교에 입학하였을 때 학교는 편의시설 등을 정비하여 교육 환경적인 차별을 하지 않도록 장애 학생의 권리를 의무화하였다.

특수 교육 대상자의 초등학교 및 중학교 과정의 교육은 의무 교육이며, 유치원 및 고등학교 과정의 교육은 무상 교육으로 제공되고 있다. 교육비 지원 서비스로 정부는 가구주가 1~3급 등록장애인의 저소득 가구의 중 · 고등학생 자녀와 저소득 가구의 1~3급 장애인인 중·고등학생의 교육비를 지원하고 있다. 장애유아 교육은 그동안 특수 학교 유치부나 유치원 특수 학급 등의 특수교육기관에 취원한 장애 유아에 한해 학비를 전액 지원하여 무상 교육을 실시해 왔으나, 2004년부터는 장애 유아가 일반 사립유치원에 취원하는 경우에도 1인당 월 20만 원씩 연 240만 원이 지급되고 있다.

5) 장애 아동 가족 지원 서비스

장애 아동 가족 지원 서비스 형태로 정부는 재가 장애 아동을 양육하는 가정의 '돌봄' 부담 경감을 위하여 주간 보호 서비스, 단기 보호 서비스를 제공하고 있으나, 이를 이용하는 가정이 소수에 불과한 이유로 장애 아동의 양육 부담에 따른 가족 갈등 등을 해소하기 위하여 재가 복지 서비스 형태인 돌보미 파견사업을 시행하고 있다. 돌보미 파견사업의 서비스 대상으로는 만 18세 미만의 중증 장애 아동과 생계와 주거를 같이하는 도시근로자가구 월평균 소득의 100% 이하 가정이다. 2008년 지원 내용으로는 양육자의 질병, 사회 활동 등 일시적 돌봄 서비스 필요시 일정한 교육 과정을 수료한 돌보미가 파견되어 장애 아동 1가정당 연 320시간 범위 내에서 장애 아동의 보호 및 양육자의 휴식을 지원한다.

6) 장애 아동 재활 치료 서비스

2009년부터 정부는 성장기의 정신적, 감각적 장애 아동의 기능 향상과 행동발달을 위한 적절한 재활 치료 서비스를 지원하고 장애 아동을 양육하는 가정의 재활 치료 비용 부담을 경감시키기 위해 만 18세 미만 장애 아동 중 뇌병변, 지적, 자폐성, 청각, 언어, 시각 장애 아동을 양육하는 전국 가구 평균 소득 50% 이하 가정에게 치료바우처를 제공한다. 치료바우처 지원액은 기초생활수급자 가정인 경우 바우처 지원액 월 22만 원 중 본인 부담금이 없으나 차상위 계층의 경우 본인 부담금 2만 원, 차상위 초과 전국 가구 평균 소득 50% 이하는 4만 원의 본인 부담금이 있다.

6. 유아교육기관의 장애아 통합 교육

통합 교육은 다양한 교육적 필요와 능력을 지닌 학생들이 함께 교육받는 프로그램으로써 그 특징은 장애 아동과 비장애 아동이 사회적 활동이나 교수 활동에서 의미있는 상호작용을 하는 것이다. 우리나라의 「장애인 등에 대한 특수교육법」(제21조)에서는 각급 학교의 장은 교육에 관한 각종 시책을 시행함에 있어서 통합 교육의 이념을 실현하기 위하여 노력하고, 통합 교육 계획을 수립 · 시행하도록 하고 있다. 이에 따라 통합 교육을 실시하는 경우 특수 학급을 설치 · 운영하고, 대통령령으로 정하는 시설 · 설비 및 교재 · 교구를 갖추어야 한다.

조기 통합 교육의 교육적 효과는 장애아, 비장애아, 부모, 교사의 측면으로 나누어 살펴볼 수 있다. 장애 어린이의 경우 비장애아와 같이 놀 수 있는 기회를 가질 수 있다. 또한 충분한 잠재적 가능성을 깨우칠 수 있는 기회가 된다. 비장애아와 장애아의 상호작용 관계에서, 놀이의 자료와 도구가 영향을 미치므로 보다 다양한 자료를 가지고 있는 비장애아 학급은 장애아에게 새로운 흥미와 새로운 기술을 습득할 수 있는 기회를 제공한다. 그리고 통합 교육을 통해 장애아들은 비장애아로부터 배울 수 있는 기회를 가진다. 유아기에는 비장애아에게 장애아에 대한 고정 관념이 없으므로 장애아가 비장애아의 행동, 언어 등 생활에 적응하는 방법을 더 많이 배운다고 한다(Gunalnick, 1976).

비장애아의 측면에서 보면 사람들이 다르다는 개인차를 일찍부터 받아들이는 태도를 학습할 수 있다. 장애아와의 초기 경험은 한 개인으로서 자신들과 마찬가지로 특수아를 수용할 수 있게 한다. 둘째, 사람을 돌보고 도와 주는 것을 학습한다. 셋째, 도움이 필요한 때와 도움을 주는 방법을 학습할 수 있다.

장애아와 비장애아 양쪽의 측면에서 보면 장애아와 비장애아 사이에 사회적 상호작용 능력이 모두 함께 발달한다. 또한 서로서로 장애아와 비장애아 모두의 단어를 발달시킬 수 있게 된다.

부모와 교사의 측면에서 보면 첫째, 교사들은 능력이나 인성이 다양한 혼합 집단의 어린이들을 관찰할 기회를 갖게 된다(Karnes & Lee, 1979). 둘째, 장애아 부모들은 비장애아와 자신들의 자녀가 갖고 있는 장애의 상태를 함께 봄으로써 현실적으로 수용하여 잠재 능력의 일부라도 최선을 다해 개발시키려는 노력을 기울이게 되며 협력하게 된다. 셋째, 비장애아의 부모 역시 그들의 자녀인 어린이들이 폭넓은 인간관을 갖게 되는 것을 느낄 수 있게 된다. 이상에서과 같이 장애 어린이와 비장애아 간의 통합 교육은 각각의 아동들의 삶을 확장시켜 주는 효과를 가져오므로 현대 사회에서 적극 추천되고 있다.

장애 영유아 보육 · 교육 서비스 제공 현황을 살펴보면, 유치원의 경우 181개 유치원에서 206 특수 학급에 720명의 장애 유아가 교육 서비스를 제공받고 있다. 1,169 유치원에서는 1,727명의 장애 유아가 일반 학급에서 교육 서비스를 제공받고 있다.

보육 시설을 이용하는 영유아를 살펴보면 장애아 전담 보육 시설 159개소에 5,889명, 장애아 통합 보육 시설 768개소에서 3,513명의 장애 영유아가 보육 서비스를 제공받고 있다(보건복지가족부, 2009).

7. 문제점 및 과제

장애 아동 복지 사업의 가장 우선적인 과제는 장애 아동의 발생을 예방하는 것이다. 장애 아동 발생을 예방하기 위해서는 선천적으로 발생할 수 있는 모든 질병에 대한 검사를 의무화하고 예방 접종을 실시하며 장애아 예방을 위한 교육과 홍보 활동을 해야 한다. 그러나 일단 장애 아동이 발생하였을 때는 아동이 사회적으로 최대한 재활할 수 있도록 경제적 지원을 비롯하여 교육과 의료면에서 충분한 재활 혜택을 받을 수 있도록 해야 한다. 장애 아동이 있을 때 치료와 교육을 위해 많은 경비가 소요되는 점을 감안해 볼 때 가계 소득에 관계없이 모든 장애 아동이 있는 가정에 장애 아동 수당을 지급해야 한다.

장애 아동 수용 시설의 문제 역시 개선되어야 한다. 현재 대부분의 장애아 수용 시설은 재활 프로그램을 제대로 실시하지 못하고 단순한 수용 보호에 그치고 있는 실정이다. 시설 종사자에 대한 열악한 처우 때문에 전문 인력의 확보도 어려울 뿐만 아니라 종사자의 이직률도 높다. 시설의 재활 프로그램을 위해 재활 설비를 적극 지원하고 시설 종사자들의 처우를 개선해야 질높은 재활 사업이 가능해질 것이다.

장애 아동의 교육받을 권리를 확보하기 위해 특수 학교와 특수 학급이 보다 많이 생겨나야 한다. 또한 특수 학교와 특수 학급의 질 역시 개선되어야 할 문제점 가운데 하나이다. 현재 이루어지고 있는 특수 학교의 교육은 거의 직업 교육을 중심으로 이루어지며, 특수 교육을 위한 기자재나 편의 시설 등이 태부족한 상태이다.

특수 학교와 특수 학급의 양적인 확충이나 질적인 고양 못지 않게 중요한 것은 통합 교육의 확대 실시이다. 기존에 장애아와 비장애아를 분리하여 실시되던 특수 교육은 장애아와 비장애아를 통합하여 교육하는 방향으로 바뀌어야 한다. 이를 위해서는 일반 교사들이 특수 교육에 대한 소양을 갖추는 것이 급선무이다. 통합 교육에서 또 하나 빠질 수 없이 중요한 문제는 조기 교육이다. 유아교육기관에서 통합 교육이 잘 이루어진다면 장애아들 역시 일반 학교로 진학할 수 있는 가능성이 그만큼 높아지며 장애아들의 학교 적응과 사회 생활 적응이 그만큼 유리해질 수 있다(노혜련, 1997).

Ⅵ. 피학대 아동 보호 사업

1. 아동 학대의 개념

아동 학대는 동서양을 막론하고 고대 그리스 시대부터 존재하여 왔다. 자녀를 부모의 소유물로 생각하고 자녀의 훈육방법으로 체벌을 당연하게 생각하여 왔으며 부모의 양육에 대해 타인이 개입하는 것을 허락하지 않는 사회적 인식으로 인해 아동 학대는 사회 문제시되지 않았다(표갑수, 1993). 그러나 현대에 들어와서는 아동 학대를 사회적 문제로 인식하기 시작하였고 아동의 학대가 한 개별 가정의 문제가 아니라 사회가 개입하여야 할 문제로 받아들임으로써 구체적인 보호 사업들이 실시되기 시작하였다.

아동 학대의 개념 정의는 문화적 차이에 영향을 받기 때문에 나라와 시대에 따라 매우 다양하다. 1985년 캐나다 의학협회는 아동 학대의 정의를 "아동을 보호하거나 관리하는 사람이 아동에게 외적 · 내적 타박상, 화상, 골절, 상처, 뇌손상 또는 중독과 같은 신체적 손상, 즉각적으로 치료하지 않으면 성장과 발달을 해치거나 그 결과 영구적인 상처가 나타나고 또는 죽음에 이르게 되는 영양 실조(탈진 포함) 또는 정신적 불건강, 성적 희롱의 고통을 주거나 고통을 겪도록 허용하는 행위"라고 규정하였다. 영국에서는 아동 학대를 신체적 상해, 신체적 방임, 발육 부진과 정서적 학대, 성 학대로 구분하고 있다(이숙종 외, 1997).

우리나라에서는 아동 학대의 범위가 모호하고 사회적으로 합의된 정의가 없는 상태이다. 또한 아동 학대에 대한 법적 · 제도적 장치가 정립되어 있지 않은 상태에서 아동 학대에 대한 정의와 범위는 연구자에 따라 차이가 난다. 아동 학대와 관련된 법은 현재 「아동복지법」(제25조)에서 아동보호기관의 업무로 학대받은 아동의 발견, 보호, 치료 의뢰, 아동 학대 예방 및 방지를 위한 홍보 ; 아동학대행위자 상담, 교육 ; 아동학대행위자, 아동학대행위자로 신고된 자 및 그 가정에 대한 조사 등을 제시하고 있다.

2. 피학대 아동 보호 사업의 개념

피학대 아동 보호 사업이란 아동 발달을 위협하거나 손상시키는 모든 행위로부터 아동을 보호하는 일련의 사업을 말한다(주정일 · 이소희, 1993). 처음에는 '매'로 인해 상처를 입거나 죽게 되는 경우를 학대로 보고 주로 신체적인 학대를 받는 어린이를 대상으로 하는 사업을 의미하였다. 그러나 오래 전부터 신체적인 학대뿐 아니라 심리적인 학대가 더 해롭다는 사실이 인정됨에 따라 보호 사업의 범위가 더욱 확대 · 세분화되었다. 현대 사회에서 아동 학대란 신체적인 상해뿐 아니라, 유기, 성적 폭행, 정서적 학대, 지적인 학대까지를 포함하고 있다.

피학대 아동 보호 사업은 첫번째 양육자로서의 부모가 부모로서의 능력이 결여되었거나 부모가 자신의 역할을 거부할 경우 정부가 대신하여 부모의 역할을 할 의무가 있다는 전제하에서 시작되었다. 그러나 문제는 일반 부모들의 권리를 침해하지 않으면서 동시에 특정 아동의 권리를 보장해야 하는 데 있다(Kadushin,

1988).

오늘날 아동 학대는 세계적으로 심각한 사회 문제로 인식되고 있다. 이것은 국제법으로써 그 효력을 발휘하는 「아동권리국제협약」을 통해서도 알 수 있다. 이 협약의 제19조는 각종 폭행과 방임으로부터 아동을 보호하기 위해 필요한 입법적, 행정적, 사회적, 교육적 조치가 확립될 필요성을, 제39조는 학대받은 아동이 신체적, 심리적 회복과 사회 복귀를 위해 적절한 치료를 받을 권리가 있음을 명시하고 있다. 한편 제34조는 아동 학대 가운데 성적 학대로부터 보호받을 아동의 권리에 대해 별도로 규정하고 있다(노혜련, 1997).

3. 학대의 원인

아동 학대는 가정, 사회, 문화, 개인적 요인들이 복합적으로 상호작용하는 가운데 발생하기 때문에 단순하게 설명하기 어렵다. 아동 학대를 발생시키는 여러 측면 가운데 사회 문화적 요인은 가족체계에 압력이나 스트레스를 주는 요인이 되며, 자녀 양육의 태도, 가치, 역할, 방법 등에 직접적인 영향을 준다. 자녀 양육과 관련된 행동을 결정하는 사회 문화적인 요인은 다양하고 복잡하다. 자녀를 부모의 소유물로 인식하는 것은 아동을 과잉 보호 혹은 유기하는 결과를 낳는다. 부모의 실직으로 인한 경제적 결핍, 가정의 빈곤, 좌절과 무력감으로 인한 정신적 스트레스가 자녀에게 투사되어 폭력을 자극하고 학대와 방임을 초래하는 결과를 낳기도 한다. 가족관계, 경제적 결핍, 자녀 양육 등으로 스트레스가 많은 시기에 도움을 요청할 수 있는 사회적 지지망이 형성되어 있지 않을 때에도 아동의 학대와 방임이 이루어질 수 있다. 이기적인 사고 방식, 물질 만능 주의, 산업 사회에서의 비인간화와 같은 사회 문화적 요인들도 아동 학대의 한 원인이 되고 있다. 또한 신체적 혹은 지적 장애아, 출산 전후의 좋지 못한 가정 환경에서 태어난 자녀, 원하지 않는 아동에 대한 부모들의 태도가 아동 학대 및 방임을 유발할 수 있다.

가정 환경적 요인으로는 부모의 성장 경험을 들 수 있다. 부모가 성장기에 아동 학대를 받았거나 학대가 빈번하게 일어났던 가정에서 성장했다면 다른 부모들에 비해 자녀를 학대할 확률이 높다(박성연 외, 1996). 부모가 자녀 양육에 대한 지식이 부족하거나 경제적 문제, 부부 갈등, 질병, 지적 장애, 약물 및 알코올 남용 등의 요인을 가지고 있다면 아동 학대의 가능성이 높을 수 있다(송성자, 1993).

4. 아동 학대의 유형과 증상

1) 신체적 학대

아동이 매를 맞아 신체적인 손상을 입게 되는 것을 의미한다. 많은 어린이들이 손이나 어떤 기구에 의해 맞음으로써 타박상, 찰과상, 열상 등으로 고통을 받곤 한다. 이때에는 의료적인 서비스, 경찰, 사회기관의 도움을 필요로 한다. 어린이를 신체적으로 학대하는 가정은 주로 저소득층의 가정이나 한부모가정이며 어머니보다는 아버지가 자녀를 신체적으로 학대하는 것으로 나타났다(Kadushin, 1988).

신체적으로 학대를 받은 아동은 부모나 다른 성인들의 신체적 접촉을 경계하거나, 극단적인 행동을 보이며, 의존적이고 무분별한 애착 관계를 갖고자 한다. 심한 학대의 결과로 중추신경계가 손상될 수 있으며 공격적이며 파괴적인 행동, 과잉 행동, 자학적인 행동, 반사회적 행동, 자신감 결여, 자아기능 손상, 대인관계 기피, 불면증, 우울증, 심한 공황 상태 등 다양한 행동적 · 정서적 증상이 나타날 수 있다(박정란 외, 2003).

우리나라의 아동 학대는 지난 IMF이후 빠르게 증가해 왔다. 학대 아동은 2003년도 2,105명, 2004년도 3,891명, 2006년도 5,202명으로 증가했다. 하지만 이마저도 빙산의 일각이라는 평가이다(KBS, 2007. 11. 16).

한국가정법률상담소는 서울, 경기 일대의 초중고교생 998명을 대상으로 아동, 청소년의 폭력에 대한 인식과 예방 교육 실태 조사 결과 부모로부터 언어나 신체적 학대를 당한 경험이 있는 학생은 무려 68%에 달한 것으로 나타났다(한국가정법률 상담소, 2010년).

2) 방임

방임은 신체, 정서, 의료, 교육적 방임을 모두 포함한다. 아동 방임에 있어 가장 극단적인 경우는 어린이를 유기하는 것이다. 신체적 학대가 흔히 충동적인 분노와 적대감을 표현하는 일시적이고 돌발적인 형태로 나타난다면 방임은 주로 아동에 대한 무관심 또는 인식 결핍 등의 형태로 표현되면서 만성적이고 지속적인 경향을 보인다(노혜련, 1997). 신체적 방임 아동은 주로 계절에 맞지 않는 옷을 입거나, 충분하지 못한 식사 때문에 영양 실조에 걸리거나, 불결한 환경 속에서 생활한다.

정서적 방임은 부모가 자녀에게 신체적으로는 적절한 보호를 제공해 주지만 정서적으로 아동을 학대함으로써 그에 대한 거부감을 나타내는 경우이다. 정서적인 원조를 박탈하는 것 역시 신체적인 욕구를 부정하는 것만큼 아동에게 해가 될 수 있다. 또한 정서적인 방임은 대개 신체적인 방임과 동반해서 나타나는 경우가 많다.

정서적인 방임을 경험한 아동은 불안정하고 무기력하며, 자신감이 결여되어 있다. 정서적으로 방임되었던 아동들은 친밀한 관계를 형성하지 못하고 만족스런 관계를 갖지 못하며, 공격적이고, 우울하고, 자기 자신을 미워하고, 인간관계에서 소속감이 없고, 항상 애정에 굶주린 것처럼 반응하고 정서적으로 사람들을 붙들려고 신체적으로 매달리는 경향이 있다(Orbach, 1988; 송성자, 1993, 재인용).

의료적 방임 아동은 주로 정기적인 신체 검사와 검진을 받지 못하고 신체적 및 정신적인 아픔을 호소해도 적절한 조치를 받지 못한 아동을 말한다. 이러한 아동은 신체적으로 방임된 아동과 같이 질병에 자주 걸리고 허약한 편이다(주정일 · 이소희, 1993).

교육적 방임이란 부모나 주 양육자가 아동의 교육 활동에 필요한 정신적, 물질적 지원을 제대로 제공하지 못하고, 정상적인 학교 입학이나 출석에 대해 무관심한 것을 의미한다. 이러한 아동은 학습에 대한 의욕이 부족하고 성숙도가 낮으며 불량한 행위를 자주 하는 편이다.

이러한 방임 아동의 일반적인 특징은 자기 존중감이 낮으며 부정적인 자기상을 갖고 있다. 자신감이 부족하고 열등감을 갖고 있으며 비관적 태도를 갖는다. 쉽게 실망하고 좌절하며 인간관계에서 근본적인 신뢰를 형성하지 못한다. 또한 자기 파괴적인 행동을 하며 집중력이 떨어진다. 공격적인 행동을 보이고 좌절과 분노를 잘 처리하지 못하며 스트레스를 상대적으로 잘 받지만 건전하게 처리하지 못한다. 따라서 이러한 아동은 사회 적응이 어렵고 친구가 적거나 없고, 자기보다 나이 어린 아동을 괴롭히고 학업 성취도 낮으며, 표현력이 부족하고 집중을 못한다(송성자, 1993).

3) 성적 학대

성적 학대란 아동의 복지나 보호에 책임이 있는 성인이 아동에게 성적 폭행이나 비정상적인 행위를 하는 것을 의미한다. 성적 학대는 다른 학대와 달리 다양한 연령층에서 이루어지고 있다. 주로 낯선 사람이 아닌 가까운 친척에 의해 이루어진다. 또한 다른 학대와 달리 성적 학대를 받는 아동은 주로 여아이다. 아동의 성적 학대에는 성기의 애무, 성적 희롱, 성기 노출, 강간, 근친 강간, 아동을 포르노나 매매춘 행위에 참여시키는 것과 같은 성적 착취 등이 포함된다(노혜련, 1997).

성적 학대 피해 아동은 성적 학대로 인해 수면 장애, 우울증, 퇴행적 행동, 위축, 자살 충동과 같은 행동적 특징을 보인다. 또한 일부 아동은 성적 학대에 관한 직접적 언급 없이 성적 행동을 하거나 지나친 성적 지식을 노출하기도 한다. 근친 성 학대 아동은 지나치게 순종적 행동을 하거나 공격적 행동을 보이기도 한다. 이러한 아동은 가식적으로 성숙한 행동을 보이며 학교 생활에서 동년배와 적절한 교우관계를 맺는 데 실패하기도 한다(이숙종 외, 1997).

5. 피학대 아동의 현황[1)]

아동보호전문기관 확충 등으로 학대 피해 아동 발견 및 보호가 증가하고 있다. 보건복지부와 중앙아동보호전문기관은 아동 학대 예방 사업과 학대 피해 아동 보호체계의 발전 방안 모색을 위해 2001년부터 매년 『전국 아동 학대 현황 보고서』를 발간하여, 아동 학대 현황과 학대 사례의 연도별 추이를 분석 발표하고 있다. 2009년 보고서에 의하면, 지난 9년간 아동 학대 상담 신고 및 학대 피해 아동 보호 건수는 아동 학대 예방 사업이 국가적 차원에서 시작된 2000년 이후 지속적으로 증가하여 2009년 상담 신고 건수 9,309건, 학대 피해 아동 보호 건수 5,685건으로 집계되었다. 이는 아동 인구 대비 아동보호전문기관이 다수 설치된 지역의 아동 학대 발견과 보호율이 설치 기관수가 적은 지역보다 높은 것이다.

〈표 7-23〉 연도별 아동 학대 신고 및 학대 피해 아동 보호 건수 (단위 : 건, %)

구분 \ 년도		2001	2002	2003	2004	2005	2006	2007	2008	2009
신고 접수 건수	건수	4,133	4,111	4,983	6,998	8,000	8,903	9,478	9,570	9,309
	증감 건수	-	-22	872	2,015	1,002	903	575	92	-261
	증감율	-	-0.5	21.2	40.4	14.3	11.3	6.5	1.0	-2.7
학대 피해 아동 보호 건수 (아동 학대 사례 건수)	건수	2,105	2,478	2,921	3,891	4,633	5,202	5,581	5,578	5,685
	증감 건수	-	373	443	970	742	569	379	-3	107
	증가율	-	17.7	17.9	33.2	19.1	12.3	7.3	-0.1	1.9

「2009년 전국 아동 학대 현황 보고서」에 의하면 아동 학대 피해 아동 보호 건수는 5,685건으로 해마다 꾸준히 증가하고 있다. 학대 유형별로는 전체 보호 건

1) 보건복지부, 중앙아동보호전문기관(2009). 「2009년 전국 아동 학대 현황보고서」에서 발췌, 정리하였음.

수 5,685건 중 방임이 2,025건(35.6%)으로 단일 유형 중 가장 높은 비율을 차지한다. 이는 지난 9년 동안 아동보호전문기관 확충, 상담원 증원 등 아동 안전망이 확대되고, 아동 학대 예방 교육과 홍보 사업으로 국민들의 아동 학대에 대한 인식이 제고된 결과로 파악된다. 이에 보건복지부는 2009년 7월에 시행된 아동보호전문기관의 시 · 군 · 구 확대 설치 규정의 실행을 위하여 지방자치단체와 함께 아동보호전문기관 확대 설치를 추진할 예정이다.

〈표 7-24〉 아동 학대 사례 유형 (단위 : 건, %)

유형 \ 년도	2007	2008	2009
신체 학대	473(8.5)	422(7.6)	338(5.9)
정서 학대	589(10.6)	683(12.2)	778(13.7)
성 학대	266(4.8)	284(5.1)	274(4.8)
방임	2,107(37.7)	2,237(40.1)	2,025(35.6)
유기	59(1.0)	57(1.0)	32(0.6)
중복 학대	2,087(37.4)	1,895(34.0)	2,238(39.4)
계	5,581(100.0)	5,578(100.0)	5,685(100.0)

학대 유형별로는 전체 보호 건수 5,685건 중 중복 학대 2,238건(39.4%), 방임 2,025건(35.6%), 정서 학대 778건(13.7%), 신체 학대 338건(5.9%), 성 학대 274건(4.8%), 유기 32건(0.6%) 순으로 나타나 단일 유형 중 방임이 최대 다수를 차지하는 것으로 나타났다. 특히, 2009년 현황보고서에서는 다문화가족 내 아동 학대 보호 사례 현황을 분석하였는데, 전체 보호 건수의 3%에 해당하는 181건으로 파악되었으며, 아동 인구 1,000명당 학대 피해 아동 보호율을 비교했을 때는 전체 0.55‰보다 3배 이상 높은 1.72‰였다.

현황 보고서에 따르면 우리나라의 경우 선진국과 비교할 때, 아동 인구 천 명당 학대 피해 아동 보호율이 낮게 나타나고 있어 아직 발견되지 않은 잠재적인 학대 사례가 많을 것으로 추정된다. 아동 인구 천명 당 학대 피해 아동 보호율은 미국 10.6명('07), 일본 1.6명('05), 한국 0.55명('09), 0.53명('08), 0.52명('07), 0.48명('06), 0.42명('05)이다.

해마다 가장 많은 발생률을 보이고 있는 방임 아동과 가정에 대한 효과적 지원을 위해 보건복지부는 '지역아동센터'와 '드림스타트' 사업 등을 연계하여 가정 방문, 방과 후 프로그램의 활성화로 학대 예방·안전 등 맞춤형 통합 서비스를 제공하고 있다. 또한, 아동보호전문기관에서는 지역사회 관련 단체 간 협력체계를 구축하고 연계 사업을 활성화하여 학대 피해 아동의 조기 발견 및 학대 피해 아동과 가족, 학대 행위자에 대한 지원체계를 마련하고 있다.

아동 학대는 빈곤과 가정 해체에 따른 방임이 가장 많은 비중 차지하는 것으로 나타나며, 아동 학대 사례 유형별 건수를 분석한 결과, 두 가지 이상의 학대가 함께 발생하는 중복 학대가 2,238건(39.4%)으로 가장 높은 비율을 차지하였고, 방임이 2,025건(35.6%), 정서 학대 778건(13.7%), 신체 학대 338건(5.9%), 성 학대 274건(4.8%), 유기 32건(0.6%)의 순으로 나타나고 있다. 이로써 지난 9년 동안의 연도별 추이에서도 방임과 중복 학대가 매년 가장 많은 비중을 차지함을 알 수 있다.

아동 학대의 장소는 가정 내에서 부모에 의해 가장 많이 발생(전체 사례 중 87.2%)하였고, 아동 학대 행위자는 아동의 부모인 경우가 전체 사례의 83.3%를 차지하였다. 이에 따라 보건복지부는 2009년 7월에 시행된 아동보호전문기관의 시·군·구 확대 설치 규정의 실행을 위하여 지방자치단체와 함께 아동보호전문기관 확대 설치를 추진할 계획이다.

6. 피학대 아동 보호 사업

학대 피해 아동 발견과 보호를 위한 노력이 이루어지고 있으며, 우선 신고의무자 및 일반인 대상의 교육이 실시되고 있다. 대표적으로는 2008년부터 시행 중인 아동 학대 예방 사이버 교육의 확대를 들 수 있다. 신고의무자 대상의 아동 학대 예방 사이버 교육이 일반인 대상으로 운영된다(http://child.khrdi.or.kr). 동시에 지역아동센터를 중심으로 신고의무자에 대한 Off-line 아동 학대 예방 교육도 실시되고 있다.

그 다음으로는 방임 아동 발견 및 보호 · 지원 사업을 들 수 있다. '지역아동센터', '드림스타트' 사업과 연계하여 방임 아동에 대한 가정 방문, 방과 후 프로그램의 활성화로 학대 예방 · 안전 등 통합 서비스가 제공되고 있다. 동시에 아동 학대 재발 방지 및 상담원 신변 안전 확보를 위한 법적 근거를 마련하려는 노력이 이루어지고 있으며, 학대 행위자에 대한 상담 · 치료 · 교육 등을 명령할 수 있는 제도 도입과 피해 아동 및 학대 발생 가정 회복을 위한 지원 내용 및 절차 마련이 요구된다.

7. 문제점 및 과제

아동 복지에서는 아동의 문제가 발생한 다음 사후적으로 대처하기보다는 예방적 차원에서의 대처가 가장 우선적으로 요구되는 문제이다. 아동 학대도 마찬가지이다. 아동 학대가 발생한 다음의 대처보다는 아동 학대를 미리 예방하는 사업이 가장 중요하다. 아동 학대를 예방하기 위해서는 빈곤 가족에 대한 경제적 지원과 부모, 아동 및 관련 서비스기관 직원들을 대상으로 한 전문 상담 프로그램 및 교육이 실시되어야 한다. 또한 병원, 학교 등 아동과 빈번히 접촉하는 기관에서는 학대를 유발할 수 있는 상황에 처해 있는 부모 및 아동을 미리 발견하여 예방하여야 한다(노혜련, 1997),

아동 학대 관련법이 보완되어 신고체계의 단일화를 구축하여야 하며 아동 학대 신고를 의무화하여 신고 불이행에 관한 불고지의 위반에 관한 처벌 규정의 시행과 함께 포상 제도의 확립이 필요하다. 신고의무자의 처벌 규정을 통한 신고의 의무화를 위해서 선행되어야 할 과제는 충분한 교육 기회의 제공이다(임동호, 2008) 또한 처벌 규정을 명확히 하여야 한다. 「아동복지법」(제29조)에서는 아동에 대한 금지 행위를 규정하였고 제40조에서는 이를 위반할 경우의 벌칙 규정을 마련하고 있으나 다른 법령들(일반형법이나 성폭력특별법, 청소년성보호법 등)과 비교해 보더라도 같은 범죄를 저지른 경우 아동복지법상의 형량이 매우 낮다는 모순점을 가지고 있다. 따라서 다른 법령과의 균형이 맞는 처벌 규정에 대한 개정이 이루어져야 할 것이다(이명숙, 2002). 다음으로 아동 학대 예방을 위해 아동학, 가족학, 사회복지학 등의 전문가들이 협력하여 프로그램을 개발하고 지역사회복지관을 중심으로 실시한다면 예방에 많은 도움을 줄 수 있을 것으로 보인다(이순형 외, 2008). 끝으로 아동 학대 및 방임 문제의 심각성과 국민적 인식이 바뀌어야 한다. 아동 학대 예방을 위한 공공 교육, 부모, 교사, 학생들을 대상으로 한 아동 학대 예방 교육, 아동 학대와 관련된 다양한 전문직에 종사하는 사람들의 협조 체제 구축 등이 필요하다(이배근, 1997).

Ⅶ. 소년 · 소녀 가장 세대 보호 사업

1. 개념

소년 · 소녀 가장이란 만 20세 이하의 소년 · 소녀가 경제적, 심리적으로 가사의 실질적인 책임을 지고 한 가정을 이끌어 가는 경우이다. 소년 · 소녀들이 가정을 꾸려 나가야 하는 이유에는 부모의 질병, 노령, 심신 장애, 수형, 가출 및 이혼 등이 있으며, 부모 또는 직계 혈손이 있다고 하더라도 노동력이 없는 빈곤 가정, 한부모 가정의 경우에도 소년 · 소녀가 실질적으로 생계를 꾸려나가야 한다.

또는 경제적 · 심리적으로 전적인 책임을 지고 있지 않은 방계 혈족과 더불어 생활하는 아동 가구도 소년 · 소녀 가장 세대이다. 실제적으로 가구주가 아니더라도 혼자 살고 있는 경우, 부모가 있더라도 재소중이거나 기타 이유로 보호받지 못하는 경우, 부모와 같이 살고 있더라도 실질적인 가장 노릇을 해야 하는 경우, 아동끼리 살고 생계비 부담은 친척이나 이웃이 하는 경우에 해당되는 아동들이 소년 · 소녀 가장이다(문선화, 1995).

소년 · 소녀 가장은 우리나라에서만 통용되는 개념이다. 선진 외국의 경우 '독립된 미성년자'가 소년 · 소녀 가장과 가장 가까운 개념이나 우리나라의 소년 · 소녀 가장과는 그 발생 과정이 매우 다르다. '독립된 미성년자'는 부모의 학대가 심하거나 미성년자가 임신을 해서 결혼하기를 원할 때와 같은 상황에 청소년이 독립하기를 원해서 그 절차가 시작되는 경우가 대부분이다. 미국의 경우 주마다 법과 규정에 다소 차이가 있으나 미성년자가 적어도 15세 이상이어야 부모의 보호와 통제로부터 독립하는 절차를 밟을 수 있는 자격이 생긴다(노혜련, 1997).

2. 소년 · 소녀 가장 세대 현황

소년 · 소녀 가장은 1985년 정부가 처음 이 사업을 실시할 당시 4,900세대였으며 해마다 증가 추세에 있었으나 1997년 이래부터 계속 감소하고 있다. 1997년 9,544세대, IMF를 정점으로 1999년 7,924세대, 2001년 5,248세대, 2003년 3,994세대, 2005년 2,755세대, 2007년 1,630세대로 지속적으로 줄어들고 있다.

2007년 소년 · 소녀 가장 세대는 총 1,630세대이며 세대원을 포함한 수는 2,501명이다. 이들의 교육 실태는 초등학교 401명, 중학교 789명, 고등학교 1,226명 등 총 2,416(96.6%)명이 재학 중이며 미취학자가 25명, 기타가 60명이다.

2007년까지 소년 · 소녀 가장 세대의 현황을 살펴보면 아래의 표와 같다.

〈표 7-25〉 소년 · 소녀 가장 세대 현황 (단위 : 세대, 명)

년도	세대수	전세대원(명)					
		계	미취학	초등학생	중학생	고등학생	기타
2003	3,994	6,184	99	1,309	1,966	2,668	142
2004	3,504	5,444	87	1,244	1,681	2,331	101
2005	2,755	4,332	85	901	1,343	1,923	80
2006	2,086	3,271	39	572	1,031	1,570	59
2007	1,630	2,501	25	401	789	1,226	60

출처 : 보건복지부(각 년도). 보건복지통계연보.

소년 · 소녀 가장 세대의 발생 원인별 현황을 살펴보면 다음의 표와 같다. 2007년 기준 부모의 사망에 따른 경우는 633세대로 가장 많았고, 폐질심신 장애는 137세대, 가출 · 행방은 423세대, 이혼은 353세대, 노령 등 기타는 84세대로 나타났다.

〈표 7-26〉 소년 · 소녀 가장의 발생 원인별 현황 (단위 : 세대)

년도	세대수	부모 사망	폐질심신 장애	가출 · 행불	이혼	기타 (노령 등)
2003	3,994	1681	313	1181	638	181
2004	3,504	1347	250	1186	595	126
2005	2,755	1066	171	836	530	152
2006	2,086	800	139	579	474	94
2007	1,630	633	137	423	353	84

출처 : 보건복지부(각 년도). 보건복지통계연보.

2007년 소년 · 소녀 가장 세대의 주거 형태는 자신의 집에 사는 경우가 240세대로 전체의 14.7%이고, 전세로 사는 경우가 218세대(13.4%), 월세로 사는 세대가 214세대(13.1%), 친지 집에서 사는 경우가 498세대로 전체의 30.6%였다. 영구임대주택에 거주하는 경우가 232세대로 전체의 14.2%를 차지하고 있다(보건복지통계연보, 2008).

3. 소년 · 소녀 가장 세대 보호 사업의 현황

소년 · 소녀 가장 세대 복지 사업은 '선가정, 후시설 보호' 라는 정책하에 시작되었다. 정부는 요보호 아동의 시설 입소를 줄이는 방침에서 소년 · 소녀 가장 세대에 대한 보호 대책을 수립하고 1985년부터 생활보호법에 의하여 이들에 대한 지원 사업을 실시하기 시작하였다. 동 소년 · 소녀 가장 세대의 보호 사업은 「생활보호법」의 기준에 의하여 국가가 경제적으로 필요한 최저 생활을 보장하고 사회사업기관이나 이웃 등이 부모의 입장에서 아동을 보살피고, 보호 지원은 이들이 만 20세가 되는 해의 말일까지로 하며 보호 기간 만료시 그 내용을 반드시 사전에 통보하도록 되어 있다. 신규 대상자에 대한 지원은 보호 신청 및 보호가 필요한 세대인가를 조사하여 보호 대상으로 선정되면 다음 달부터 보호 조치되도록 했으며, 예산 범위의 초과시에는 지방비로 조치하도록 하였다(문선화, 1995). 아울러 부족한 경제적, 정서적 지원을 보충하기 위하여 소년 · 소녀 가장 세대를 불우 아동 사업에 포함시켜 결연 사업을 추진하여 왔으며, 1986년 4월부터는 소년 · 소녀 가장 세대의 보호 및 후원 단체의 지원을 보다 체계적으로 추진하기 위하여 결연 및 후원 업무를 민간 단체인 한국복지재단에 위탁하여 실시하도록 하였다(노혜련, 1997).

정부차원에서 소년 · 소녀 가정에게 제공하는 보편적 복지 대책은 이들에 대한 직접 또는 간접적인 경제적 지원을 중심으로 이루어진다. 직접적인 경제적 지원으로는 「국민기초생활보장법」에 근거하여 거택 보호 대상자로 지정된 소년 · 소녀 가정에 생활 보호와 교육 보호를 위한 지원금을 제공하고 이외에 주거 급여 및 의료 급여를 제공한다. 생활 보호의 명목으로는 주 · 부식비, 연료비, 피복비, 장재비, 초-중-고교생의 학용품비와 중-고교생의 교통비, 교복비, 영양 급식비, 부교재 및 교양 도서비를 지원한다. 이와 함께 아동 건전 육성 지원비 명목으로 매월 아동 1인당 70,000원이 지급되고, 교육 급여의 명목으로 학비가 지원된다. 소년 · 소녀 가정의 주거 문제를 해결하기 위해 지방자치단체에서 자립생활관 시설의 이용을 알선해 주거나 주거비를 일부 지원해 주기도 한다. 의료 급여의 경우에는 소년 · 소녀 가정을 1종 보호 대상자로 선정하여 외래 및 입원 진료비 전액을 국가가 부담하고 있다(이순형, 2008).

소년 · 소녀 가장 세대는 1997년 이래 계속 감소하고 있다. 1997년 9,544세대이던 소년 · 소녀 가장 세대는 1999년 7,924세대, 2001년 5,248세대, 2003년 3,994세대, 2005년 2,755세대, 2007년 1,630세대로 지속적으로 줄어들고 있다. 2008년 소년 · 소녀 가장 세대는 총 1,337세대, 2,058명이다. 소년 · 소녀 가장 세대의 급격한 감소는 최근의 정책 변화에 기인하는데, 특히 15세 미만의 아동 세대를 구성할 경우 정부에서는 소년 · 소녀 가장 세대 지정을 제한하고 가정 위탁이나 시설(그룹홈) 입소를 강구함에 따라 소년 · 소녀 가장 세대가 급격히 감소하게 되었다고 하겠다(보건복지가족부, 2008).

4. 문제점 및 개선 방안

소년 · 소녀 가장 세대는 1993년 7,322세대에서 해마다 꾸준히 늘어나다가 1997년 9,544세대를 기점으로 감소하였으며, 2008년도에는 1,337세대이다(보건복지가족부, 2009 아동 · 청소년백서). 이러한 추세는 한부모가정의 증가, 부양의무자의 아동 유기 및 친척 등의 부양 책임을 공적 부조로 전가하는 풍조 등에서 기인한다. 소녀 · 소녀 가장 세대의 증가를 막기 위해서는 빈곤가족에 대한 경제적 지원, 한부모가족이나 고령가족에 대한 경제적 지원이나 상담 등 가족 해체를 막는 빈곤과 심리적 위기를 적극적으로 해결하는 예방 정책이 필요하다.

현재 이루어지고 있는 소년 · 소녀 가장 세대 지원 사업은 경제적 지원에만 치중되어 있다. 소년 · 소녀 단독 세대는 아동의 건전한 성장에 위해되는 요소가 상존한다. 소년 · 소녀 가장 세대의 상당수가 가정 또는 학교에 문제를 갖고 있다. 결연 사업 위주로 일을 하고 있는 한국복지재단의 경우 한 명의 직원이 너무나 많은 소년 · 소녀 가장 세대를 담당하고 있다. 또한 아동 복지 지도원이나 아동위원 등은 이름만 걸어놓은 명예직에 불과하거나 타행정 업무 때문에 소년 · 소녀 가장의 방문이나 상담은 엄두를 못내고 있는 실정이다. 결연 사업 역시 부모처럼 돌봐주는 후원이 아니라 금전적 후원에만 치중되어 정서적 지도는 거의 전무한 상태이다. 이러한 문제점을 해결하기 위해 대리모제나 대리부제를 실시하는 방안도 있다. 소년 · 소녀 가장의 대리모, 대리부, 이모, 고모, 삼촌의 역할을 할 수 있는 사람들을 지역 사회 내에서 지원받아 교육을 한 후 실시하여야 한다. 장기적인 관계를 가질 수 있는 사람들을 선정하고 그에 따른 명예와 보상을 부여하여야 한다. 또한 소년 · 소녀 가장들의 정서적인 안정과 성장을 위해서는 일시적인 캠프와 같은 프로그램보다는 지지 집단 프로그램, 인성 교육 프로그램 등과 같은 장기적인 프로그램을 정기적으로 실시하는 것이 바람직하다(노혜련, 1997).

소년 · 소녀 가장이란 말은 보호하고 양육해 줄 성인이 없다는 뜻이다. 아동이 스스로 가장의 책임을 맡아야 한다는 것인데, 실제로 아동이 한 세대의 가장이 된다는 것은 불가능하다. 소년 · 소녀들이 독립된 가정을 이룬다는 것은 사회적 차원에서의 책임 회피라고 할 수 있다. 이를 방지하기 위해서는 먼저 사회적 책임에 대한 의식을 고양해야 한다. 아동은 미성숙한 존재로 성인으로부터 보호받고 양육받을 권리가 있다. 소년 · 소녀 가장들이 이런 권리를 보장받기 위해서는 친척이나 친지들이 빈곤을 이유로 부양 책임을 포기하지 않도록 유료 가정 위탁 제도를 통해 경제적인 지원을 제공하고 전문가의 정기적인 접촉과 상담을 통해 소년 · 소녀 가장 세대들이 올바르게 양육될 수 있도록 지도하여야 한다. 또한 친척이나 이웃 등 가정에서 양육될 수 없는 소년 · 소녀 가장 세대 가운데 적어도 중학생 이하의 아동들은 그룹홈의 형태에서 성인의 보호하에 양육될 수 있도록 하여야 할 것이다(노혜련, 1997).

참고 문헌

교육과학기술부 (2009). 2008 교육통계.

__________ (2009). 2009 특수교육통계.

기획예산처 (2007). 내부자료.

김광일 · 안동현 (1995). 현대 한국 사회에서 아동 복지의 제문제. 정신건강연구, 14, 221-235. 한양대학교 정신건강연구소.

남세진 · 조홍식 (1995). 한국사회복지론. 서울 : 나남출판.

노혜련 외 (1997). 현대사회와 아동. 서울 : 소화.

동아새국어사전 (1959). "간식" 항목. 서울 : 동아.

문선화 (1995). 소년소녀가장세대아동들의 복지증진 방안. 한국아동복지학, 3, 85-105.

문수재 (1996). 개정 영양과 건강. 서울 : 신광출판사.

문화관광부 (1998, 1995). 청소년백서.

박문희 · 백숭남 · 이군자 · 홍경자 (1984). 아동간호학. 서울 : 수문사.

박성연 · 도연심 · 정승원 (1996). 부모-자녀 관계. 서울 : 학지사.

박재윤 (1991). 비행소년에 대한 효과적인 재범방지대책: 현행 소년사법제도를 중심으로. 청소년 범죄 연구, 9, 7-54.

박정란 · 서홍란 (2009). 아동복지론. 경기도 : 양서원.

보건복지가족부 (2008). 보육사업안내.

__________ (2009). 2009 아동 · 청소년백서.

__________ (2009). 보육통계.

보건복지가족부 (각 년도). 보건복지통계연보.
보건복지부 (1994, 1996. 1997). 보건복지백서.
_________ (1995, 1997). 보건복지통계연보.
_________ (1996). 아동복지사업지침.
_________ (1998, 1999). 보육사업지침.
보건복지부 아동복지과 (1996). 소년소녀가장세대 보호를 위한 후견인제도 도입추진 원문.
삼성어린이개발센터 (1995). 유아를 위한 영양과 식단.
새세대육영회 (1983). 유아의 영양과 식단.
서울시립아동상담소 (1998, 10).
서울특별시(2005). 장애영유아 보육 프로그램.
성영혜 · 김연진 (1997). 아동복지. 서울 : 동문사.
송성자 (1993). 가정에서 버려진 아이들. 한국아동복지학, 1, 57-80.
유희정 (1997). 어린이집의 설립유형에 따른 질적수준 분석. 이화여자대학교 박사학위 논문.
_____ (1998). 보육서비스의 질적수준 향상에 관한 연구. 한국여성개발원 연구보고서.
_____ (1999). 수요자 입장에서 본 보육정책 평가에 관한 연구. 한국여성개발원 연구보고서.
_____ (2010). "여성 일자리창출을 위한 우리나라 보육체계 및 정책 개선 방안. 미발표 자료.
윤혜미 (1997). 아동의 학대 및 방임 경험이 부모자녀관계 지각과 자존심에 미치는 영향. 한국아동복지학, 5, 95-120.
이명숙 (2002). 아동학대 관련법에 관한 고찰. 한국아동복지학회 제4회 워크숍자료집.
이배근 (1997). 아동학대의 문제와 대책방안. 보건복지포럼, 8, 29-36.
이봉자 (1985). 유치원의 간식 운영에 관한 관한 연구. 이화여자대학교 대학원 석사학위 청구논문. 미간행.
이소현 · 박은혜 (1998). 특수아동교육. 서울 : 학지사.
이숙종 외 (1997). 아동복지의 이해. 서울 : 학문사.
이순형 외 (2008). 아동복지-이론과 실천 3판. 서울 : 학지사.
이창곤 (1998. 5. 5). 어린이 수는 줄어드는데 소년소녀가장 해마다 늘어. 『한겨레신문』, 2.
이형숙 (1998. 5. 19). 자녀학대 7~10세 때 가장 심해. 『문화일보』, 19.
임동호 (2008). 아동보호체계 개선방안 고찰 -미국와 영국의 아동학대 보호를 중심으로-. 아동복지연구, 6(4).

조선일보 (1997. 9).
주정일 · 이소희 (1993). 아동복지론. 서울 : 교문사.
중앙일보 (1996. 7. 10)
통계청 · KOSIS (2008). 연령별추계인구.
표갑수 (1993). 아동학대의 원인론과 대처방안. 한국아동복지학, 1. 156-177.
피해자 74% 친부모에 당한다 (1998. 5. 5). 『국민일보』, 22.
한국보건사회연구원 (2009). 2008년 장애인 실태조사.
한국성폭력상담소 (1995). 함께하는 위기센터를 위하여.
한국여성개발원 (1986). 가정탁아제 정착을 위한 시범사업.
____________ (1987). 아동보육에 관한 연구.
한국청소년연구원 (1992). 청소년 문제론. 서울 : 한국청소년연구원.
황동일 (1997. 10. 19). 학대받는 아이들. 『한국일보』, 15.

Federal Panel on Early Childhood. (1970). *Federal Interagecy Day Care Requirments* ([n.p]: [n.pub.]).
Gunarlnick. (1976). The Value of Intergruting Handicapped and Nonhandicapped Preschool Children. *American Journal of Orthopsychiatry, 46*. 236-245.
J. W. 피터슨 (1995). 내게는 소리를 듣지 못하는 여동생이 있습니다. (D. K. 래이 그림, 김서정 옮김). 서울 : 중앙출판사.
Janet Brown (ed.) (1981). *Curriculum for Young Children*. Washington, D.C. : NAEYC.
Karnes, M. B., & Lee, R. C. (1979). *Mainstreaming in the Preschool. Current Topic in Early Childhood Education II*. eds. L. G. Norwood, N. J. : Ablex.
KBS (2007. 11. 16).
Malcolm, S. H., & Pearl B. H. (1973). *Day Care. 7 administration*. Washington, D.C. : DHEW Publication.
O' Brien, M., et al. (1979). *The Toddler Centers: A Practocal Guide to Day Care for One and Two Olds*. Baltimore, Univ Park Press.
Squibb, B. (1980). *Family Day Care: How to Provide it in Your Home*. Harvard Mass: The Harvard Common Press, Inc.
Tenner. B. (1984). *A Helping Children Cope with Stress*. Massachusetts: D.C. Health and Compony Lexington, Contampory Books, Inc.
Zigler, E. (1979). *Project Head Start: Success or Failure, Project Head Start: A Legacy of the War on Poverty*. ed by Zigler, E. & Va1entine, J. N.Y. : The Free Press.

제 8 장

대리적 아동 복지 사업

Ⅰ. 가정 위탁 보호 사업

1. 개념

가정 위탁 보호 사업이란 아동 복지 사업의 하나로 자신의 가정에서 일시적 또는 장기간 동안 양육이 불가능하다든지 입양에 의한 양육이 바람직하지 않거나 불가능할 때 일정 기간 동안 주어지는 대리 보호 제도이다(Kadushin, 1988). 일정 기간 대리 보호한다는 것은 영구적이지 않다는 의미이다. 따라서 위탁의 사유가 된 상황이 해소되면 아동은 다시 친부모에게 돌아가 친가정에서 자랄 수 있게 된다. 가정 위탁 보호가 요구되는 상황은 가족 붕괴나 부모의 이혼, 사망, 별거, 질병, 실업, 투옥 등으로 인해 아동 양육이 어려울 때, 부모가 알코올 중독, 약물 중독, 정신 질환 등의 문제를 가지고 있을 때, 아동이 정서적인 문제, 행동의 문제 등을 보일 때, 또 아동 유기나 학대의 위험이 있을 때 등이다(성영혜 · 김연진, 1997).

가정 위탁은 혈연관계에 따라 친척 위탁과 일반 가정 위탁으로 나눌 수 있는데 친척 위탁이란 아동의 친척 중 아동을 위탁 보호할 가정을 선발, 맡기는 것을 말하며 일반 가정 위탁은 제3자가 위탁 가정이 되어 아동을 보호하는 것이다. 아동의 가정 위탁 보호는 아동에 대한 최대한의 보호를 제공하면서 가족 보존 서비스 등을 통해 원가족과의 재결합을 목적으로 하는데 원래 가정에 돌아갈 수 없는 아동의 경우에는 입양이나 자립 준비라는 영구적 보호의 중간단계가 되기도 한다(신영화, 2006).

아동은 자기가 태어난 가정에서 가족 성원과 함께 성장하고 발달할 때 가장 바람직한 인간이 된다. 그러나 불행히도 가정 내의 여러 사정으로 정상적인 부모-자녀 관계를 유지하기가 불가능한 경우 대리 가정으로 하여금 가정의 역할을 수행하게 하여야 할 때가 있다. 대리 가정 제도는 아동의 성장 발달을 위해서는 가정에서의 양육이 시설에 의한 양육보다는 바람직하다는 이념에서 실시되고 있다.

1) 사업 개요

- 목적
  - 요보호 아동을 보호 · 양육하기를 희망하는 가정에 위탁 양육함으로써 가정적인 분위기에서 건전한 사회인으로 자랄 수 있도록 함.

2) 주요(지원) 사업

- 양육 보조금 및 국민기초생활보장법에 의한 생계비 등 지원
  - 양육 보조금 지원 : 아동 1인당 월 70천 원 이상(지방이양)
  - 국민기초생활수급자 책정 · 지원
- 가정 위탁 아동 상해 보험료 지원
  - 보험 담보 : 위탁 아동 후유 장해, 입원 · 통원 의료비 등 지원
  - 보험료 : 1인당 연 8만 원 이내
- 대리 양육 · 친인척 위탁 가정 전세 자금 지원(국토해양부)
  - 대출 대상 주택 : 임차 전용 면적 85㎡ 이하인 주택
  - 일반 주택 전세 자금 및 공공 임대 주택 임대 보증금 지원

○ 선정절차

아동 위탁 보호 신청

• 위탁 보호 의뢰자 등은 관할 아동 거주지 읍 · 면 · 동에 위탁 보호 신청

아동 및 위탁 가정 환경 조사

• 읍 · 면 · 동에서는 아동과 위탁 보호 희망자를 조사 · 상담하여 아동보호신청서, 아동보호신청자 가정조사서 등을 작성, 시 · 군 · 구에 제출

위탁 결정 · 통보

• 시 · 군 · 구에서는 가정 현황 조사 결과를 토대로 위탁 보호 결정 통보

사례 관리

• 아동 카드에 기재 · 관리
 – 위탁보호자
 – 가정위탁지원센터
 – 시 · 군 · 구(시 · 도)

2. 가정 위탁 보호의 종류

가정 위탁 보호의 종류는 다양하며, 단일한 기준에 의해 분류되기 어렵다. 위탁 보호를 결정할 때는 아동의 특성과 아동이 처한 환경에 따라 적절한 보호의 형태를 선정하게 된다. 입양을 전제로 한 위탁 아동은 미혼 부모의 자녀가 많고, 고용 위탁은 빈곤 가정의 아동들이, 그리고 교정 시설에 위탁되는 아동은 결손 가족과 해체 가족이 많은 편이다(주정일 · 이소희, 1993).

1) 임시 위탁

영아나 유아를 가정에서부터 긴급하게 격리시킬 필요가 있을 때, 혹은 시설 보육이 바람직하지 않다고 결정되었을 때, 짧은 기간 임시로 위탁하는 것을 말한다. 임시 위탁은 갑자기 보호 대상으로 결정된 어린이를 제한된 기간 동안만 위탁하도록 고안된 것이 특징이다.

2) 무료 위탁

위탁 가정이 전혀 보수를 받지 않고 자원하여 아동을 양육한다. 봉사의 결과로 양육하는 과정의 기쁨과 아동을 성장시키는 보람을 맛볼 수 있다.

3) 유료 위탁

대행기관이나 부모가 위탁 가정에 대가를 지불하는 형태이다. 기관의 알선에 의해 실시되며, 입양전의 영유아가 대부분이다. 가장 보편적으로 실시되고 있는 가정 위탁 보호 사업의 한 형태이다.

4) 고용 위탁

위탁 가정에 아동이 고용되어 노동력을 제공하는 형태이다. 보호해 준 데 대한 대가 대신 아동이 일을 하는 것이다. 단순히 숙식을 제공받거나 임금을 받는 경우도 있다.

5) 집단 위탁 가정

집단 위탁 가정은 작은 시설, 혹은 확대 위탁 가정과 같은 형태이다. 인척관계가 없는 아동들이 '모의 가정'을 형성하여 살아가는 형식이다.

6) 장기 위탁(long-term boarding foster homes)

친부모에게 돌아갈 수 없게 되었거나, 영구적인 가정 생활이 필요하고, 양자로 맞을 부모의 수가 부족하여 입양하기 어려운 아이들을 위한 것이다(김연진, 2009).

7) 전문적 위탁(specialized foster family homes)

심한 정서적 문제가 있고 행동이 불안하지만 가정 생활을 함으로써 어떤 도움을 받을 수 있는 아이들을 위한 것이다. 이러한 경우에 양부모는 아주 높은 수준의 인격과 훈련이 되어 있어야 하며 이들의 서비스에 대한 보수는 다른 보통의 가정 위탁 보호보다 비싸며 양부모는 치료팀의 일부로 여겨지게 된다(김연진, 2009).

3. 가정 위탁 보호 사업의 구성 요소

가정 위탁 사업의 구성 요소란 아동, 친부모, 위탁 부모, 아동복지기관 및 지역 사회로 대별된다. 이 사업은 위탁의 사유에 따라 선정된 위탁 보호의 형태에서 각 구성 요소가 서로 유기적인 협조 아래 이루어질 때 효과를 거둘 수 있다(주정일 · 이소희, 1993).

위탁 부모는 아동은 물론 그의 친부모와 관계를 맺으며, 친부모도 역시 자녀 및 위탁 부모와 관계를 형성한다. 이렇게 아동은 지역 사회, 부모와 관계를 맺고 이 구성 요소들은 위탁 보호 실시에 있어 각기 독자적인 영역을 갖는 것과 동시에 상호 관련을 맺는다. 대행기관은 위탁의 전과정에 참여하여 아동, 친부모, 위탁 부모에게 계속 서비스를 제공한다.

1) 위탁 아동

가정 위탁 보호를 받게 되는 아동은 대개 다음과 같은 어려움에 놓여 있다.

첫째, 아동이 신체적 장애, 지적 장애를 갖고 있거나 사회적인 이탈 행위를 보이고 정서적 혼란을 겪는다. 둘째, 부모의 사망, 이혼, 별거, 신체적 혹은 정신적 질병, 유기, 학대, 적절한 재정적 자원의 결핍 등을 경험한다. 이러한 상황의 어린이가 가정 위탁 보호를 위해 자신의 집과 분리되어 다른 가정에 위탁될 때, 일반적으로 친부모에 대한 애정과 증오의 갈등 속에 빠지게 된다. 아동이 이때 느끼는 감정들은 자신의 부모들이 자신을 원치 않는다고 생각하면서 자신을 무가치한 존재로 여기게 된다. 자신이 가정을 파괴시켰다고 생각하면서 죄책감을 느낀다. 부모가 자신을 거부한 것에 대해 스스로 상처를 받길 원하면서 부모에 대해 적대감을 갖는다. 부모가 영영 돌아오지 않을지도 모른다는 생각에 유기에 대한 두려움을 느낀다. 자신이 앞으로 어디로 갈 것이며, 어떻게 될 것인가에 대해 두려움을 갖는다. 자신의 부모가 다른 아이들의 부모처럼 자신을 돌보아주지 않았다는 것에 대해 수치심을 갖기도 한다.

이러한 위탁 아동들은 지난 날 불행하고 어려운 환경 속에서 지냈던 탓에 일반 어린이들보다 공격적이거나 적대적이며 혹은 지나친 우울감과 좌절감에 빠져 있을 수 있다. 따라서 기관이나 지역 사회는 아동의 정서적인 특성을 고려하여 아동에게 앞으로 모든 것이 잘 해결될 것이라는 확신과 희망을 불어넣고, 일정한 시간이 지나면 다시 부모와 행복한 가정에서 살 수 있다는 확신을 심어 주는 것이 중요하다.

적절한 위탁 가정과 아동의 관계를 위해서는 위탁 가정을 선정할 때 아동이 위탁 가정을 방문해 보게 하는 것도 좋은 방법이다. 위탁 부모에게도 위탁 아동의 일반적인 특성을 알려줌으로써 양육에 임하는 기본적인 준비를 하도록 하는 것이 필요하다.

2) 친부모

자신의 자녀를 일시적이지만 남의 가정에 위탁해야 하는 부모는 심리적으로 매우 좌절하거나 실의에 빠지게 되는 경우가 많다. 따라서 대행기관이나 지역 사회는 이들 부모의 생활 경험, 일상 생활의 압박과 현실적인 문제, 자녀와의 관계에서 느끼는 애정과 증오의 상반된 감정 등을 이해하는 한편, 이 모든 것들이 자녀에게 어떻게 영향을 미치는가를 친부모에게 설득하여 자신들의 자녀가 위탁되어 있는 동안 신체적 · 지적 · 사회적 · 정서적으로 성장할 수 있는 좋은 기회가 됨을 믿도록 격려함이 중요하다. 그 부모에게 그러한 보호가 일시적인 것이며 위탁했다고 해서 부모의 의무가 없어지는 것은 아니라는 것을 분명히 알려주어야 한다. 사실상 위탁 가정에서 자녀를 보호 · 양육하는 것은 부모에게 자녀를 양육해야 한다는 짐에서 일시적으로 벗어나도록 하는 사회 치료적인 면이 있다. 책임있는 대리 보호는 궁극적으로 위탁 아동이 친부모가 있는 가정으로 돌아오도록 계획을 세우는 것이다. 따라서 이상적인 가정 위탁 보호 사업은 어린이가 다른 가정에 위탁됨과 동시에 위탁 어린이가 돌아오는 준비를 시작하도록 친부모와 위탁 부모가 노력하는 것이다.

3) 위탁 부모

위탁 부모는 무엇보다도 아동을 좋아하고 아동에 대해 깊은 애정과 이해를 가져야 한다. 또한 사회사업가는 위탁 아동의 친부모 가정에 대한 설명을 잘 하여 위탁 아동에 대한 이해를 돕고 아동 발달에 대한 지식을 제공하는 것이 필요하다. 사회사업가가 수집해 온 위탁하게 된 동기, 위탁 아동의 성장 배경, 위탁 아동이 좋아하고 싫어하는 것, 특별한 것에 대한 공포, 즐거움, 약점, 장점, 기타 친부모와의 관계 등에 관한 모든 정보를 제공하는 것이 바람직하다.

위탁 부모가 되기 위해서는 나름대로의 확고한 인생관과 올바른 윤리관, 도덕관을 지녀야 할 뿐 아니라, 사물에 대한 정확한 판단과 평가 기준을 갖고 있어야 한다. 아동의 정서적 결함을 보충하고 충족시킬 수 있도록 민감하고 이해력이 풍부해야 하며, 사회사업기관의 여러 자원을 효과적으로 이용할 수 있어야 한다. 나아가 위탁 부모는 아동의 특성에 맞게 보살피는 능력이 있어야 한다.

위탁 부모뿐 아니라 위탁 가정의 분위기도 중요하다. 왜냐하면 위탁된 아동들은 그 가정의 문화와 행동 양식, 가족 구성원의 환경적 여건을 이해하고 기쁨으로 받아들여야 할 것이며 정서적으로 안정을 되찾고 밝게 생활할 수 있어야 하기 때문이다. 마지막으로 위탁 기간이 끝날 때에는 아동과 이별하는 슬픔을 견디어 이기고 본래의 가정을 위하여 약속대로 기꺼이 돌려 보내는 용기를 지녀야 한다.

4) 사회사업가와 대행기관

사회사업가와 대행기관은 위탁 보호 사업을 실시함에 있어 다음의 과정에 책임을 져야 한다.

첫째, 아동이 자신의 가정에서 계속해서 지낼 수 있도록 도와 주어야 한다. 둘째, 위탁이 결정되었을 때는 적당한 보호의 형태를 선정한다. 셋째, 친부모와 이별하고 위탁 가정에 배치되도록 도와 준다. 넷째, 위탁 후 적절한 보호와 대우를 받는가를 확인하기 위하여 가끔 위탁 가정을 방문하여 살펴본다. 다섯째, 아동의 보호가 성공적으로 이루어질 수 있도록 위탁 부모를 상담하고 도와 준다. 여섯째, 위탁의 종결에 대한 계획을 세운다. 이때의 계획 내용에는 아동이 친부모 가정으로 돌아가는 것, 입양을 시키는 것, 또 다른 위탁 가정을 선정해서 재투입하는 것이 포함된다.

4. 현황

아동은 안정된 가정에서 건전하게 자라야 할 권리가 있다는 것이 아동 복지의 기본 전제이다. 이러한 점에서 선진국들에서는 이미 가정 위탁 보호 사업을 대리적 아동 복지 서비스의 한 형태로 보편화하고 있다. 그러나 우리나라는 정부나 일부 아동복지관에서 시험적으로 시도되고 있을 뿐 주로 입양기관에 의한 입양전 아동들을 대상으로 한 유료 위탁이 주류를 이루고 있는 실정이다(이배근, 1994).

〈표 8-1〉 가정 위탁 현황

연도	계		대리 양육 가정		친인척 위탁 가정		일반 위탁 가정	
전체	세대수	아동수	세대수	아동수	세대수	아동수	세대수	아동수
2008	11,914	16,454	7,488	10,709	3,436	4,519	990	1,226
2007	11,622	16,200	6,975	10,112	3,651	4,850	996	1,238
2006	10,253	14,465	6,152	9,062	3,097	4,160	1,004	1,243
2005	8,816	12,562	5,078	7,552	2,966	4,007	772	1,003

출처 : 보건복지가족부(www.mw.go.kr)

〈표 8-2〉 가정 위탁 보호 현황

(단위 : 명)

2000	2001	2002	2003	2004	2005	2006	2007	2008
1,772	4,425	5,577	7,565	10,198	12,562	14,465	16,200	16,454

※ 전국 가정위탁지원센터 현황 : 가족 정책 서비스 기관 현황에서 참조

출처 : 보건복지가족부(www.mw.go.kr)

우리나라의 위탁 대상 아동은 기아, 미아, 한부모, 결함가정 아동이나 부모의 질병, 해외 취업 등으로 부모와 당분간 함께 살 수 없는 아동, 극빈 아동을 대상으로 한다. 현재 정부와 민간기관 주도의 가정 위탁 보호 사업이 있다. 가정 위탁 보호 사업을 실시하는 민간기관은 홀트아동복지회, 대한사회복지회, 동방아동복지회, 한국어린이재단, 성가정입양원 등이 있다(표갑수, 1994). 1998년 4월에는 순수 민간에 의한 한국수양부모협회가 발족되어 70명 정도의 후원으로 운영되고 있으며 수양 부모는 전국의 30가구가 등록되었다. 1999년 3월 28명의 아동이 귀가 조치되었고 32가구에 37명의 아동이 무료로 위탁되었다(한국수양부모협회, 1999, 6).

정부 주도의 아동 위탁은 인천시와 광주시에서 이루어졌으며 위탁 아동당 정부 지원액은 월 3만 원에서 5만 원에 그쳐 가정 위탁 보호 사업의 활성화를 기대하기 어려웠다(이배근, 1994).

보건복지가족부의 보건복지통계(2009)에 의하면 2005년 가정 위탁 아동수가 12,562명이었던 것에 비해서 2008년에는 16,454명으로 약 23%가 증가하였다. 위탁 형태를 보면 대리 양육 가정이 65%로 가장 큰 비율을 차지하였고, 친인척 위탁 가정이 27%, 일반 위탁 가정이 7%의 비율을 차지함을 알 수 있다.

5. 문제점 및 과제

정부는 '선가정 후보호 시설'이라 하여 요보호 아동들을 위한 시설 보호 중심으로부터 가정 위탁 보호 중심으로 정책을 전환한 바 있으나 우리나라는 문화, 관습적으로 혈통을 중시하는 가족 제도와 정부 지원의 미흡, 전문기관의 재원 부족 등의 이유로 가정 위탁 보호 사업이 정착되지 못하고 있다(이배근, 1994). 보다 나은 위탁 가정을 확보하고 위탁 가정의 수준을 향상시키며 위탁 가정의 수를 늘리기 위해서는 위탁 가정에 대한 양육비 지급이 현실화될 필요가 있다. 또한 위탁 가정에 대한 정부의 인가, 위탁 가정에 보호되고 있는 아동들에 대한 학비 면제, 의료 보험 혜택, 위탁 가정에 대한 세제상의 혜택 등 위탁 보호 사업을 위한 제도적 보완이 필요하다.

현재 위탁 보호를 다룰 수 있는 전문기관이나 자원이 부족한 실정이다. 자격 있는 위탁 가정을 모집하고 선정하며 아동을 배치하고 위탁 가정의 부모를 교육하고 위탁 가정을 방문하여 상담, 평가하는 일들을 전문아동복지기관이 전담해야 한다. 따라서 전문아동복지기관을 운영하기 위해 필요한 자원과 비용을 지원할 필요가 있다.

가정 위탁 보호 사업을 활성화하고 진정한 의미의 가정 위탁 보호를 하기 위해서는 정부의 지원뿐만 아니라 지역 사회의 적극적인 이해와 참여가 요구된다. 가정 위탁 보호 사업은 위탁 가정과 친가정, 위탁 아동뿐만 아니라 지역 사회의 참여가 요구되는 복지 사업이기 때문이다. 따라서 가정 위탁 보호 사업에 대한 국민적 홍보를 강화하여 많은 가정이 위탁 가정을 신청하고 동시에 신청 동기 역시 가계의 경제적 수입보다는 불우한 아동에 대한 인간애를 바탕으로 한 자발적인 동기가 되도록 유도해야 할 것이다.

Ⅱ. 입양 사업

1. 개념과 발달 배경

입양은 법적 절차를 거쳐 친부모관계가 아닌 성인과 아동이 친자관계와 동일한 관계를 형성하는 것이다. 입양은 아동을 위한 비시설 보호의 한 방법이다. 입양을 통해서 새로운 가족관계가 생겨나며, 아동은 항구적인 가정을 제공받는다. 입양은 양부모와 양자 모두에게 인간적인 욕구를 충족시키려는 노력이다. 입양에는 일정한 법적 절차가 요구된다. 또한 양부모는 양자의 양육에 관해 무제한적인 책임을 장기간 지게 된다.

입양을 통해 아이 없는 부모에게는 아이를 제공하고 부모 없는 아이에게 부모를 갖게 하는 것은 오래 전부터 있어온 관습이다(Kadushin, 1988). 고대 로마법에서는 양자에 대해 법적으로 규정한 입양 제도가 있었다. 이는 입양이 가족의 이름이나 전통을 계승할 후손을 가지지 못한 부유층이나 영향력 있는 사람들의 가문 계승, 가족의 재산 관리, 노후 봉양, 사후 제사 등을 위한 수단으로 사용되었음을 알려준다. 그 후 로마법을 기초로 유럽 각국에서 양자 제도를 채용하였다(복지연구회, 1984). 어떤 문화에서는 입양은 친부모와 서로 잘 아는 사이에서 비공식적으로 성립되기도 한다. 아이들을 너무 많이 가진 부모는 아이가 전혀 없거나 혹은 조금밖에 없는 친구나 친척 등 연고 있는 사람들에게 입양시키기도 한다. 그런 경우는 두 가족 사이에 계속적이고, 빈번한 접촉이 있다는 장점이 있다(Kadushin, 1988).

우리나라의 입양 제도는 구한말에 이르러 공공적 성격을 띠기 시작했으나, 근대적인 입양 제도는 한국전쟁 이후 1954년에 전쟁 고아를 위한 대책을 세움으로써 발달하기 시작했다. 1961년 「고아입양특례법」이 제정되었고 1976년에 「입양특례법」으로 개정되었다. 1981년에는 해외 입양을 위한 새로운 정책이 발표되었다. 우리나라도 친자 중심의 자녀관이 뿌리박혀 있었으므로 과거에는 주로 해외 입양 위주였다. 1988년 서울 올림픽 당시 한국 아동의 국외 입양이 사회적인 관심과 비판의 대상이 되었다. 이에 정부는 1989년 6월 「입양사업개선지침」을 마련하여 입양 정책을 다시금 국내 입양을 활성화하는 방향으로 전환하고자 하였다. 또한 정부는 국외 입양을 연차적으로 감축하여 1996년에는 장애아와 혼혈아를 제외한 국외 입양을 전면 중단할 계획을 세웠다. 그러나 다양한 국내 입양 활성화 방안이 뚜렷한 효력을 나타내지 않자 1993년에는 국외 입양의 중단 계획을 번복해야 했다. 1994년에는 국내 입양의 활성화를 위해 「입양특례법」이 「입양 촉진 및 절차에 관한 특례법」으로 전면 개정되었고 이는 1996년 1월부터 시행되고 있다(정기원 · 김만지, 1993).

2. 입양의 유형

입양의 유형은 무엇을 기준으로 하느냐에 따라 여러 유형으로 나누어진다. 가장 일반적인 분류방법은 친족 입양과 비친족 입양 두 가지로 나누는 것이다(Kadushin, 1988). 친족 입양은 아동이 계부, 계모, 큰아버지 등 혈연관계 또는 부나 모의 재혼으로 인해 가족관계를 이루고 있는 사람에 의해 입양되는 경우를 말한다. 비친족 입양은 아동이 전혀 가족관계를 갖지 않은 사람에 의해 입양되는 경우를 말한다. 우리나라에서는 입양 대상 아동이 어느 국가의 부모에게 입양되는가를 기준으로 국외 입양과 국내 입양으로 분류하기도 한다.

입양이 누구를 통해 이루어지느냐에 따라서는 독립 입양과 기관 입양으로 분류되기도 한다. 독립 입양은 친부모와 양부모가 직접 상의하거나 친척 · 의사 · 변호사를 통해 입양하는 경우이다. 이는 비용이 많이 들 수 있고 친부모와 양부모의 대면 횟수가 많아 비밀 보장이 어렵다. 부모가 친권을 포기하고 국가에서 인가받은 기관에 어린이를 양도하여 기관에서 입양을 담당하는 것을 기관 입양이라고 한다. 이때 기관이 어린이의 법적 대리인이 되어 입양시킨다. 기관 입양은 비밀 보장이 가능해 입양 후 문제가 적다. 그러나 서류상의 절차가 복잡하여 입양을 기다리는 시간이 길다.

3. 입양의 구성 요소

입양의 구성 요소는 입양 대상 아동, 친부모, 양부모, 입양기관으로 이루어진다. 각각의 구성 요소에 대해 살펴보면 아래와 같다.

1) 입양 대상 아동

입양을 필요로 하는 아동은 다음과 같다.

첫째, 입양 대상 아동의 가정이 건전한 가족으로 구성되어질 수 없는 경우이다. 예를 들면, 미혼모의 아동이나 미아 등을 말한다. 둘째, 부모가 아동을 돌볼 수 없을 때이다. 예를 들면, 부모가 죽었거나 앞으로도 돌볼 수 있는 능력이 없을 경우의 아동이다. 셋째, 친부모가 판명되지 않거나 아동 기르기를 싫어하거나 거절하는 경우이다. 넷째, 부모가 자발적으로 아동에 대한 권리를 포기하는 경우이다.

때때로 자기 모국내에서 입양이 가능하지 못한 아동은 외국에 입양되기도 하는데, 이때는 모국의 국적은 상실되고 입양될 나라의 국적을 취득하여 양육된다.

우리나라의 「입양 촉진 및 절차에 관한 특례법」(제4조)에서는 입양대상 아동의 자격을 다음과 같이 규정하고 있다.

18세 미만의 아동으로서 부모 또는 직계존속 또는 후견인의 동의가 있어야 하며 다만 15세 이상인 아동의 경우에는 본인의 동의가 있어야 한다. 세부적으로는 보호자로부터 이탈된 자로서 특별시장 · 광역시장 · 도지사 또는 시장 · 군수 · 구청장이 부양 의무자를 확인할 수 없어 국민기초생활보장법에 의한 보장시설에 보호 의뢰한 자, 부모(부모가 사망 기타 사유로 동의할 수 없는 경우에는 다른 직계존속) 또는 후견인이 입양을 동의하여 보장 시설 또는 입양기관에 보호 의뢰한 자, 법원에 의하여 친권 상실의 선고를 받은 자의 자로서 시 · 도지사 또는 시장 · 군수 · 구청장이 보장 시설에 보호 의뢰한 자, 기타 부양 의무자를 알 수 없는 경우로써 시 · 도지사 또는 시장 · 군수 · 구청장이 보장 시설에 보호 의뢰한 자이다.

2) 친부모

입양이 의뢰되는 아동의 친부모는 합법적인 결혼 절차를 거친 부모와 혼외의 성관계를 통해 아이를 얻게 되는 경우로 나누어 볼 수 있다. 전자의 경우는 합법적인 부부이지만 가정 빈곤, 사망, 이혼 및 정서적 문제 등으로 인하여 더 이상 아동을 보호, 양육할 수 없을 때와 아동을 양육할 의사가 없을 때 입양 의뢰를 하게 된다. 친부모가 법적으로 친권을 상실하였을 때도 그 아동은 입양의 대상이 된다. 후자의 경우, 결혼한 자가 배우자가 아닌 사람을 통하여 아기를 가졌거나, 미혼으로서 아기를 가진 부모들이다. 이들 가운데 자녀를 양육할 능력이 없거나 양육할 의사가 없을 때 입양을 의뢰한다. 이들을 통틀어 미혼 부모라고 한다.

입양 대상 아동의 친부모를 다시 분류하여 보면, 부모가 사망한 경우, 아동을 보호 · 양육할 의사는 있으나 능력이 없는 부모, 능력은 있으나 아동을 기를 의사가 없는 부모, 아동을 보호 · 양육할 의사도 없고 능력도 없는 부모들이다(복지연구회, 1984).

3) 양부모

「입양촉진 및 절차에 관한 특례법」(제5조)에서 명시된 입양 조건은 다음과 같다.

① 양자를 부양함에 충분한 재산이 있을 것

② 양자에 대하여 종교의 자유를 인정하고 사회의 일원으로서 그에 상응한 양육과 교육을 할 수 있을 것

③ 가정이 화목하고 정신적 · 신체적으로 양자를 부양함에 현저한 장애가 없을 것

④ 양친이 될 자가 대한민국 국민이 아닌 경우 본국법에 의하여 양친이 될 수 있는 자격이 있을 것

⑤ 기타 양자로 될 자의 복지를 위하여 보건복지부령이 정하는 필요한 요건을 갖출 것

- 25세 이상으로 양자될 자와의 연령 차이가 60세 미만인 자로 하되, 양친이 될 자가 대한민국 국민이 아닌 경우에는 25세 이상 45세 미만인 자이어야 한다(입양촉진 및 절차에 관한 특례법, 시행규칙 제2조)
- 양친은 양자를 천한 직업 기타 인권 유린의 우려가 있는 직업에 종사하지 아니하도록 하여야 한다.

4) 입양기관

아동은 친부모에게서 양부모에게로 입양되는 과정에서 법적 · 사회적 · 경제적 · 심리적 변화를 경험하게 된다. 또 이러한 요구들을 충족시키기 위해 적절한 부모를 만나게 해 주며 필요한 상담을 하기 위해서는 입양기관의 봉사가 필요하다.

입양기관은 양부모가 입양 아동을 만나게 되는 과정에서 고려해야 할 사항 등을 선택해 주는 일도 한다. 부부와 개별적으로 면담을 하고 가정방문자의 이야기를 참고해야 한다. 여러 사항을 조사한 후에 입양지원자, 즉 양부모가 될 사람과 아동을 비공식적으로 만나게 해 주며 기관이 판단하여 양부모가 아동에게 긍정적이면 아이를 기를 수 있게 해 준다. 그런 후 6개월 내지 1년이 지난 후에 입양기관은 법적인 절차를 밟아 아동이 양부모의 법적인 부모가 되게 해 준다. 이

련 기간 동안 입양기관은 양부모와 아동 사이를 도와주면서 사회적으로 부모-자녀 관계를 성립시켜 준다.

4. 입양의 문제점

입양 사업의 대상이 되는 입양아, 입양 부모, 친부모는 독특한 심리적인 문제를 경험한다. 각자의 입장에서 갖는 심리적인 문제를 살펴보면 아래와 같다.

양부모는 주로 불임과 관련되어 여러 심리적인 어려움을 경험하게 된다. 입양 아동과 생물학적으로 연결되어 있지 않은 입양 부모는 아동이 실제로 자신들에게 속해 있다고 믿기 어렵기 때문에 불안을 경험한다. 불임은 양부모에게 매우 중요한 상실을 의미한다. 불임은 자존감의 손상뿐 아니라 개인과 가족의 유전적 지속성에 대한 상실, 부부가 공동으로 잉태한 아동에 대한 상실, 임신, 출산과 수유로부터 오는 신체적 만족감의 상실, 친자녀를 양육하는 경험의 상실, 인생의 통제력에 대한 상실을 경험하게 한다(노혜련, 1997).

입양 부모는 또한 부모 역할에 대해 불안감을 갖는 경향이 있다. 더 좋은 부모를 만날 수 있는 것이 아닐까? 아이를 잘 키울 수 있겠는가? 친부모를 찾게 되면 어떻게 할까? 하는 걱정으로부터 오는 불안은 양부모를 당황하게 만든다. 양부모들은 버려진 자식이라는 생각에 아동을 가볍게 다루기 쉽고, 반대로 너무 과보호적으로 기를 수도 있다.

입양아들은 우선 자신의 친부모에 대해 알고 싶어한다. 그럼으로써 양부모와의 사이에 혼란을 갖게 된다. 자기 자신에 대해서 좌절하게 되는 경우도 있다. 나이를 먹어감에 따라 입양 아동은 왜 친부모가 자기를 돌보지 않았을까에 대해 궁금해 하며 더우기 그가 그렇게 나빴을까, 왜 친부모가 나를 거절했나, 받아 주지 않았던 이유는 무엇일까 등의 의문을 갖는다. 많은 경우, 입양 아동들은 자신들이 불합리하게 태어난 사실을 갑자기 알게 되면, 자신에 대해 방종하고 더욱 자학하며 방황하기 쉽다.

입양 사실을 입양아에게 알려주는 것에 대해 양부모는 두려움을 가진다. 어떻게 말해야 하는가와, 입양아가 어떻게 받아들일까를 염려할 수도 있는데 입양 사실을 이야기해 주는 데는 몇 가지 원리가 있다.

첫째, 부모가 입양을 긍정적인 것으로 확신하면 입양에 대한 아동의 생각도 긍정적이다. 둘째, 아동이 이해할 수 있는 시기에 이르러서는 반드시 사실을 알려야 한다. 셋째, 아동에게 말하는 기회와 방법은 각기 다르다. 넷째, 피하거나 지나친 강조는 위험하다. 아동에게 선택되었다고 말하는 것은 아동에게 지나친 기대와 요구에 따른 부담감을 줄 수 있다. 다섯째, 반드시 부모가 먼저 사실을 알려야 한다. 여섯째, 양부모와 아동의 관계가 진정으로 긍정적이면 사실을 말하는 것은 이들의 관계를 위협하지 않는다. 중요한 것은 어떻게 입양이 이루어졌느냐가 아니라 얼마나 양부모가 그를 사랑하느냐 하는 점이다.

친부모 역시 많은 심리적인 어려움을 경험한다. 대부분의 미혼모들은 입양 이외의 다른 대안에 대한 정확한 정보, 친부모로서의 권리, 입양 과정에 대한 정보 등 아동에 대한 친권 포기를 하기 전 친부모에게 필요한 서비스나 정보를 거의 제공받지 못한다. 친부모는 친권 포기 후 강한 상실감과 심리적 고통을 경험하게 된다. 또한 친권 포기 서류에 서명을 하는 과정은 매우 충격적이어서 운명에 항복하는 느낌을 갖게 한다. 이러한 경험은 상담원뿐 아니라 가족과 친구들과의 관계에서도 무력감과 배신감을 느끼게 한다(노혜련, 1997).

5. 입양 사업의 현황

우리나라 입양의 가장 큰 문제는 사회의 부정적인 인식과 태도이다. 특히 출산 과정에 대한 배경 자료가 전혀 없이 친부모로부터 버려진 기아의 경우는 더욱 부정적이다. 이러한 부정적인 사고 방식 때문에 입양 대상 아동의 많은 수가 국내 입양에서 수용되지 못하고 국외 입양을 하게 되는 것이다. 정부는 1996년부터 혼혈 아동과 장애 아동을 제외한 모든 아동의 국외 입양을 종결한다는 방침을 세웠지만 현재 실행되고 있지 않다. 우리나라의 국내외 입양 추이를 살펴보면 〈표 8-3〉과 같다.

〈표 8-3〉 아동 입양기관 수 및 입양 아동수

구분	입양기관			입양 아동		
	계	국내	국내 · 국외	계	국내	국외
1990	31	27	4	4,609	1,647	2,962
1995	27	23	4	3,205	1,025	2,180
2000	26	22	4	4,046	1,686	2,360
2001	24	20	4	4,206	1,770	2,436
2002	22	18	4	4,059	1,694	2,365
2003	23	19	4	3,851	1,564	2,287
2004	45	41	4	3,899	1,641	2,258
계				27,875	11,027	16,848

출처 : 보건복지부(2005). 아동정책과.

1990년도부터 2004년까지 국내외 입양된 아동을 조사한 보건복지부 통계 결과에 의하면 입양된 아동의 수는 27,875명이며, 이 중 60%인 16,848명이 국외로 입양되고 있으며 나머지 40%인 12,333명은 국내로 입양되고 있는 추세이다.

정부는 국내 입양이 부진한 이유로 혈통을 중시하는 유교적 가족관, 부모 중심의 입양, 비밀 입양으로 인한 까다로운 아동 선정 조건, 국내 입양전문기관의 부족과 국내 입양지정기관의 전문 종사자의 부족, 그리고 입양알선기관의 국외 입양에 대한 선호와 입양 상담원의 적극적인 국내 입양 성사 의지 결여를 제시하고 있다(박인선, 1995).

2008년 보건복지가족부 통계 〈표 8-4〉에 의하면 입양 아동 유형 중에서 약 55%가 미혼모 아동이었으며, 약 40%의 아동이 위탁 보호 아동, 약 29%가 시설 보호 아동이었다. 그 외에 저소득층 가정의 아동이 약 5%, 시설 아동이 약 4%, 결손 가정의 아동이 약 2% 정도 된다.

〈표 8-4〉 시·도별 입양 신청자수 및 입양 아동 유형 (단위 : 명)

구분 / 시·도	입양 신청자	입양 아동 유형						보호 유형	
		계	미혼모 아동	시설 아동	저소득층 가정	결손 가정	기 타	시설 보호 아동	위탁 보호 아동
계	1,897	1,306	1,056	86	97	34	33	554	752

2008년 보건복지가족부 통계 〈표 8-5〉에 의하면 입양 아동의 약 98%가 비장애 아동이었으며, 남자 아이보다는 여자 아이를 선호하는 것으로 나타났다. 아울러 연령별로 분석해 보면 3개월 미만이 약 70%, 3개월~1세 미만이 약 14%, 1세~3세 미만이 약 8%, 3세 이상이 약 7%로 나타나 보다 어린 연령의 아이를 선호하는 것으로 나타났다.

〈표 8-5〉 입양 아동의 건강 상태·성 및 연령별 현황 (단위 : 명)

구분	계	상		연령별			
		남	여	3월 미만	3월~ 1세 미만	1세~ 3세 미만	3세 이상
계	1,306	469	837	920	184	102	100
비장애	1,277	452	825	912	176	95	94
장애	29	17	12	8	8	7	6

양부모의 불임 여부와 자녀 유무에 관한 사항은 불임 가정과 무자녀 가정이 85% 이상으로 가장 많은 비율을 나타내고 있으며 그 비율이 매년 높아지고 있음을 알 수 있다.

2008년 보건복지가족부 통계 〈표 8-6〉에 의하면 양부모의 친자 유무에 따른 입양 현황에 차이가 나타났다. 약 64%의 양부모가 친자가 없었으며, 약 36%가 친자가 있는 것으로 나타났다. 아울러 소득이 높고 친자가 없을수록 입양을 하는 현황이 높게 나타났다.

〈표 8-6〉 양부모의 소득별 친자 유무 및 직업 현황 (단위 : 명)

구분	계	친자 유무		직업별					
		친자유	친자무	자영업(농·상업)	회사원	공무원(교사·군인)	사회사업 종사자	의·약사 판·검사	기타
계	1,306	471	835	385	549	135	15	19	203
최저 생계비 이하	6	4	2	1	–	–	1	–	4
차상위 120% 이하	102	37	65	19	34	5	1	–	43
전년도 도시 근로자 가구당 월평균 소득 이하	410	158	252	87	183	38	8	2	92
전년도 도시 근로자 가구당 월평균 소득 120% 이하	304	105	199	85	146	36	2	1	34
전년도 도시 근로자 가구당 월평균 소득 120% 초과	484	167	317	193	186	56	3	16	30

6. 문제점 및 과제

현재 우리나라에서 이루어지고 있는 입양 사업의 가장 큰 걸림돌은 입양에 대해 사회가 부정적인 인식과 태도를 가지고 있다는 것이다. 특히 기아들을 입양하게 될 경우 더욱 부정적이다. 이러한 부정적인 태도는 혈통 중심의 가족을 중시하는 가치관과 입양 대상 아동에 대한 부정적인 인식으로부터 비롯된다. 많은 입양 신청자들의 동기는 대부분 가계 계승이나 가정 화목이다. 따라서 입양 아동의 권리와 복지를 위하기보다는 양부모 자신들의 목적에 충실하다고 볼 수 있다. 이러한 이유로 많은 입양 신청자들이 신생아만을 원하고 철저한 비밀 입양을 원한다. 동시에 입양 아동에 대해 입양을 고려하거나 신청하는 사람들의 머릿속에는 '친부모의 나쁜 성향을 닮지는 않았을까?' 하는 걱정이 있다.

입양 사업은 도움을 필요로 하는 아동들을 돕는 복지 사업의 하나이며 아동의 성격은 선천적인 요인보다는 양육 환경에서 비롯되는 후천적인 요인이 더욱 중요하다는 것을 널리 홍보할 필요가 있다(김호현, 1994).

그러나 이보다 앞서 가장 기본적으로 이루어져야 할 일은 입양 대상 아동의 발생을 미연에 방지하는 것이다. 우리나라 입양 대상 아동은 거의 85%가 미혼모의 자녀이다(노혜련, 1997). 이를 방지하기 위하여 청소년기에 올바른 성교육이 이루어져야 할 것이며 사회는 청소년들이 건강한 성의식을 갖고 성장할 수 있도록 바른 환경을 제공해야 할 것이다.

입양 사업에 대한 올바른 철학과 개념이 필요하다. 국외 입양에 대한 대안으로 국내 입양만을 이야기하는 것은 올바른 대안이 되지 못한다. 진정한 아동 복지는 모든 아동이 친가정에서 건강하고 밝게 자랄 수 있는 것에서부터 시작된다. 요보호 아동에 대한 보호를 가정 보호를 우선으로 하고 가정이 잘 유지되게 하기 위한 정부의 지원이 이루어져야 한다.

그러나 우리나라의 많은 아동이 국외로 입양되고 있는 현실 가운데 시급하게 해결되어야 할 과제 중 하나가 국외 입양을 금지하고 국내 입양을 촉진시키는 것이다. 그러기 위해서는 입양알선기관에 대한 정부의 지원책이 강구되어져야 하며, 아동을 입양하는 양부모를 지원하는 정책이 필요하다. 양부모에 대한 사회적, 정서적, 경제적 지원뿐만 아니라 법적 보호책이 강구되어야 한다.

입양 사업의 전문성을 유지하기 위해서는 입양 사업에 종사하는 사람들의 전문적인 능력과 기술, 그리고 이에 못지 않게 제도적인 장치도 중요하다. 입양 사업의 전문성 증진을 위해서는 국내 입양지정기관의 요건을 강화하고 사적 입양을 근절해야 한다(김호현, 1994).

Ⅲ. 시설 보호 사업

1. 개념과 역사적 배경

시설 보호 사업은 입양 사업, 가정 위탁 사업과 함께 부모가 아동을 양육하고 보호할 능력을 상실하였거나 그 역할을 회피할 때 제공되는 대리 보호 사업이다. 시설 보호 사업은 일시적이라는 점에서 가정 위탁 사업과 동일하나 집단의 형태로 제공된다. 시설 보호 사업은 혈연적으로 무관한 아동들이 혈연적으로 무관한 어른의 보호 아래 24시간 함께 거주함으로써 아동을 사회적으로 보호하는 아동 복지 사업의 일종이다(Kadushin, 1988).

시설 보호 사업은 기독교와 깊은 관계가 있다. 고아와 과부를 돌보라는 그리스도의 가르침에 기초하여 A. D. 325년 Nicca 종교 회의에서 여행자, 빈곤자, 고아를 수용하기 위해 막사를 설립했던 일이 시설 보호 사업의 시초이다. 처음에는 체계가 없었으나 차츰 고아와 유아 및 기아의 수가 증가함에 따라 사회적인 필요에 의해 시설의 독립이 불가피하게 되었다. 그리하여 18세기 말에는 몇몇 시설보호사업기관들이 정식으로 설립되기 시작하였다. 현대에 와서는 가정 밖에서 보호되어야만 하는 상황의 어린이를 위해 시설 보호를 해야 하는가 혹은 그보다는 위탁 가정에서 양육해야 하는 것은 아닌가 하는 점이 논란이 되고 있다.

우리나라의 시설 보호 사업은 1950년을 전후로 하여 일본으로부터 해방되고 한국전쟁이 발발하면서 급격히 늘어난 요보호 아동을 집단 수용하기 위한 아동 수용 시설이 늘어나면서 본격적으로 착수되었다고 볼 수 있다.

2009년 말 현재 아동 복지 시설은 283개소이며 보호가 필요한 아동 17,586명이 보호를 받고 있다. 정부에서는 시설종사자 처우 개선 및 시설 아동의 보호수준 향상을 위해 보육사를 포함한 종사자 2교대 근무를 확대 실시하고 있으며, 지역 여건이나 시설 특성에 맞는 효율적인 예산 집행이 이루어지도록 시설운영자의 자율성을 대폭 강화하였다(보건복지가족부, 2009 보건복지백서).

〈표 8-7〉 아동 복지 시설 현황 (단위 : 개소, 명)

연도	구분	계	양육	직업 훈련	보호 치료	자립 지원	일시 보호	종합 시설	아동 복지관	아동 전용
2009	시설수	283	239	2	11	12	13	3	-	3
	보호인원	17,586	16,239	65	514	262	368	138	-	-

주) 종합 시설은 일시 보호 시설과 아동상담소를 겸함.

2. 시설 보호 아동

Fredericksen(1950)은 시설 보호가 필요한 아동의 예를 다음과 같이 들었다. 첫째, 부모의 질병이나 가족의 파탄 혹은 이혼 등의 이유로 부모로부터 격리되어야 하는 상황이지만 부모 외에 타인과 유대를 이루지 못할 여러 이유로 가정 위탁 보호를 할 수 없는 아동, 둘째, 신체가 심하게 부자유스러워 부모가 양육하기 어려운 아동, 셋째, 문화 실조나 정서 장애 등의 치료 과정에서 집단적인 생활 경험이 필요한 아동, 넷째, 성장 과정에서 장애를 일으킨 아동으로서 특수 학교 교육도 불가능하여 시설에서의 보호와 수용이 필요한 아동, 다섯째, 사회 전체에 나쁘게 영향을 끼칠 비행 아동이나 범죄 아동, 여섯째, 이전에 같이 생활하던 위탁 가정으로부터 크게 실망하였거나 매우 깊은 상처를 입어 가족 생활이 적합하지 않은 아동, 일곱째, 원래의 가족이나 위탁 가정으로부터 이탈한 청소년들이다.

시설 보호 아동의 발달 특성은 보호되는 사유에 따라 차이가 있지만 일반적으로 일반 가정의 아동에 비해 신체, 인지, 정서, 사회성 등의 전반적인 발달상의 지체를 보이고 있다. 그것은 시설 보호되기 이전에 충분한 양육을 받지 못했을 뿐만 아니라, 시설 수용 이후에 통제된 환경, 획일적인 생활 구조, 혈연관계가 아닌 타인에 의한 집단 보호 및 인지 발달을 촉진하는 문화적인 자극의 결여 등에서 비롯된다(주정일 · 이소희, 1993).

3. 시설의 종류

아동 복지 시설은 다양한 욕구를 가진 아동에 따라 시설의 종류도 다양하게 설립되어야 한다. Kadushin(1988)은 다음과 같은 시설이 필요하다고 말한다. 아동 자체는 정상이지만 버려진 아동을 위한 시설, 즉 예전의 고아원과 유사한 보호 시설, 맹아, 농아, 지체 장애아 등의 신체 장애 아동을 위한 시설, 지적 장애아나 정신적 결함이 큰 아동을 가정과 격리하여 보호하기 위한 시설, 범죄를 저지르는 아동 및 청소년을 감금하고 재활시키기 위한 시설로써 훈련원이나 소년원,

정서적으로 상처받은 아동을 가정과 격리하여 거주시키며 치료하는 시설 등의 시설이다.

현재 우리나라의 「아동복지법」상 아동 복지 시설의 종류는 11개이다. 수용 시설에 대해 알아보면 다음과 같다.

① 아동 양육 시설 : 보호를 필요로 하는 아동을 입소시켜 보호, 양육하는 것을 목적으로 하는 시설
② 아동 일시 보호 시설 : 보호를 필요로 하는 아동을 일시 보호하고 아동에 대한 향후의 양육 대책 수립 및 보호 조치를 행하는 것을 목적으로 하는 시설
③ 아동 보호 치료 시설 : 불량 행위를 하거나 불량 행위를 할 우려가 있는 아동으로서 보호자가 없거나 친권자나 후견인이 입소를 신청한 아동 또는 가정법원, 지방법원소년부지원에서 보호 위탁된 아동을 입소시켜 그들을 선도하여 건전한 사회인으로 육성하는 것을 목적으로 하는 시설
④ 아동 직업 훈련 시설 : 아동 복지 시설에 입소되어 있는 만 15세 이상의 아동과 생활이 어려운 가정의 아동에 대하여 자활에 필요한 지식과 기능을 습득시키는 것을 목적으로 하는 시설
⑤ 자립 지원 시설 : 아동 복지 시설에서 퇴소한 자에게 취업 준비 기간 또는 취업 후 일정 기간 보호함으로써 자립을 지원하는 것을 목적으로 하는 시설
⑥ 아동 단기 보호 시설 : 일반 가정에 아동을 보호하기 곤란한 일시적 사정이 있는 경우 아동을 단기간 보호하며 가정의 복지에 필요한 지원 조치를 하는 것을 목적으로 하는 시설
⑦ 아동 상담소 : 아동과 그 가족의 문제에 관한 상담, 치료, 예방 및 연구 등을 목적으로 하는 시설
⑧ 아동 전용 시설 : 어린이 공원, 어린이 놀이터, 아동 회관, 체육, 연극, 영화, 과학 실험 전시 시설, 아동 휴게 숙박 시설, 야영장 등 아동에게 건전한 놀이·오락 기타 각종 편의를 제공하여 심신의 건강 유지와 복지 증진에 필요한 서비스를 제공하는 것을 목적으로 하는 시설
⑨ 아동복지관 : 지역 사회 아동의 건전 육성을 위하여 심신의 건강 유지와 복

지 증진에 필요한 서비스를 제공하는 것을 목적으로 하는 시설

⑩ 공동 생활 가정 : 보호를 필요로 하는 아동에게 가정과 같은 주거 여건과 보호를 제공하는 것을 목적으로 하는 시설

⑪ 지역아동센터 : 지역 사회 아동의 보호 · 교육, 건전한 놀이와 오락의 제공, 보호자와 지역 사회의 연계 등 아동의 건전 육성을 위하여 종합적인 아동 복지 서비스를 제공하는 시설

4. 시설 보호의 장 · 단점

아동이 건전하게 성장 · 발달하기 위해서는 친가정과 친부모에 의해 양육되는 것이 가장 바람직하지만 시설 보호는 아동에게 부정적인 영향을 주는 것만은 아니다. 몇몇 아동 집단의 특수한 요구를 충족시키기 위한 시설 보호 사업의 이점은 다음과 같다.

첫째, 시설보호기관에서는 아동이 부모로부터 심리적 · 감정적으로 결핍된 점들을 시설 내의 다른 아동들과의 접촉이나 교육 내용을 통해 보완하는 기회를 갖는다.

둘째, 시설보호기관에서는 아동에게 보다 광범위하고 다양한 부모상을 선택, 제공해 준다.

셋째, 시설보호기관에서는 지역 사회가 수용할 수 없고, 수용하지도 못하는 모든 행동 특성을 넓게 수용한다.

넷째, 시설보호기관에서 요구되는 규칙이나 정규적이고 계속적인 생활들은 자기 통제력을 강화할 필요가 있는 아동들에게 일시적 충동을 자제하고 자신을 통제할 수 있는 능력을 길러 준다.

다섯째, 시설보호기관에서는 통제력을 유지하거나 행동 특성을 수용하는 데 있어 모든 아동이 그 정도가 같지 않다는 것을 알게 하며 피차의 무능력함을 채워 가는 기회를 경험하게 한다.

여섯째, 또래 집단은 아동이 또래 집단의 일원으로서 자기 행동을 통제하게 하는 힘을 가지고 있기 때문에, 시설보호기관에서의 집단 통제는 아동으로 하여

금 스스로 자기 행동에 변화를 갖도록 하는 동기를 제공해 준다.

일곱째, 시설보호기관에서는 아동의 생활 경험들을 면밀하게 계획하여 개별적으로 제공해 준다. 그렇기 때문에 치료의 기능을 크게 담당할 수 있다.

여덟째, 시설보호기관은 특별히 개인적인 치료를 요하는 아동의 요구를 충족시켜 주기도 하는데, 예를 들면, 맹아, 농아, 정서 장애아, 지적 장애아 등을 위한 시설 보호 사업이 있다.

아홉째, 청소년들을 위한 적절한 기능을 수행함으로써 사회내의 청소년 문제 해결에 도움을 준다.

시설 보호의 단점은 다음과 같다.

첫째, 집단 보호이므로 개별적으로 따뜻하게 보살핌을 받기 어렵다.

둘째, 아동의 생활 방식에 영향을 끼치는 사회적 제도나 행동 규정이 설정되어 있기 때문에 시설 보호 사업이 의도하고 목적하는 바와는 달리 부정적인 특성을 나타낼 수도 있다.

셋째, 단체 규칙이나 개인적인 요구 사이에 충돌이 있을 수 있다.

넷째, 시설 보호 내의 생활 범위와 방법이 어느 정도 한정되어 있어 아동 상호 간에 유대관계를 넓히기 어렵다.

다섯째, 시설 보호 사업의 교육 내용상 경제적이고 물질적인 관련 분야를 경험할 수 있는 기회가 매우 적기 때문에 현실적으로 이해하는 것이 어렵고, 실제적으로 사회 현상이나 제도들에 적응하게 하기 위한 경험도 부족하기 때문에 문화적으로 혜택받는 일이 적어질 수 있다.

5. 시설 보호 아동 지원 사업

정부에서는 시설 보호 아동의 보호 수준을 향상시키기 위하여 초등학교 보육에서 전체 아동의 보육까지 보육사의 2교대를 확대하는 등 시설 운영비를 단계적으로 확대 · 지원하고 있으며, 지역 여건이나 시설 특성에 맞게 효율적으로 집행할 수 있도록 시설 운영자의 자율성을 대폭 강화하였다.

요보호 아동의 경우 가정 위탁, 입양 등 가정 보호 정책 중심으로 아동 복지 정책이 변화됨에 따라 아동 복지 시설의 보호 아동이 감소되고 있어 시설의 기능을 재정비할 필요성이 대두되고 있다.

이러한 국민 욕구 변화에 부응하여 아동 시설의 보호방법을 종래의 대규모 보호 형태에서 소(小)숙사 제도나 그룹홈 형태 등 소규모 가정 보호방식으로 전환하는 등으로 기존의 제도를 개선 중에 있다. 또한 아동과 보육사를 가정으로 구성, 보호하는 형태를 취함으로써 시설 아동도 일반 가정의 아동들과 마찬가지로 가정적인 분위기에서 성장 · 양육될 수 있도록 노력하고 있다(보건복지가족부, 2009 아동 · 청소년백서).

6. 퇴소 · 연장 아동

「아동복지법」(시행령 제11조)에 의하면, 첫째, 20세 미만인 자로서 「학원의 설립 · 운영 및 과외교습에 관한 법률」에 따라 등록된 학원에서 교육을 받고 있는 경우, 둘째, 시 · 도지사 또는 시장 · 군수 · 구청장이 시설 보호 아동의 장애 · 질병 등을 이유로 보호 기간의 연장을 요청하는 경우, 셋째, 25세 미만이고, 지능지수가 71 이상, 84 이하인 자로서 자립 능력이 부족한 경우, 넷째, 취업 그 밖의 사유를 이유로 시설 보호 아동이 보호 기간 연장을 요청하여 6개월 이내의 범위에서 보호 기간을 연장할 수 있다.

사회적 취약 계층인 시설 보호 아동은 시설 보호가 종결되면 대부분 독립적인 사회 생활을 위하여 공식적인 사회 지원체계로부터 멀어지게 되지만 독립을 위한 정신적, 사회적 준비가 부족한 청소년기에 가족이 중심이 된 일차적인 사회 지원체계가 결여된 상태에서 정신적, 경제적인 면에서 충격과 위기를 경험하게 된다(오정수, 1991). 시설 퇴소 · 연장 아동에 대한 사회적 지원은 이들 아동의 사회 통합과 인간 개발, 개인의 잠재 능력 발휘를 목적으로 한다. 보건복지부의 통계에 의하면 아동 복지 시설에 입소하던 아동이 1980년에 119,751명에서 1995년 5,591명으로 지속적으로 감소하다가 2000년에 이르러 10,638명으로 다소 증가함을 알 수 있으며, 이후에 2004년까지 평균 8,000명의 아동이 아동 복지

시설에 입소함을 알 수 있다. 반면에 아동 복지 시설에서 퇴소하는 아동의 경우 2000년 이후에 계속해서 감소하는 추세이다. 따라서 아동 복지 시설에서 스스로 자립하여 퇴소하는 아동이 증가할 수 있도록 많은 지원과 노력이 필요하다. 이들을 위한 정부의 지원 프로그램은 직업 훈련, 연장 아동 직장 주기 사업, 자립 생활관 사업 등이 있다. 그러나 이들 프로그램들은 그 실시 정도가 매우 미약하며 내용 역시 다양한 아동들의 욕구를 충분히 채워주지 못하고 있다. 직업 교육은 기능 교육에 치중되어 있으며 직업 훈련을 받는 아동의 비율도 전체의 3분의 1에 지나지 않는다. 직장 주기 사업도 사전 · 사후 준비와 지도가 미약하고 제도적 지원이 부족한 실정이다. 자립 생활관 역시 시설 수용의 연장으로 인식됨에 따라 자립 생활관에서의 생활을 거부하는 아동이 많다(오정수, 1991).

연장 아동의 사회 적응을 위해서는 그룹 홈(group home) 시스템, 인척에 의한 보호, 가정 위탁 보호 등이 확충되어야 하며 이들 아동에 대한 법적, 제도적 지원이 충분하게 마련되어야 한다(정진영, 1996).

7. 문제점 및 과제

우리나라 시설 보호 사업이 갖고 있는 문제점은 낡은 시설, 정부의 비현실적 지원, 서비스 내용의 빈약, 전문가 및 종사자의 부족, 전문가 및 종사자 대 어린이의 비율에 대한 비적절성의 문제, 사후 보호의 문제, 정서적 장애 어린이의 방치 등으로 요약될 수 있다.

이러한 문제점을 해결하기 위해 필요한 과제들을 살펴보도록 하겠다.

먼저 시설의 현대화와 시설 간의 차별적인 전문성이 요구된다. 최근 증가 추세에 있는 비행, 가출, 약물 남용 등의 문제를 가진 요보호 청소년을 일시적으로 보호 · 치료할 수 있는 가출 센터, 약물 치료 센터, 특수한 교육 및 치료를 요하는 장애 아동을 보호 · 교육할 수 있는 시설 등의 전문 시설이 새롭게 창출될 필요가 있다.

정부의 지원이 현실화될 필요가 있다. 시설에 대한 지원, 아동에 대한 경제적 지원이 현실적으로 아동을 보호 · 양육하기에 충분한 액수가 될 수 있도록 시급히 현실화되어야 한다(김응석 외, 1995).

아동 보호 시설의 종사자가 충원되어야 하며 종사자가 전문화되어야 하는 문제도 있다. 또한 종사자의 처우가 개선되어야 한다. 현재 우리나라의 아동 복지 시설은 종사자 대 아동의 비율이 너무나 높은 상태이다. 종사자가 충원되어야 시설에 수용되어 있는 아동이 보다 개별적이고 질 높은 보호를 받을 수 있다. 종사자들의 대부분은 고등학교 졸업 이하의 학력을 갖고 있고 사회복지사 자격을 갖춘 전문 인력은 부족하다(김응석 외, 1995). 전문 인력이 아동 복지 시설에 종사하기 위해서는 먼저 종사자에 대한 처우가 달라져야 한다. 보육 시설 종사자의 임금은 국·공립 사회 복지 시설 종사자의 수준에 훨씬 못 미친다(노혜련, 1997). 그러므로 아동 복지 시설의 종사자에 대한 처우와 임금, 근무 조건이 하루 빨리 개선되어야 한다.

시설의 소규모화가 이루어져야 한다. 지적 장애, 정서 장애, 신체 장애 아동들을 포함한 모든 아동들을 위한 시설은 궁극적으로 아동들이 일반인과 같은 지역 사회에서 생활하며 지역 공동체의 일원으로 살아가는 것을 목표로 하여야 한다. 따라서 지역 사회 내의 그룹 홈 제도를 도입, 활성화시켜야 한다. 나아가 가장 중요한 것은 예방적 조치가 선행되어야 한다는 것이다. 시설 보호는 일반 가정, 입양 가정 또는 위탁 가정에 비해 차선책이므로 불가피한 경우에만 일시적으로 보호한다는 입장에서 제공되고, 연고자, 또는 부모와 아동에 대한 상담 사업을 통해 관계를 유지·개선하고 형편이 향상되는 대로 가정에 복귀할 수 있도록 하여야 할 것이다(노혜련, 1997).

참고 문헌

김연진 · 이상희 (2009). 개정판 아동복지의 이해. 서울 : 태영출판사.

김웅석 외 (1995). 아동복지수용시설 운영평가 및 개선방안. 서울 : 한국보건사회연구원.

김호현 (1994). 국내입양의 활성화 방안. 사회복지, 여름호, 87-106.

노혜련 외 (1997). 현대사회와 아동. 서울 : 소화.

매일경제신문 (1998. 5. 5).

문화관광부 (1998). 청소년백서.

보건복지가족부 (2009). 2009 보건복지백서.

_____________ (2009). 2009 아동 · 청소년백서.

보건복지부 (1994). 보건통계연보.

_________ (1997). 보건통계연보.

복지연구회 (1984). 현대아동복지사 (현대총서 ⑥). 한국복지정책연구소 출판부.

서울신문 (1998. 5. 6).

성영혜 · 김연진 (1997). 아동복지. 서울 : 동문사.

오정수 (1991). 사회복지시설 퇴소 · 연장아동의 자립지원프로그램 연구. 사회복지, 가을호. 127-143.

유희정 (1998). 우리나라 아동복지의 현황과 과제. 이화여자대학교 · 영국대사관 공동 주최 국제학술대회 주제발표 논문. 「영국의 아동 복지」. 주한 영국대사관 공보과 발행.

윤혜미 외 (2006). 아동복지론. 서울 : 청목출판사.

이배근 (1994). 가정위탁보호사업 운영방안에 관한 연구. 아동복지학, 2, 121-142.

정기원 · 김만지 (1993). 우리나라 입양의 실태 분석. 한국보건사회연구원.

정진영 (1996). 사회복지시설 퇴소 아동의 사회적응 문제. 아동복지학, 4, 9-25.

주정일 · 이소희 (1993). 아동복지학. 서울 : 교문사.

표갑수 (1994). 아동 · 청소년 복지론. 청주 : 청주대학교 출판부.

한국수양부모협회 (1999. 6).

Fredericksen, H. (1950). *The Child and His Welfare*. San Francisco : Freeman Company.

Kadushin, A. (1988). *Child welfare services* (4th ed.). New York : Macmillan Publishing Co., Inc.

제 9 장

아동 복지의 과제

지금까지 아동 복지 사업의 개념, 우리나라 아동 복지의 발달 과정, 아동 복지의 대상이 되는 아동들의 특징, 아동 복지 사업의 원칙, 우리나라 아동 복지 사업의 실제에 대하여 살펴보았다. 그렇다면 앞으로 우리나라 아동 복지 사업의 활성화를 위하여 우선적으로 검토되고, 논의되어야 할 부분은 무엇인가. 이는 우리나라 아동들이 지금까지 어떤 상태에 직면해 왔고, 앞으로는 어떤 상태에 직면하게 될 것인가를 고려하고, 이를 기초로 하여 아동들이 바르게 성장, 발달할 수 있도록 하기 위해서 사회가 다같이 지원해야 할 부분들을 면밀히 찾아내면서 시작되어야 할 것이다. 동시에 지금까지 우리나라 아동 복지 사업은 어떤 수준에서 이루어져 왔는가를 분석하여 여기에서부터 앞으로의 대안이 마련될 수 있을 것이다.

1. 우리나라 아동 복지가 나아가야 할 방향

우리나라 사회 복지 사업 분야 전략의 방향을 살펴보면 다음과 같다. 우선 사회 복지 사업이 시설 보호에서 제가 보호 서비스로 확충되고, 선별적 서비스에서 보편적 서비스로 확장되며, 서비스의 제공은 사후 치료적 서비스에서 사전 예방적 서비스가 강화되도록 한다는 것이다. 또한 복지 전달체계의 확립과 전문 서비스가 제고될 것이고, 가족의 기능과 부양의 기능이 강화될 것이며, 기업 등 민간의 복지 참여 유도 등으로 복지 사업의 활성화를 도모하는 것이다. 이러한 국가 복지 정책의 방향에 근거하여 우리나라의 아동 복지가 나아가야 할 방향을 제시해 보면 다음과 같다.

1) 아동 복지의 기능이 확대, 강화되어야 한다.

아동 복지 사업의 수행은 요보호 아동들에 대한 보호 · 교육적 서비스를 제공하여 우리나라 아동들이 바람직하게 발달, 성장해 나가도록 해야 함은 물론 아동들의 잠재 능력을 개발시키고 이들에게 미래 지향적인 가치와 동기를 부여하여 앞으로 우리 사회를 이끌어나갈 미래의 인적 자본의 개발이라는 측면에서 다루어지도록 하여야 할 것이다. 아동들이 유년기에 부적절한 환경을 경험하게 될 경우 이러한 경험들은 세대 간 반복되는 것으로 나타나고 있으므로 아동들의 바른 성장은 국가의 미래와 직결된다고 하겠다.

우리나라는 이미 선진국의 대열에 진입하였으나 국가가 경제 우선 정책을 수행하여 국민의 복지를 고려하는 정책은 미흡한 수준으로, 우리나라의 복지 모형은 가족이 지니고 있는 복지 기능을 최대로 활용하고, 민간 부문의 복지 기능을 최대로 이용하여 국가의 부담을 최소로 줄이겠다는 것이었다. 그러나 산업화 혹은 경제 위기에 따른 부작용들이 이미 심각한 수준으로 나타나고 있으므로 정부가 국민의 안녕을 고려하는 전반적인 사회 복지의 기능을 확대, 강화해 나가고자 노력하고 있다. 아동 복지 사업의 수행 역시 사후 대책적 사업추진에서 가정의 자녀 양육을 지지하는 서비스나 자녀 양육의 기능을 보완하는 서비스를 활성화시켜 아동을 양육하는 기본 단위인 가정을 튼튼하게 강화하고 가정의 약화된 부분을 보충하는 데 초점을 두고 있다. 세계 경제 위기와 더불어 우리나라는 앞으로 요보호 아동들이 급증할 것이 뚜렷이 예측되므로 이에 대한 예방적 조치가 시급히 마련되고 수행되어져야 할 것이다.

2) 아동 중심적 시각의 반영이 강화되어야 한다.

20세기를 '아동의 세기'로 규정한 E. Key에 의하면 아동은 적어도 여섯 가지의 권리를 지니고 있다고 한다. 그것은 건강하게 출생할 권리, 건강하게 자랄 권리, 정상적인 가정 생활을 누릴 권리, 교육받을 권리, 정신적 · 도덕적 훈련을 받을 권리, 놀이와 오락을 즐길 권리이다. 즉, 아동들이란 마음껏 놀고, 건강하게 자랄 수 있도록 보호받고, 적절하게 발달해 나갈 수 있도록 교육받을 권리가 있는 것이다. 모든 아동들은 그들이 어떤 환경에서 자라게 되든 최소한의 기본적 권리가 보장되는 행복권을 보장받아야 한다.

3) 법, 제도적 지원이 강화되어야 한다.

우리나라의 아동 복지는 1981년 제정된 아동복지법(2006년 개정)에 의하여 실시되고 있다. 아동복지법은 아동 복지에 관한 일반법이라고 보여지지만 주로 요보호 아동의 양육에 관한 것을 주된 내용으로 하며 피상적이고 불충분하다고 평가되고 있다. 그러나 1991년 12월에 정부는 아동 복지에 관련된 「아동의 권리에 관한 국제협약」에 정식으로 가입하여 그 법적 효력을 인정받고 있다. 따라서 정부는 아동의 양육 책임자인 부모 등에게 적절한 지원을 제공하여야 하며, 아동 보호를 위한 기관 시설 및 편의 개발을 보장하여야 하고, 모든 학대와 착취로부터 아동을 보호하기 위하여 모든 적절한 '입법적, 행정적, 사회적 및 교육적' 조치를 취하여야 할 것이다(이명흥, 1994).

앞서 언급한 바와 같이 사회가 변화함에 따라 많은 아동 관련 문제들이 새롭게 제기되고 있다. 학대받는 아동을 포함하여 동반 자살을 당하는 아동들의 문제, 나아가 낙태당하는 태아 등을 예방 · 치료하고, 보호할 수 있는 법적, 제도적 장치가 마련되어야 할 것이다.

4) 아동 복지 전문 인력 및 수행 프로그램의 전문화가 이루어져야 한다.

아동 복지의 전문화로는 아동 복지 프로그램의 전문화와 이를 수행할 인력의 전문화를 들 수 있다. 우리나라에서 실시되고 있는 아동 복지 프로그램의 종류는 아동 상담의 실시 결과에 따라 시설 보호, 위탁 보호, 입양, 소년 · 소녀 가장 세대 보호가 있다. 그러나 이것만으로는 다양하게 발생하고 있는 아동 문제에 대한 대안으로 미흡하므로 향후는 요보호 아동의 발생 실태, 유형 및 추이를 고려하되 학대받는 아동들을 위한 프로그램의 제공 등 전문화된 프로그램이 계속적으로 개발되어야 할 것이다. 또한 프로그램의 개발은 시설 보호 형태의 대리 보호 중심에서 입양, 위탁 양육, 그룹 홈 등의 가정 보호 형태로의 획기적인 전환이 중심이 되어야 할 것이며, 예방 프로그램, 치료 프로그램, 사후 관리 프로그램 등으로 개발되어져야 할 것이다.

아동 복지 종사자들을 고려해 볼 때 시설의 직원이란 아동들에게는 부모와 같다. 그러나 이들은 시설 내에서 24시간 일해야 하는 힘든 업무를 담당하면서도 보수 등의 직업 환경은 매우 열악하여 시설에 대해 직장으로써의 매력을 잃고 있음은 잘 알려진 사실이다(김현용, 1994). 따라서 시설 직원들의 이직을 막고 안정적인 직장 분위기를 확보해 줄 수 있도록 하는 대책이 요구된다. 이들이 안정적으로 일할 수 있을 때 전문성이 높은 아동 복지 종사자들을 확보할 수 있게 될 것이다. 종사자들은 종사 분야에 따라 기능별 세분화를 통하여 전문성을 향상시킬 수 있게 될 것이다.

5) 아동 복지의 발전을 위한 연구가 지속적으로 이루어져야 한다.

아동 복지와 관련한 수요와 공급을 예측할 수 있는 연구가 지속적으로 실시되어야 한다. 앞서 우리나라 요보호 아동의 발생 추이와 이들을 위해 제공되는 복지 서비스의 내용을 제시한 바 있다. 또한 작금 우리나라는 경제 위기의 여파가 심각하여 구조적인 빈곤층이 급격히 늘어나고 있고 이에 따라 요보호 아동이 급격히 증가할 전망이다. 따라서 현재 발생되고 있는 요보호 아동들 뿐만 아니라 급격한 발생 증가율을 감안할 때 앞으로 발생하게 될 요보호 아동들을 정확히 추계하여 이들에 대한 대책을 단기 · 중기 · 장기별로 사전에 준비하여야 할 것이다.

2. 세부 부문별 과제

우리나라 아동 복지가 나아가야 할 방향에 기초하여 아동 복지의 발전을 도모하되 세부 부문별로 아동 복지 서비스에서 우선적으로 고려하여야 하는 내용들을 정리해 보면 다음과 같다.

① 시설 보호 서비스 제공과 관련하여 원칙적으로 점차 시설 보호 서비스가 가정 보호 서비스로 이행되도록 하여야 할 것이다. 그러나 중간 단계로써 현행의 시설 보호 사업이 효과적으로 운영될 수 있도록 하기 위해서는 시설 종사자들의 전문성을 높이고, 운영 프로그램의 질적 수준을 향상시켜 시설 아동들이 적절한 보호와 교육적 서비스를 제공받을 수 있도록 하여야 할 것이다.

② 아동 복지 서비스의 내용 중 가정 위탁은 바람직한 서비스의 유형으로 추천되고 있으나 우리나라에서는 아직까지 정착되지 못하고 있는 실정이다. 그러므로 위탁 가정을 지원하는 등 가정 위탁 서비스를 활성화시킬 수 있는 다양한 방안들이 마련되어야 할 것이다.

③ 입양 사업의 발전을 위해서는 국내 입양을 활성화시키되 불법적인 개인 입양을 금지시켜야 할 것이며, 입양의 비밀을 유지하기 위한 제도, 파양 후 입양아의 보호를 위한 제도, 입양 아동과 입양 가족을 위한 사후 서비스에 대한 제도를 마련하여야 할 것이다.

④ 소년 · 소녀 가장 세대들에 대한 대책으로는 우선 이 사회가 정상적인 가정생활을 유지할 수 있는 다양한 방안들을 마련하여 소년 · 소녀 가장의 발생을 최소화하여야 할 것이다. 그러나 실제적으로는 소년 · 소녀 가장들의 건강한 성장을 도모하기 위한 지원이 적극적으로 이루어져야 한다. 공식적, 비공식적 원조체계를 활용하여 임대 아파트에 우선 입주토록 한다거나 지역 사회의 후원자와 결연을 맺는다거나 학업에 필요한 학비를 지급 보장받도록 하는 지원이 보장되어야 할 것이다.

⑤ 아동 학대를 방지하기 위해서는 무엇보다도 부모 및 사회를 대상으로 아동 학대 예방 사업이 실시될 수 있어야 하며, 아동 학대가 발생될 경우에는 이를 신속히 발견하고 개입, 치료할 수 있는 사업이 실시되어야 할 것이다.

이를 위하여 아동복지법을 보완하거나 (가칭)아동학대방지법의 제정이 시급히 요청된다.

⑥ 연장 아동들에 대한 사후 복지 시책은 미온적이어서 이들이 사회에서 적응하는 데 실패하고 있다고 언급되고 있다(정진영, 1996). 연장 아동들의 사회 적응을 위한 정책 대안으로는 이들이 소집단으로 가족과 같은 생활을 할 수 있도록 살 집을 마련해 주어 자립할 수 있을 때까지 지원하는 그룹홈 양육 제도, 인척에 의한 보호, 가정 위탁 보호가 적극 이루어지도록 하여야 할 것이다.

아동들은 잘 자라고, 자신의 잠재력을 최대로 발달시키면서 성장할 권리를 가지며, 사회나 성인들은 이를 지원할 의무를 가진다. 따라서 아동들이 가족만으로 이러한 환경을 충분히 제공받지 못하게 될 때 사회가 이를 보충, 지원하여 요보호 아동의 발생을 예방할 수 있어야 한다. 아동 대상의 서비스 혹은 프로그램은 그 프로그램이 교육 중심 시설에서 실시되는 프로그램이든 보호 중심 시설에서 실시되는 프로그램이든 아동의 건강 · 안전 · 영양을 지킬 수 있는 보호적인 내용과 아동들의 신체 · 정서 · 사회성 · 인지 · 언어 능력의 개발을 지원하는 교육적인 개입이 동시에 수반되어야 할 것이다. 우리나라에서는 오늘도 사회 전체의 어려움으로 인하여 끼니를 거르고 있는 아동, 버려지는 아동, 가출하는 아동, 부모를 잃는 아동들이 늘어나고 있다고 한다. 아동의 복지적 삶이 영위될 수 있도록 하기 위해서는 정부, 민간이 협력하여 문제가 발생할 수 있는 아동 집단을 체계적으로 발굴해 내는 데 최선을 다하여야 하고, 이들의 상황을 정확히 진단한 후, 적절한 치료방법을 모색하여 지원할 수 있도록 하여야 할 것이다.

부 록

영유아보육법

[시행 2010. 7. 5] [법률 제10339호, 2010. 6. 4, 타법개정]

제1장 총칙 〈개정 2007.10.17〉

제1조(목적) 이 법은 영유아(영영幼兒)의 심신을 보호하고 건전하게 교육하여 건강한 사회 구성원으로 육성함과 아울러 보호자의 경제적 · 사회적 활동이 원활하게 이루어지도록 함으로써 가정복지 증진에 이바지함을 목적으로 한다. [전문개정 2007.10.17]

제2조(정의) 이 법에서 사용하는 용어의 뜻은 다음과 같다. 〈개정 2008.12.19〉

1. "영유아"란 6세 미만의 취학 전 아동을 말한다.
2. "보육"이란 영유아를 건강하고 안전하게 보호 · 양육하고 영유아의 발달 특성에 맞는 교육을 제공하는 보육시설 및 가정양육 지원에 관한 사회복지서비스를 말한다.
3. "보육시설"이란 보호자의 위탁을 받아 영유아를 보육하는 시설을 말한다.
4. "보호자"란 친권자 · 후견인, 그 밖의 자로서 영유아를 사실상 보호하고 있는 자를 말한다.
5. "보육시설종사자"란 보육시설에서 영유아의 보육, 건강관리 및 보호자와의 상담, 그 밖에 보육시설의 관리 · 운영 등의 업무를 담당하는 자로서 보육시설의 장 및 보육교사와 그 밖의 종사자를 말한다. [전문개정 2007.10.17]

제3조(보육 이념) ① 보육은 영유아의 이익을 최우선적으로 고려하여 제공되어야 한다.

② 보육은 영유아가 안전하고 쾌적한 환경에서 건강하게 성장할 수 있도록 하여야 한다.

③ 영유아는 자신이나 보호자의 성, 연령, 종교, 사회적 신분, 재산, 장애 및 출생지역 등에 따른 어떠한 종류의 차별도 받지 아니하고 보육되어야 한다. [전문개정 2007.10.17]

제4조(책임) ① 모든 국민은 영유아를 건전하게 보육할 책임을 진다.

② 국가와 지방자치단체는 보호자와 더불어 영유아를 건전하게 보육할 책임을 진다.

③ 시장 · 군수 · 구청장(자치구의 구청장을 말한다. 이하 같다)은 영유아의 보육을 위한 적절한 보육시설을 확보하여야 한다. [전문개정 2007.10.17]

제5조(보육정책조정위원회) ① 보육정책에 관한 관계 부처 간의 의견을 조정하기 위하여 국무

총리 소속으로 보육정책조정위원회(이하 "보육정책조정위원회"라 한다)를 둔다.

② 보육정책조정위원회는 다음 각 호의 사항을 심의·조정한다.

1. 보육정책의 기본 방향에 관한 사항
2. 보육 관련 제도개선과 예산지원에 관한 사항
3. 보육에 관한 관계 부처간 협조 사항
4. 그 밖에 위원장이 회의에 부치는 사항

③ 보육정책조정위원회는 위원장을 포함한 12명 이내의 위원으로 구성하되, 위원장은 국무조정실장이 되고 위원은 다음 각 호의 자가 된다. 〈개정 2008.2.29, 2010.1.18, 2010.6.4〉

1. 기획재정부차관, 교육과학기술부차관, 보건복지부차관, 고용노동부차관 및 여성가족부차관
2. 제1호의 위원이 추천하여 위원장이 위촉하는 보육계·유아교육계·여성계·사회복지계·시민단체 및 보호자를 대표하는 자 각 1명

④ 보육정책조정위원회의 구성과 운영 등에 필요한 사항은 대통령령으로 정한다.

[전문개정 2007.10.17]

제6조(보육정책위원회) ① 보육에 관한 각종 정책·사업·보육지도 및 시설평가사항 등을 심의하기 위하여 보건복지부에 중앙보육정책위원회를, 특별시·광역시·도·특별자치도(이하 "시·도"라 한다) 및 시·군·구(자치구를 말한다. 이하 같다)에 지방보육정책위원회를 둔다. 다만, 지방보육정책위원회는 그 기능을 담당하기에 적합한 다른 위원회가 있고 그 위원회의 위원이 제2항에 따른 자격을 갖춘 경우에는 시·도 또는 시·군·구의 조례로 정하는 바에 따라 그 위원회가 지방보육정책위원회의 기능을 대신할 수 있다. 〈개정 2008.2.29, 2010.1.18〉

② 제1항에 따른 중앙보육정책위원회와 지방보육정책위원회(이하 "보육정책위원회"라 한다)의 위원은 보육전문가, 보육시설의 장 및 보육교사 대표, 보호자 대표 또는 공익을 대표하는 자, 관계 공무원 등으로 구성한다.

③ 보육정책위원회의 구성·기능 및 운영 등에 필요한 사항은 대통령령으로 정한다. [전문개정 2007.10.17]

제7조(보육정보센터) ① 보육에 관한 정보의 수집·제공 및 상담을 위하여 보건복지부장관은 중앙보육정보센터를, 특별시장·광역시장·도지사·특별자치도지사(이하 "시·도지사"라 한다) 및 시장·군수·구청장은 지방보육정보센터를 설치·운영하여야 한다. 이 경우 필요하다고 인정하는 경우에는 영아·장애아 보육 등에 관한 보육정보센터를 별도로 설치·운영할 수 있다. 〈개정 2008.2.29, 2010.1.18〉

② 제1항에 따른 중앙보육정보센터와 지방보육정보센터(이하 "보육정보센터"라 한다)에는 보육정보센터의 장과 보육에 관한 정보 제공 및 상담 업무 등을 담당하는 보육전문요원 등을 둔다.

③ 보건복지부장관, 시·도지사 및 시장·군수·구청장은 보육정보센터를 보육 관련 법인·

단체 등에 위탁하여 운영할 수 있다. 〈개정 2008.2.29, 2010.1.18〉

④ 보육정보센터의 설치 · 운영 및 기능, 보육정보센터의 장과 보육전문요원의 자격 및 직무, 보육정보센터의 위탁 및 위탁 취소 등에 필요한 사항은 대통령령으로 정한다.

[전문개정 2007.10.17]

제8조(보육개발원) ① 보건복지부장관은 보육에 관한 연구와 정보 제공, 프로그램 및 교재 개발, 평가척도 개발 및 종사자 연수 등의 업무를 위하여 보육개발원을 설치하거나 그 업무를 관련 연구기관 등에 위탁할 수 있다. 〈개정 2008.2.29, 2010.1.18〉

② 제1항에 따른 보육개발원의 설치 · 운영 및 위탁 등에 필요한 사항은 대통령령으로 정한다.

[전문개정 2007.10.17]

제9조(보육 실태 조사) ① 보건복지부장관은 이 법의 적절한 시행을 위하여 보육 실태 조사를 5년마다 하여야 한다. 〈개정 2008.2.29, 2010.1.18〉

② 제1항에 따른 보육 실태 조사의 방법과 내용 등에 필요한 사항은 보건복지부령으로 정한다. 〈개정 2008.2.29, 2010.1.18〉 [전문개정 2007.10.17]

제2장 보육시설의 설치

제10조(보육시설의 종류) 보육시설의 종류는 다음 각 호와 같다.

1. 국공립보육시설 : 국가나 지방자치단체가 설치 · 운영하는 보육시설
2. 법인보육시설 : 「사회복지사업법」 에 따른 사회복지법인(이하 "사회복지법인"이라 한다)이 설치 · 운영하는 보육시설
3. 직장보육시설 : 사업주가 사업장의 근로자를 위하여 설치 · 운영하는 보육시설(국가나 지방자치단체의 장이 소속 공무원을 위하여 설치 · 운영하는 시설을 포함한다)
4. 가정보육시설 : 개인이 가정이나 그에 준하는 곳에 설치 · 운영하는 보육시설
5. 부모협동보육시설 : 보호자들이 조합을 결성하여 설치 · 운영하는 보육시설
6. 민간보육시설 : 제1호부터 제5호까지의 규정에 해당하지 아니하는 보육시설

[전문개정 2007.10.17]

제11조(보육계획의 수립 및 시행) ① 보건복지부장관, 시 · 도지사 및 시장 · 군수 · 구청장은 보육사업을 원활하게 추진하기 위하여 보건복지부장관의 경우에는 중앙보육정책위원회, 그 밖의 경우에는 각 지방보육정책위원회의 심의를 거쳐 보육시설 수급계획 등을 포함한 보육계획을 수립 · 시행하여야 한다. 〈개정 2008.2.29, 2010.1.18〉

② 보건복지부장관, 시 · 도지사 및 시장 · 군수 · 구청장은 제1항에 따른 보육계획의 수립 · 시행을 위하여 필요하면 보육시설, 보육 관련 법인 · 단체 등에 대하여 자료 제공 등의 협조를 요청할 수 있으며, 그 요청을 받은 보육시설과 보육 관련 법인 · 단체 등은 정당한 사유가 없으면 요청에 따라야 한다. 〈개정 2008.2.29, 2010.1.18〉

③ 제1항에 따른 보육계획의 내용, 수립 시기 및 절차 등에 필요한 사항은 대통령령으로 정한다. [전문개정 2007.10.17]

제11조의2(보육시설 또는 보육시설용지 확보) 시 · 도지사, 시장 또는 군수는 「도시개발법」,

「도시 및 주거환경정비법」, 「택지개발촉진법」, 「산업입지 및 개발에 관한 법률」 및 「보금자리 주택건설 등에 관한 특별법」 등에 따라 시행하는 개발 · 정비 · 조성사업에 보육시설 또는 보육시설용지가 확보될 수 있도록 노력하여야 한다. 〈개정 2009.3.20〉 [본조신설 2008.1.17]

제12조(국공립보육시설의 설치 등) 국가나 지방자치단체는 국공립보육시설을 설치 · 운영하여야 한다. 이 경우 국공립보육시설은 제11조의 보육계획에 따라 도시 저소득주민 밀집 주거지역 및 농어촌지역 등 취약지역에 우선적으로 설치하여야 한다. [전문개정 2007.10.17]

제13조(국공립보육시설 외의 보육시설의 설치) ① 국공립보육시설 외의 보육시설을 설치 · 운영하려는 자는 시장 · 군수 · 구청장의 인가를 받아야 한다. 인가받은 사항 중 중요 사항을 변경하려는 경우에도 또한 같다.

② 제1항에 따른 인가에 필요한 사항은 보건복지부령으로 정한다. 〈개정 2008.2.29, 2010.1.18〉 [전문개정 2007.10.17]

제14조(직장보육시설의 설치 등) ① 대통령령으로 정하는 일정 규모 이상의 사업장의 사업주는 직장보육시설을 설치하여야 한다. 다만, 사업장의 사업주가 직장보육시설을 단독으로 설치할 수 없을 때에는 사업주 공동으로 직장보육시설을 설치 · 운영하거나, 지역의 보육시설과 위탁계약을 맺어 근로자 자녀의 보육을 지원하거나, 근로자에게 보육수당을 지급하여야 한다.

② 제1항에 따른 보육시설의 설치 · 위탁계약 및 보육수당의 지급에 필요한 사항은 보건복지부령으로 정한다. 〈개정 2008.2.29, 2010.1.18〉 [전문개정 2007.10.17]

제15조(보육시설 설치기준) 보육시설을 설치 · 운영하려는 자는 보건복지부령으로 정하는 설치기준을 갖추어야 한다. 〈개정 2008.2.29, 2010.1.18〉 [전문개정 2007.10.17]

제16조(결격사유) 다음 각 호의 어느 하나에 해당하는 자는 보육시설을 설치 · 운영할 수 없다.

1. 미성년자 · 금치산자 또는 한정치산자
2. 정신질환자
3. 마약 · 대마 또는 향정신성의약품 중독자
4. 파산선고를 받고 복권되지 아니한 자
5. 금고 이상의 실형을 선고받고 그 집행이 종료(집행이 종료된 것으로 보는 경우를 포함한다)되거나 집행이 면제된 날부터 3년이 경과되지 아니한 자
6. 금고 이상의 형의 집행유예를 선고받고 그 유예기간 중에 있는 자
7. 제45조에 따라 보육시설의 폐쇄명령을 받고 1년이 경과되지 아니한 자

[전문개정 2007.10.17]

제3장 보육시설종사자

제17조(보육시설종사자의 배치) ① 보육시설에는 보육시설종사자를 두어야 한다.

② 보육시설종사자의 배치기준 등에 필요한 사항은 보건복지부령으로 정한다. 〈개정 2008.2.29, 2010.1.18〉 [전문개정 2007.10.17]

제18조(보육시설종사자의 직무) ① 보육시설의 장은 보육시설을 총괄하고 보육교사와 그 밖의 종사자를 지도 · 감독하며 영유아를 보육한다.

② 보육교사는 영유아를 보육하고 보육시설의 장이 불가피한 사유로 직무를 수행할 수 없을 때에는 그 직무를 대행한다. [전문개정 2007.10.17]

제19조(보육시설종사자의 임면 등) ① 시장 · 군수 · 구청장은 보육시설종사자의 권익 보장과 근로여건 개선을 위하여 보육시설종사자의 임면(任免)과 경력 등에 관한 사항을 관리하여야 한다.

② 보육시설의 장은 보건복지부령으로 정하는 바에 따라 보육시설종사자의 임면에 관한 사항을 시장 · 군수 · 구청장에게 보고하여야 한다. 〈개정 2008.2.29, 2010.1.18〉

[전문개정 2007.10.17]

제20조(결격사유) 다음 각 호의 어느 하나에 해당하는 자는 보육시설에 근무할 수 없다.

1. 제16조 각 호의 어느 하나에 해당하는 자
2. 제46조나 제47조에 따라 자격정지 중인 자
3. 제48조에 따라 자격이 취소된 후 1년이 경과되지 아니한 자 [전문개정 2007.10.17]

제21조(보육시설의 장 또는 보육교사의 자격) ① 보육시설의 장은 대통령령으로 정하는 자격을 가진 자로서 보건복지부장관이 검정 · 수여하는 자격증을 받은 자이어야 한다.

〈개정 2008.2.29, 2010.1.18〉

② 보육교사는 다음 각 호의 어느 하나에 해당하는 자로서 보건복지부장관이 검정 · 수여하는 자격증을 받은 자이어야 한다. 〈개정 2008.1.17, 2008.2.29, 2010.1.18〉

1. 「고등교육법」 제2조에 따른 학교에서 보건복지부령으로 정하는 보육 관련 교과목과 학점을 이수하고 전문학사학위 이상을 취득한 사람

1의2. 법령에 따라 「고등교육법」 제2조에 따른 학교를 졸업한 사람과 같은 수준 이상의 학력이 있다고 인정된 사람으로서 보건복지부령으로 정하는 보육 관련 교과목과 학점을 이수하고 전문학사학위 이상을 취득한 사람

2. 고등학교 또는 이와 같은 수준 이상의 학교를 졸업한 자로서 보건복지부령으로 정하는 교육훈련시설에서 소정의 교육과정을 이수한 자

③ 제2항에 따른 보육교사의 등급은 1 · 2 · 3급으로 하고, 등급별 자격기준은 대통령령으로 정한다. [전문개정 2007.10.17]

제22조(보육시설의 장 또는 보육교사 자격증의 교부 등) ① 보건복지부장관은 제21조제1항 및 제2항에 따라 보육시설의 장 또는 보육교사의 자격을 검정하고 자격증을 교부하여야 한다.

〈개정 2008.2.29, 2010.1.18〉

② 보건복지부장관은 제1항에 따른 보육시설의 장 또는 보육교사의 자격증을 교부받거나 재교부받으려는 자에게 보건복지부령으로 정하는 바에 따라 수수료를 받을 수 있다.

〈개정 2008.2.29, 2010.1.18〉

③ 제1항에 따른 자격 검정과 자격증 교부 등에 필요한 사항은 보건복지부령으로 정한다.

〈개정 2008.2.29, 2010.1.18〉 [전문개정 2007.10.17]

제22조의2(명의대여 등의 금지) 보육시설의 장 또는 보육교사는 다른 사람에게 자기의 성명이

나 보육시설의 명칭을 사용하여 보육시설의 장 또는 보육교사의 업무를 수행하게 하거나 자격증을 대여하여서는 아니 된다. [전문개정 2007.10.17]

제23조(보수교육) ① 보건복지부장관은 보육시설종사자의 자질 향상을 위한 보수교육(補修教育)을 실시하여야 한다. 〈개정 2008.2.29, 2010.1.18〉

② 제1항에 따른 보수교육은 직무교육과 승급교육으로 구분한다.

③ 보건복지부장관은 제1항에 따른 보수교육을 대학(전문대학을 포함한다)이나 보건복지부령으로 정하는 전문기관에 위탁하여 실시할 수 있다. 〈개정 2008.2.29, 2010.1.18〉

④ 제1항에 따른 보수교육의 기간 · 방법 · 내용, 보수교육 실시기관의 위탁 및 위탁취소 등에 필요한 사항은 보건복지부령으로 정한다. 〈개정 2008.2.29, 2010.1.18〉

[전문개정 2007.10.17]

제4장 보육시설의 운영

제24조(보육시설의 운영기준 등) ① 보육시설을 설치 · 운영하는 자는 보건복지부령으로 정하는 운영기준에 따라 보육시설을 운영하여야 한다. 〈개정 2008.2.29, 2010.1.18〉

② 국가나 지방자치단체는 제12조에 따라 설치된 국공립보육시설을 법인 · 단체 또는 개인에게 위탁하여 운영할 수 있다. 이 경우 최초 위탁은 공개경쟁의 방법에 따른다. 다만, 다음 각 호의 어느 하나에 해당하는 자에게 위탁하는 경우에는 그러하지 아니하다.
〈개정 2008.1.17〉

1. 민간보육시설을 국가 또는 지방자치단체에 기부채납하여 국공립보육시설로 전환하는 경우 기부채납 전에 그 보육시설을 설치 · 운영한 자
2. 국공립보육시설 설치 시 해당 부지 또는 건물을 국가 또는 지방자치단체에 기부채납하거나 무상으로 사용하게 한 자
3. 「주택법」에 따라 설치된 민간보육시설을 국공립보육시설로 전환하는 경우 전환하기 전에 그 보육시설을 설치 · 운영한 자

③ 제14조에 따라 직장보육시설을 설치한 사업주는 이를 법인 · 단체 또는 개인에게 위탁하여 운영할 수 있다.

④ 제2항과 제3항에 따른 보육시설 위탁 등에 필요한 사항은 보건복지부령으로 정한다.
〈개정 2008.2.29, 2010.1.18〉 [전문개정 2007.10.17]

제25조(보육시설운영위원회) ① 보육시설의 장은 보육시설 운영의 자율성과 투명성을 높이고 지역사회와의 연계를 강화하여 지역 실정과 특성에 맞는 보육을 실시하기 위하여 보육시설에 보육시설운영위원회를 설치 · 운영할 수 있다. 다만, 제26조에 따른 취약보육(脆弱保育)을 우선적으로 실시하여야 하는 보육시설과 대통령령으로 정하는 보육시설은 보육시설운영위원회를 설치 · 운영하여야 한다.

② 보육시설운영위원회는 그 보육시설의 장, 보육교사 대표, 학부모 대표 및 지역사회 인사(직장보육시설의 경우에는 그 직장의 보육시설 업무 담당자로 한다)로 구성한다.

③ 보육시설의 장은 보육시설운영위원회의 위원 정수를 5명 이상 10명 이내의 범위에서 보육

시설의 규모 등을 고려하여 정할 수 있다.

④ 보육시설운영위원회는 다음 각 호의 사항을 심의한다.

1. 보육시설 운영 규정의 제정이나 개정에 관한 사항
2. 보육시설 예산 및 결산의 보고에 관한 사항
3. 영유아의 건강·영양 및 안전에 관한 사항
4. 보육 시간, 보육과정의 운영 방법 등 보육시설의 운영에 관한 사항
5. 그 밖에 보육시설 운영에 대한 제안 및 건의사항

⑤ 그 밖에 보육시설운영위원회의 설치·운영에 필요한 사항은 보건복지부령으로 정한다. 〈개정 2008.2.29, 2010.1.18〉 [전문개정 2007.10.17]

第26조(취약보육의 우선 실시 등) ① 국가나 지방자치단체, 사회복지법인, 그 밖의 비영리법인이 설치한 보육시설과 대통령령으로 정하는 보육시설의 장은 영아·장애아·「다문화가족지원법」 제2조제1호에 따른 다문화가족의 아동 등에 대한 보육(이하 "취약보육"이라 한다)을 우선적으로 실시하여야 한다. 〈개정 2008.12.19〉

② 보건복지부장관, 시·도지사 및 시장·군수·구청장은 취약보육을 활성화하는 데에 필요한 각종 시책을 수립·시행하여야 한다. 〈개정 2008.2.29, 2010.1.18〉

③ 취약보육의 종류와 실시 등에 필요한 사항은 보건복지부령으로 정한다. 〈개정 2008.2.29, 2010.1.18〉 [전문개정 2007.10.17]

第27조(보육시설 이용대상) 보육시설의 이용대상은 보육이 필요한 영유아를 원칙으로 한다. 다만, 필요한 경우 보육시설의 장은 만 12세까지 연장하여 보육할 수 있다.
[전문개정 2007.10.17]

第28조(보육의 우선 제공) ① 국가나 지방자치단체, 사회복지법인, 그 밖의 비영리법인이 설치한 보육시설과 대통령령으로 정하는 보육시설의 장은 다음 각 호의 어느 하나에 해당하는 자가 우선적으로 보육시설을 이용할 수 있도록 하여야 한다. 다만, 「고용정책 기본법」 제40조제2항에 따라 고용촉진시설의 설치·운영을 위탁받은 공공단체 또는 비영리법인이 설치·운영하는 시설의 장은 근로자의 자녀가 우선적으로 보육시설을 이용하게 할 수 있다.
〈개정 2007.10.17, 2008.2.29, 2009.10.9, 2010.1.18〉

1. 「국민기초생활 보장법」에 따른 수급자
2. 「한부모가족지원법」 제5조에 따른 보호대상자의 자녀
3. 「국민기초생활 보장법」 제24조에 따른 차상위계층의 자녀
4. 「장애인복지법」 제2조에 따른 장애인 중 보건복지부령으로 정하는 장애등급 이상에 해당하는 자의 자녀
5. 그 밖에 소득수준 등을 고려하여 보건복지부령으로 정하는 자의 자녀

② 사업주는 사업장 근로자의 자녀가 우선적으로 직장보육시설을 이용할 수 있도록 하여야 한다. [전문개정 2007.10.17]

第29조(보육과정) ① 보육과정은 영유아의 신체·정서·언어·사회성 및 인지적 발달을 도모

할 수 있는 내용을 포함하여야 한다.

② 보건복지부장관은 표준보육과정을 개발 · 보급하여야 하며 필요하면 그 내용을 검토하여 수정 · 보완하여야 한다. 〈개정 2008.2.29, 2010.1.18〉

③ 보육시설의 장은 제2항의 표준보육과정에 따라 영유아를 보육하도록 노력하여야 한다.

④ 제1항에 따른 보육과정의 구체적인 내용은 보건복지부령으로 정한다.
〈개정 2008.2.29, 2010.1.18〉 [전문개정 2007.10.17]

제29조의2(보육시설 생활기록) 보육시설의 장은 영유아 생활지도 및 초등학교 교육과의 연계지도에 활용할 수 있도록 영유아의 발달상황 등을 종합적으로 관찰 · 평가하여 보건복지부장관이 정하는 기준에 따라 생활기록부를 작성 · 관리하여야 한다.
〈개정 2008.2.29, 2010.1.18〉 [전문개정 2007.10.17]

제30조(보육시설 평가인증) ① 보건복지부장관은 보육서비스의 질적 수준을 향상시키기 위하여 보육시설에 대한 평가인증을 실시할 수 있다. 〈개정 2008.2.29, 2010.1.18〉

② 보건복지부장관은 제1항에 따른 보육시설 평가인증에 관한 업무를 공공 또는 민간 기관 · 단체 등에 위탁하여 실시할 수 있다. 〈개정 2008.2.29, 2010.1.18〉

③ 제1항에 따른 보육시설 평가인증의 실시 등에 필요한 사항은 보건복지부령으로 정한다. 〈개정 2008.2.29, 2010.1.18〉

④ 보건복지부장관은 제1항에 따른 평가인증을 받으려는 보육시설 설치 · 운영자에게 보건복지부령으로 정하는 바에 따라 평가인증에 필요한 비용을 받을 수 있다. 〈개정 2008.2.29, 2010.1.18〉

⑤ 보건복지부장관은 제1항에 따른 평가인증의 결과에 따라 보육사업 실시에 필요한 지원을 할 수 있다. 〈개정 2008.2.29, 2010.1.18〉 [전문개정 2007.10.17]

제5장 건강 · 영양 및 안전

제31조(건강관리 및 응급조치) ① 보육시설의 장은 영유아와 보육시설종사자에 대하여 정기적으로 건강진단을 실시하는 등 건강관리를 하여야 한다.

② 보육시설의 장은 영유아에게 질병 · 사고 또는 재해 등으로 인하여 위급 상태가 발생한 경우 즉시 응급의료기관에 이송하여야 한다.

③ 제1항에 따른 건강진단 등에 필요한 사항은 보건복지부령으로 정한다.
〈개정 2008.2.29, 2010.1.18〉 [전문개정 2007.10.17]

제31조의2(보육시설 안전공제사업 등) ① 보육시설 상호 간의 협동조직을 통하여 보육시설의 안전사고를 예방하고 보육시설 안전사고로 인하여 생명 · 신체에 피해를 입은 영유아 및 보육시설종사자 등에 대한 보상을 하기 위하여 보건복지부장관의 허가를 받아 보육시설 안전공제사업(이하 "공제사업"이라 한다)을 할 수 있다. 〈개정 2010.1.18〉

② 공제사업을 위하여 설립되는 보육시설 안전공제회(이하 "공제회"라 한다)는 법인으로 하며, 주된 사무소의 소재지에 설립등기를 함으로써 성립한다.

③ 공제회에 가입한 보육시설은 공제사업의 수행에 필요한 출자금 등을 공제회에 납부하여

야 한다.

④ 공제회의 기본재산은 회원의 출자금 등으로 조성한다. 다만, 보건복지부장관은 공제회의 주된 사무소의 설치 및 운영에 필요한 비용의 일부를 지원할 수 있다. 〈개정 2010.1.18〉

⑤ 공제회의 회원자격, 임원에 관한 사항 및 출자금의 부담기준에 관한 사항은 정관으로 정한다.

⑥ 공제회의 설립허가 기준 및 절차, 정관기재사항, 운영 및 감독 등에 관하여 필요한 사항은 대통령령으로 정한다.

⑦ 공제회는 공제사업의 범위, 공제료, 공제사업에 충당하기 위한 책임준비금 등 공제사업의 운영에 관하여 필요한 사항을 포함한 공제규정을 정하여 보건복지부장관의 허가를 받아야 한다. 공제규정을 변경하고자 하는 때에도 또한 같다. 〈개정 2010.1.18〉

⑧ 공제회에 관하여 이 법에 규정된 것을 제외하고는 「민법」중 재단법인에 관한 규정을 준용한다.

⑨ 이 법에 따른 공제회의 사업에 대하여는 「보험업법」을 적용하지 아니한다.

[본조신설 2008.12.19]

제32조(치료 및 예방조치) ① 보육시설의 장은 제31조에 따른 건강진단 결과 질병에 감염되었거나 감염될 우려가 있는 영유아에 대하여 그 보호자와 협의하여 질병의 치료와 예방에 필요한 조치를 하여야 한다.

② 보육시설의 장은 제1항의 조치를 위하여 필요하면 「지역보건법」 제7조와 제10조에 따른 보건소 및 보건지소, 「의료법」 제3조에 따른 의료기관에 협조를 구할 수 있다.

③ 제2항에 따라 협조를 요청받은 보건소 · 보건지소 및 의료기관의 장은 적절한 조치를 취하여야 한다. [전문개정 2007.10.17]

제33조(급식 관리) 보육시설의 장은 영유아에게 보건복지부령으로 정하는 바에 따라 균형 있고 위생적이며 안전한 급식을 하여야 한다. 〈개정 2008.2.29, 2010.1.18〉 [전문개정 2007.10.17]

제6장 비용

제34조(비용의 부담) ① 국가나 지방자치단체는 「국민기초생활 보장법」에 따른 수급자와 보건복지부령으로 정하는 일정소득 이하 가구의 자녀 등의 보육에 필요한 비용의 전부 또는 일부를 부담하여야 한다. 〈개정 2008.2.29, 2010.1.18〉

② 제1항에 따른 보육에 필요한 비용은 가구의 소득수준과 거주 지역 등을 고려하여 차등 지원할 수 있다.

③ 국가와 지방자치단체는 자녀가 2인 이상인 경우에 대하여 추가적으로 지원할 수 있다.

〈신설 2008.12.19〉 [전문개정 2007.10.17]

제34조의2(양육수당) ① 국가와 지방자치단체는 보육시설이나 「유아교육법」 제2조에 따른 유치원을 이용하지 아니하는 영유아에 대하여 영유아의 연령과 보호자의 경제적 수준을 고려하여 양육에 필요한 비용을 지원할 수 있다.

② 제1항에 따른 비용 지원의 대상 · 기준 등에 대하여 필요한 사항은 대통령령으로 정한다.

[본조신설 2008.12.19]

제34조의3(보육서비스 이용권) ① 국가와 지방자치단체는 제34조제1항, 제34조의2 및 제35조에 따른 비용 지원을 위하여 보육서비스 이용권(이하 "이용권"이라 한다)을 지급할 수 있다.

② 보건복지부장관과 지방자치단체의 장은 이용권에 관한 업무를 공공기관 또는 민간기관 · 단체에 위탁할 수 있다. 〈개정 2010.1.18〉

③ 이용권에 관하여 필요한 사항은 보건복지부령으로 정한다. 〈개정 2010.1.18〉

[본조신설 2008.12.19]

제34조의4(비용 지원의 신청) ① 영유아의 보호자는 제34조제1항, 제34조의2 및 제35조에 따른 비용의 지원을 신청할 수 있다.

② 제1항에 따른 신청을 할 때 다음 각 호의 자료 또는 정보 제공에 대한 보호자 및 그 가구원의 동의 서면을 제출하여야 한다.

1.「금융실명거래 및 비밀보장에 관한 법률」제2조제2호 및 제3호에 따른 금융자산 및 금융거래의 내용에 대한 자료 또는 정보 중 예금의 평균잔액과 그 밖에 대통령령으로 정하는 자료 또는 정보(이하 "금융정보"라 한다)

2.「신용정보의 이용 및 보호에 관한 법률」제2조제1호에 따른 신용정보 중 채무액과 그 밖에 대통령령으로 정하는 자료 또는 정보(이하 "신용정보"라 한다)

3. 「보험업법」제4조제1항 각 호에 따른 보험에 가입하여 납부한 보험료와 그 밖에 대통령령으로 정하는 자료 또는 정보(이하 "보험정보"라 한다)

③ 제1항에 따른 비용 지원의 신청방법 · 절차는 보건복지부령으로 정하며, 제2항에 따른 동의의 방법 · 절차 등에 관하여 필요한 사항은 대통령령으로 정한다. 〈개정 2010.1.18〉

[본조신설 2008.12.19]

제34조의5(조사 · 질문) ① 보건복지부장관 또는 지방자치단체의 장은 제34조의4제1항에 따른 신청자 및 지원이 확정된 자에 대하여 비용 지원대상 자격확인을 위하여 필요한 서류나 그 밖의 소득 · 재산 등에 관한 자료의 제출을 요구할 수 있으며, 소속 공무원으로 하여금 비용 지원 신청자 및 지원이 확정된 자의 주거, 그 밖의 필요한 장소에 출입하여 서류 등을 조사하게 하거나 관계인에게 필요한 질문을 하게 할 수 있다. 〈개정 2010.1.18〉

② 보건복지부장관 또는 지방자치단체의 장은 제1항에 따른 조사 또는 비용 지원사업을 수행하기 위하여 필요한 금융정보, 신용정보, 보험정보, 국세 · 지방세 · 토지 · 건물 · 건강보험 · 국민연금 · 고용보험 · 산재보험 등에 관한 자료의 제공을 관계 기관의 장에게 요청할 수 있다. 이 경우 자료의 제공을 요청받은 관계 기관의 장은 특별한 사유가 없는 한 이에 응하여야 한다. 〈개정 2010.1.18〉

③ 제1항에 따라 출입 · 조사 · 질문을 하는 자는 그 권한을 표시하는 증표를 지니고 이를 관계인에게 내보여야 한다.

④ 보건복지부장관 또는 지방자치단체의 장은 비용 지원 신청자 또는 지원이 확정된 자가 제

1항에 따른 서류 또는 자료의 제출을 거부하거나 조사 · 질문을 거부 · 방해 또는 기피하는 경우에는 비용 지원의 신청을 각하하거나 지원결정을 취소 · 중지 또는 변경할 수 있다. 〈개정 2010.1.18〉

⑤ 제1항에 따른 조사 · 질문의 범위 · 시기 및 내용에 관하여 필요한 사항은 보건복지부령으로 정한다. 〈개정 2010.1.18〉

⑥ 보육비용 지원대상에 대한 주민등록 주소지 등을 파악하기 위하여 「전자정부법」 제36조제1항에 따라 행정정보를 공동이용할 수 있다. 〈개정 2010.2.4〉 [본조신설 2008.12.19]

제34조의6(금융정보 등의 제공) ① 국가 및 지방자치단체는 제34조제1항, 제34조의2 및 제35조에 따른 비용을 지원하고자 할 때 비용 지원 신청자 및 그 가구원의 재산을 평가하기 위하여 「금융실명거래 및 비밀보장에 관한 법률」 제4조제1항과 「신용정보의 이용 및 보호에 관한 법률」 제23조제1항에도 불구하고 비용 지원 신청자 및 그 가구원이 제34조의4에 따라 제출한 동의 서면을 전자적 형태로 바꾼 문서에 의하여 금융기관등(「금융실명거래 및 비밀보장에 관한 법률」 제2조제1호에 따른 금융기관, 「신용정보의 이용 및 보호에 관한 법률」 제2조제5호에 따른 신용정보집중기관을 말한다. 이하 같다)의 장에게 금융정보 · 신용정보 또는 보험정보(이하 "금융정보등"이라 한다)의 제공을 요청할 수 있다.

② 제1항에 따라 금융정보등의 제공을 요청받은 금융기관등의 장은 「금융실명거래 및 비밀보장에 관한 법률」 제4조와 「신용정보의 이용 및 보호에 관한 법률」 제23조에도 불구하고 명의인의 금융정보등을 제공하여야 한다.

③ 제2항에 따라 금융정보등을 제공한 금융기관등의 장은 금융정보등의 제공사실을 명의인에게 통보하여야 한다. 다만, 명의인의 동의가 있는 경우에는 「금융실명거래 및 비밀보장에 관한 법률」제4조의2제1항과 「신용정보의 이용 및 보호에 관한 법률」 제24조의2에도 불구하고 통보하지 아니할 수 있다.

④ 제1항 및 제2항에 따른 금융정보등의 제공요청 및 제공은 「정보통신망 이용촉진 및 정보보호 등에 관한 법률」 제2조제1항제1호에 따른 정보통신망을 이용하여야 한다. 다만, 정보통신망의 손상 등 불가피한 경우에는 그러하지 아니하다.

⑤ 제1항 및 제2항에 따른 업무에 종사하거나 종사하였던 자는 업무를 수행하면서 취득한 금융정보등을 이 법으로 정한 목적 외의 다른 용도로 사용하거나 다른 사람 또는 기관에 제공하거나 누설하여서는 아니 된다.

⑥ 제1항, 제2항 및 제4항에 따른 금융정보등의 제공요청 및 제공 등에 관하여 필요한 사항은 대통령령으로 정한다. [본조신설 2008.12.19]

제35조(무상보육의 특례) ① 초등학교 취학 직전 1년의 유아(幼兒)와 장애아에 대한 보육은 무상으로 하되, 대통령령으로 정하는 바에 따라 순차적으로 실시한다.

② 제1항에 따른 무상보육 실시에 드는 비용은 대통령령으로 정하는 바에 따라 국가나 지방자치단체가 부담하거나 보조하여야 한다.

③ 제12조 후단에도 불구하고 국가와 지방자치단체는 제1항에 따른 무상보육을 받으려는 유

아와 장애아를 보육하기 위하여 필요한 보육시설을 설치 · 운영하여야 한다.
[전문개정 2007.10.17]

第36조(비용의 보조 등) 국가나 지방자치단체는 대통령령으로 정하는 바에 따라 제10조에 따른 보육시설의 설치, 보육교사(대체교사를 포함한다)의 인건비, 초과보육(超過保育)에 드는 비용 등 운영 경비 또는 보육정보센터의 설치 · 운영, 보육시설종사자의 복지 증진, 취약보육의 실시 등 보육사업에 드는 비용의 전부 또는 일부를 보조한다. [전문개정 2007.10.17]

第37조(사업주의 비용 부담) 제14조에 따라 보육시설을 설치한 사업주는 대통령령으로 정하는 바에 따라 그 보육시설의 운영과 보육에 필요한 비용의 전부 또는 일부를 부담하여야 한다.
[전문개정 2007.10.17]

第38조(보육료 등의 수납) 제12조부터 제14조까지의 규정에 따라 보육시설을 설치 · 운영하는 자는 그 보육시설의 소재지를 관할하는 시 · 도지사가 정하는 범위에서 그 시설을 이용하는 자로부터 보육료와 그 밖의 필요경비 등을 받을 수 있다. 다만, 시 · 도지사는 필요시 보육시설 유형과 지역적 여건을 고려하여 그 기준을 다르게 정할 수 있다. [전문개정 2007.10.17]

第39조(세제 지원) ① 제14조와 제37조에 따라 사업주가 직장보육시설을 설치 · 운영하거나 보육수당을 지급하는 데에 드는 비용과 보호자가 영유아의 보육을 위하여 지출한 보육료와 그 밖에 보육에 드는 비용에 관하여는 「조세특례제한법」에서 정하는 바에 따라 조세를 감면한다.

② 제10조제3호의 직장보육시설을 제외한 보육시설의 운영비에 대하여도 「조세특례제한법」에서 정하는 바에 따라 조세를 감면한다. [전문개정 2007.10.17]

第40조(비용 및 보조금의 반환명령) 국가나 지방자치단체는 보육시설의 설치 · 운영자, 보육정보센터의 장, 교육훈련 위탁실시자 등이 다음 각 호의 어느 하나에 해당하는 경우에는 이미 교부한 비용과 보조금의 전부 또는 일부의 반환을 명할 수 있다.

1. 시설 운영이 정지 · 폐쇄 또는 취소된 경우
2. 사업 목적 외의 용도에 보조금을 사용한 경우
3. 거짓이나 그 밖의 부정한 방법으로 보조금을 교부받은 경우
4. 이 법 또는 이 법에 따른 명령을 위반한 경우 [전문개정 2007.10.17]

제7장 지도 및 감독

第41조(지도와 명령) 보건복지부장관, 시 · 도지사 및 시장 · 군수 · 구청장은 보육사업의 원활한 수행을 위하여 보육시설 설치 · 운영자 및 보육시설종사자에 대하여 필요한 지도와 명령을 할 수 있다. 〈개정 2008.2.29, 2010.1.18〉 [전문개정 2007.10.17]

第42조(보고와 검사) ① 보건복지부장관, 시 · 도지사 또는 시장 · 군수 · 구청장은 보육시설을 설치 · 운영하는 자로 하여금 그 시설에 관하여 필요한 보고를 하게 하거나 관계 공무원으로 하여금 그 시설의 운영 상황을 조사하게 하거나 장부와 그 밖의 서류를 검사하게 할 수 있다.
〈개정 2008.2.29, 2010.1.18〉

② 제1항에 따라 관계 공무원이 그 직무를 수행할 때에는 그 권한을 표시하는 증표를 지니고 이를 관계인에게 내보여야 한다. [전문개정 2007.10.17]

제43조(보육시설의 폐지 · 휴지 및 재개 등의 신고) ① 제13조제1항에 따라 인가된 보육시설을 폐지하거나 일정기간 운영을 중단하거나 운영을 재개하려는 자는 보건복지부령으로 정하는 바에 따라 미리 시장 · 군수 · 구청장에게 신고하여야 한다. 〈개정 2008.2.29, 2010.1.18〉

② 보육시설의 장은 보육시설이 폐지되거나 일정기간 운영이 중단되는 경우에는 보건복지부령으로 정하는 바에 따라 그 보육시설에서 보육 중인 영유아가 다른 보육시설로 옮길 수 있도록 하는 등 영유아의 권익을 보호하기 위한 조치를 취하여야 한다.
〈개정 2008.2.29, 2010.1.18〉 [전문개정 2007.10.17]

제44조(시정 또는 변경 명령) 보건복지부장관, 시 · 도지사 또는 시장 · 군수 · 구청장은 보육시설이 다음 각 호의 어느 하나에 해당하면 보육시설의 장 또는 그 설치 · 운영자에게 기간을 정하여 그 시정 또는 변경을 명할 수 있다. 〈개정 2008.2.29, 2010.1.18〉

1. 제13조제1항에 따른 변경인가를 받지 아니하고 보육시설을 운영하는 경우
2. 제15조에 따른 보육시설의 설치기준을 위반한 경우
3. 제17조제2항에 따른 보육시설종사자의 배치기준을 위반한 경우
4. 제24조제1항에 따른 보육시설의 운영기준을 위반한 경우
5. 제38조에 따른 보육료 등을 한도액을 초과하여 받은 경우
6. 제42조에 따른 보고를 하지 아니하거나 거짓으로 보고한 경우 또는 조사 · 검사를 거부하거나 기피한 경우
7. 제43조제1항에 따른 신고를 하지 아니하고 보육시설을 폐지하거나 일정기간 운영을 중단하거나 운영을 재개한 경우
8. 그 밖에 이 법 또는 이 법에 따른 명령을 위반한 경우 [전문개정 2007.10.17]

제45조(보육시설의 폐쇄 등) ① 보건복지부장관, 시 · 도지사 및 시장 · 군수 · 구청장은 보육시설을 설치 · 운영하는 자가 다음 각 호의 어느 하나에 해당하면 1년 이내의 시설운영정지를 명하거나 시설의 폐쇄를 명할 수 있다. 〈개정 2008.2.29, 2010.1.18〉

1. 거짓이나 그 밖의 부정한 방법으로 보조금을 교부받거나 보조금을 유용(流用)한 경우
2. 제40조에 따른 비용 또는 보조금의 반환명령을 받고 반환하지 아니한 경우
3. 제44조에 따른 시정 또는 변경 명령을 위반한 경우

② 보건복지부장관, 시 · 도지사 및 시장 · 군수 · 구청장은 영아 또는 장애아가 주로 이용하는 보육시설로서 보건복지부령으로 정하는 보육시설이 제1항 각 호의 어느 하나에 해당하여 시설운영정지를 명하여야 하는 경우로서 그 운영정지가 보육시설을 이용하는 영아 또는 장애아에게 심한 불편을 줄 우려가 있는 때에는 시설운영정지 처분에 갈음하여 보육시설 정원의 감축 또는 아동모집의 정지 조치를 취할 수 있다. 〈개정 2008.2.29, 2010.1.18〉

③ 제1항 및 제2항에 따른 행정처분의 세부기준은 보건복지부령으로 정한다. 〈개정 2008.2.29, 2010.1.18〉 [전문개정 2007.10.17]

제45조의2(행정제재처분효과의 승계) 보육시설을 설치 · 운영하는 자가 그 보육시설을 양도하거나 사망한 때 또는 법인의 합병이 있는 때에는 종전의 보육시설을 설치 · 운영한 자에게 제

45조제1항 각 호의 사유로 행한 행정제재처분의 효과는 그 행정처분일부터 1년간 그 양수인 · 상속인 또는 합병 후 신설되거나 존속하는 법인에 승계되며, 행정제재처분의 절차가 진행 중인 경우에는 양수인 · 상속인 또는 합병 후 신설되거나 존속하는 법인에 대하여 행정제재처분의 절차를 속행할 수 있다. 다만, 양수인 · 상속인 또는 합병 후 신설되거나 존속하는 법인이 양수 또는 합병할 때 그 처분 또는 위반사실을 알지 못하였음을 증명하는 경우에는 그러하지 아니하다. [본조신설 2008.1.17]

第46조(보육시설의 장의 자격정지) 보건복지부장관은 보육시설의 장이 다음 각 호의 어느 하나에 해당하면 1년 이내의 범위에서 보건복지부령으로 정하는 바에 따라 그 자격을 정지시킬 수 있다. 〈개정 2008.2.29, 2010.1.18〉

1. 보육시설의 장이 업무 수행 중 고의나 중대한 과실로 손해를 입힌 경우
2. 해당 업무 수행에 필요한 자격이 없는 자를 채용하여 보육교사 · 간호사 또는 영양사 등의 업무를 수행하게 한 경우
3. 제23조에 따른 보수교육을 연속하여 3회 이상 받지 아니한 경우
4. 거짓이나 그 밖의 부정한 방법으로 보조금을 교부받거나 보조금을 유용한 경우

[전문개정 2007.10.17]

第47조(보육교사의 자격정지) 보건복지부장관은 보육교사가 다음 각 호의 어느 하나에 해당하면 1년 이내의 범위에서 보건복지부령으로 정하는 바에 따라 그 자격을 정지시킬 수 있다. 〈개정 2008.2.29, 2010.1.18〉

1. 보육교사가 업무 수행 중 그 자격과 관련하여 고의나 중대한 과실로 손해를 입힌 경우
2. 제23조에 따른 보수교육을 연속하여 3회 이상 받지 아니한 경우 [전문개정 2007.10.17]

第48조(보육시설의 장 또는 보육교사의 자격취소) 보건복지부장관은 보육시설의 장 또는 보육교사가 다음 각 호의 어느 하나에 해당하면 그 자격을 취소할 수 있다. 〈개정 2008.2.29, 2010.1.18〉

1. 거짓이나 그 밖의 부정한 방법으로 자격증을 취득한 경우
2. 자격 취득자가 업무 수행 중 그 자격과 관련하여 고의나 중대한 과실로 손해를 입히고 금고 이상의 형을 선고받은 경우
3. 「아동복지법」 제29조의 금지행위를 하여 같은 법 제40조에 따른 처벌을 받은 경우
4. 제22조의2에 따른 명의대여 금지 등의 의무를 위반한 경우
5. 자격정지처분기간 종료 후 3년 이내에 자격정지처분에 해당하는 행위를 한 경우
6. 자격정지처분을 받고도 자격정지처분기간 이내에 자격증을 사용하여 자격 관련 업무를 수행한 경우
7. 자격정지처분을 3회 이상 받은 경우
8. 제46조제4호에 해당하여 금고 이상의 형을 선고받은 경우 [전문개정 2007.10.17]

第49조(청문) 보건복지부장관, 시 · 도지사 및 시장 · 군수 · 구청장은 제45조부터 제48조까지의 행정처분을 하려면 청문을 하여야 한다. 〈개정 2008.2.29, 2010.1.18〉 [전문개정

2007.10.17]

제8장 보칙

제50조(경력의 인정) ① 보육시설에 근무하는 자 중 「유아교육법」에 따른 유치원교원의 자격을 가진 자에 대하여는 보육시설에서의 근무경력을 「유아교육법」에 따른 교육경력으로 인정한다.

② 유치원(「유아교육법」 제2조제6호에 따른 종일제 수업과정을 운영하고 있는 유치원을 말한다)에 근무하는 자 중 이 법에 따른 보육교사의 자격을 가진 자에 대하여는 유치원에서의 근무경력을 이 법에 따른 보육경력으로 인정한다. [전문개정 2007.10.17]

제51조(권한의 위임 및 위탁) ① 보건복지부장관 또는 시 · 도지사는 이 법에 따른 권한의 일부를 대통령령으로 정하는 바에 따라 시 · 도지사 또는 시장 · 군수 · 구청장에게 위임할 수 있다. 〈개정 2008.2.29, 2010.1.18〉

② 보건복지부장관은 이 법에 따른 업무의 일부를 대통령령으로 정하는 바에 따라 법인이나 단체에 위탁할 수 있다. 〈개정 2008.2.29, 2010.1.18〉 [전문개정 2007.10.17]

제52조(도서 · 벽지 · 농어촌지역 등의 보육시설) ① 시장 · 군수 · 구청장은 도서 · 벽지 · 농어촌지역 등에 있는 보육시설로서 제15조에 따른 보육시설의 설치기준 및 제17조제2항에 따른 보육시설종사자의 배치기준을 적용하기 어렵다고 인정하는 경우에는 제6조에 따른 지방보육정책위원회의 심의를 거쳐 관할 시 · 도지사의 승인을 받아 이를 달리 적용할 수 있다.

② 제1항에 따른 도서 · 벽지 · 농어촌지역 등의 구체적인 범위, 보육시설의 설치기준 및 보육시설종사자의 배치기준은 보건복지부령으로 정한다. 〈개정 2008.2.29, 2010.1.18〉

[전문개정 2007.10.17]

제53조(보육시설연합회) ① 보육사업의 원활한 추진과 보육시설의 균형적인 발전, 보육시설 간의 정보 교류 및 상호 협조 증진을 위하여 보육시설연합회(이하 "연합회"라 한다)를 설립할 수 있다.

② 연합회의 조직과 운영, 기능 등에 필요한 사항은 보건복지부령으로 정한다.

〈개정 2008.2.29, 2010.1.18〉 [전문개정 2007.10.17]

제9장 벌칙

제54조(벌칙) ① 제34조의6제5항을 위반한 자는 5년 이하의 징역 또는 3천만원 이하의 벌금에 처한다. 이 경우 징역형과 벌금형은 병과(倂科)할 수 있다. 〈신설 2008.12.19〉

② 거짓이나 그 밖의 부정한 방법으로 보조금을 교부받거나 보조금을 유용한 자는 3년 이하의 징역 또는 1천만원 이하의 벌금에 처한다. 〈개정 2008.12.19〉

③ 다음 각 호의 어느 하나에 해당하는 자는 1년 이하의 징역 또는 500만원 이하의 벌금에 처한다. 〈개정 2008.12.19〉

1. 제13조제1항에 따른 설치인가를 받지 아니하고 보육시설의 명칭을 사용하거나 사실상 보육시설의 형태로 운영한 자
2. 거짓이나 그 밖의 부정한 방법으로 제13조제1항에 따른 보육시설의 설치인가 또는 변경인

가를 받은 자

3. 제22조의2를 위반하여 자기의 성명이나 보육시설의 명칭을 사용하여 보육시설의 장 또는 보육교사의 업무를 수행하게 하거나 자격증을 대여한 자 및 그 상대방
4. 거짓이나 그 밖의 부정한 방법으로 제34조제1항, 제34조의2 및 제35조에 따른 비용을 지원받거나 타인으로 하여금 지원을 받게 한 자
5. 제34조의3에 따른 보육서비스 이용권을 부정사용한 자
6. 거짓이나 그 밖의 부정한 방법으로 제38조에 따른 보육료 등을 수납한 보육시설의 설치 · 운영자
7. 제45조제1항에 따른 시설운영정지명령 또는 시설의 폐쇄명령을 위반하여 사업을 계속한 자
8. 제45조제2항에 따른 보육시설 정원의 감축 또는 아동모집의 정지 조치를 위반하여 보육시설을 운영한 자 [전문개정 2007.10.17]

第55조(양벌규정) ① 법인의 대표자, 대리인, 사용인, 그 밖의 종업원이 그 법인의 업무에 관하여 제54조의 위반행위를 하면 그 행위자를 벌할 뿐만 아니라 그 법인에도 해당 조문의 벌금형을 과(科)한다.

② 개인의 대리인, 사용인, 그 밖의 종업원이 그 개인의 업무에 관하여 제54조의 위반행위를 하면 그 행위자를 벌할 뿐만 아니라 그 개인에게도 해당 조문의 벌금형을 과한다.
[전문개정 2007.10.17]

第56조(과태료) ① 제43조제1항에 따른 신고를 하지 아니하고 보육시설을 폐지하거나 일정기간 운영을 중단하거나 운영을 재개한 자에게는 500만원 이하의 과태료를 부과한다.

② 다음 각 호의 어느 하나에 해당하는 자에게는 300만원 이하의 과태료를 부과한다.

1. 제26조제1항에 따른 취약보육을 우선적으로 실시하지 아니한 자
2. 제28조제1항 각 호에 해당하는 자를 우선적으로 보육하지 아니한 자
3. 제31조에 따른 건강진단 또는 응급조치 등을 이행하지 아니한 자

③ 제1항과 제2항에 따른 과태료는 대통령령으로 정하는 바에 따라 보건복지부장관, 시 · 도지사 또는 시장 · 군수 · 구청장(이하 "부과권자"라 한다)이 부과 · 징수한다.
〈개정 2008.2.29, 2010.1.18〉

④ 제3항에 따른 과태료 처분에 불복하는 자는 그 처분을 고지받은 날부터 30일 이내에 해당 부과권자에게 이의를 제기할 수 있다.

⑤ 제3항에 따른 과태료 처분을 받은 자가 제4항에 따른 이의를 제기하면 해당 부과권자는 지체 없이 관할 법원에 그 사실을 통보하여야 하며, 그 통보를 받은 관할 법원은 「비송사건절차법」에 따른 과태료 재판을 한다.

⑥ 제4항에 따른 기간에 이의를 제기하지 아니하고 과태료를 내지 아니하면 국세 또는 지방세 체납처분의 예에 따라 징수한다. [전문개정 2007.10.17]

부칙 〈제10339호, 2010. 6. 4〉

제1조(시행일) 이 법은 공포 후 1개월이 경과한 날부터 시행한다. 〈단서 생략〉

제2조 및 제3조 생략

제4조(다른 법률의 개정) ① 부터 〈53〉 까지 생략

〈54〉 영유아보육법 일부를 다음과 같이 개정한다.

제5조제3항제1호 중 "노동부차관"을 "고용노동부차관"으로 한다.

〈55〉 부터 〈82〉 까지 생략

제5조 생략

아동복지법

[시행 2010. 7. 5] [법률 제10339호, 2010. 6. 4, 타법개정]

제1조(목적) 이 법은 아동이 건강하게 출생하여 행복하고 안전하게 자라나도록 그 복지를 보장함을 목적으로 한다.

제2조(용어의 정의) 이 법에서 사용하는 용어의 정의는 다음과 같다. 〈개정 2005.7.13〉

1. "아동"이라 함은 18세 미만의 자를 말한다.
2. "보호를 필요로 하는 아동"이라 함은 보호자가 없거나 보호자로부터 이탈된 아동, 또는 보호자가 아동을 학대하는 경우 등 그 보호자가 아동을 양육하기에 부적당하거나 양육할 능력이 없는 경우의 아동을 말한다.
3. "보호자"라 함은 친권자, 후견인, 아동을 보호·양육·교육하거나 그 의무가 있는 자 또는 업무·고용 등의 관계로 사실상 아동을 보호·감독하는 자를 말한다.
4. "아동학대"라 함은 보호자를 포함한 성인에 의하여 아동의 건강·복지를 해치거나 정상적 발달을 저해할 수 있는 신체적·정신적·성적 폭력 또는 가혹행위 및 아동의 보호자에 의하여 이루어지는 유기와 방임을 말한다.
5. "아동복지시설"이라 함은 제14조의 규정에 의하여 설치된 시설을 말한다.
6. "아동복지시설 종사자"라 함은 아동복지시설에서 아동의 상담·지도·치료·양육 기타 아동의 복지에 관한 업무를 담당하는 자를 말한다.
7. "가정위탁"이라 함은 보호를 필요로 하는 아동을 보호하기에 적합한 가정에 일정기간 위탁하는 것을 말한다.

제3조(기본이념) ① 아동은 자신 또는 부모의 성별, 연령, 종교, 사회적 신분, 재산, 장애유무, 출생지역, 인종 등에 따른 어떠한 종류의 차별도 받지 아니하고 자라나야 한다.
〈개정 2006.9.27〉

② 아동은 완전하고 조화로운 인격발달을 위하여 안정된 가정환경에서 행복하게 자라나야 한다.

③ 아동에 관한 모든 활동에 있어서 아동의 이익이 최우선적으로 고려되어야 한다.

제4조(책임) ① 국가와 지방자치단체는 아동의 건강과 복지증진에 노력하여야 하며 이를 위한 시책을 시행하여야 한다.

② 아동의 보호자는 아동을 가정안에서 그의 성장시기에 맞추어 건강하고 안전하게 양육하여야 한다.

③ 모든 국민은 아동의 권익과 안전을 존중하여야 하며, 아동을 건강하게 양육하여야 한다.

④ 국가와 지방자치단체는 장애아동의 권익을 보호하기 위하여 필요한 시책을 강구하여야 한다.

⑤ 국가와 지방자치단체는 아동이 자신 또는 부모의 성별, 연령, 종교, 사회적 신분, 재산, 장애유무, 출생지역 또는 인종 등에 따른 어떠한 종류의 차별도 받지 아니하도록 필요한 시

책을 강구하여야 한다. 〈신설 2006.9.27〉

제4조의2(아동정책조정위원회) ① 아동의 권리증진과 건강한 출생 및 성장을 위하여 종합적인 아동정책을 수립하고 관계부처의 의견을 조정하며, 그 정책의 이행을 감독하고 평가하기 위하여 국무총리소속하에 아동정책조정위원회(이하 "위원회"라 한다)를 둔다.

② 위원회는 다음 각호의 사항을 심의 · 조정한다.

1. 아동정책 및 아동의 권리증진의 기본방향에 관한 사항
2. 아동정책의 개선과 예산지원에 관한 사항
3. 아동정책에 관한 관련 부처간 협조 사항
4. 아동관련 국제조약의 이행 및 평가 · 조정에 관한 사항
5. 그 밖에 위원장이 부의하는 사항

③ 위원회는 위원장을 포함한 25인 이내의 위원으로 구성하되, 위원장은 국무총리가 되고 위원은 다음 각호의 자가 된다. 〈개정 2005.3.24, 2008.2.29, 2010.1.18, 2010.6.4〉

1. 기획재정부장관 · 교육과학기술부장관 · 법무부장관 · 행정안전부장관 · 문화체육관광부장관 · 지식경제부장관 · 보건복지부장관 · 고용노동부장관 · 여성가족부장관
2. 아동관련 단체의 장이나 아동에 대한 학식과 경험이 풍부한 자중 위원장이 위촉하는 15인 이내의 위원

④ 위원회는 제2항제4호의 규정에 의한 국제조약의 이행확인을 위하여 필요한 업무를 관계 전문기관 또는 단체에게 위탁할 수 있다.

⑤ 위원회는 필요하다고 인정하는 때에는 관계행정기관에 대하여 그 소속직원의 출석 · 설명과 자료의 제출을 요구할 수 있다.

⑥ 제1항 내지 제3항에서 정한 것외에 위원회의 구성 및 운영 등에 관하여 필요한 사항은 대통령령으로 정한다. [본조신설 2004.1.29]

제5조(어린이날 및 어린이주간) 어린이에 대한 사랑과 보호의 정신을 높임으로써 이들을 옳고 아름답고 슬기로우며 씩씩하게 자라나도록 하기 위하여 매년 5월 5일을 어린이날로 하며, 5월 1일부터 5월 7일까지를 어린이주간으로 한다. [전문개정 2004.1.29]

제6조(아동위원) ① 시 · 군 · 구(자치구를 말한다. 이하 같다)에 아동위원을 둔다.

② 아동위원은 그 관할구역 안의 아동에 대하여 항상 그 생활상태 및 가정환경을 상세히 파악하고 아동복지에 관하여 필요한 원조와 지도를 행하며 아동복지지도원 및 관계 행정기관과 협력하여야 한다.

③ 아동위원은 그 업무의 원활한 수행을 위하여 적절한 교육을 받을 수 있다.

④ 아동위원은 명예직으로 하되, 아동위원에 대하여는 수당을 지급할 수 있다.

⑤ 아동위원에 관하여 필요한 사항은 당해 시 · 군 · 구의 조례로 정한다.

제7조(아동복지지도원) ① 아동복지에 관한 다음 각호의 사항을 수행하게 하기 위하여 특별시 · 광역시 · 도(이하 "시 · 도"라 한다) 및 시 · 군 · 구에 아동복지지도원을 둔다.

1. 보호를 필요로 하는 아동에 대한 적절한 보호조치

2. 아동 및 그 가족 또는 관계인에 대한 상담
3. 아동지도에 필요한 가정환경의 조사
4. 아동에 관한 전문적 · 기술적 지도를 필요로 하는 경우의 개별지도 · 집단지도 및 그 알선
5. 아동복지시설 또는 보호를 필요로 하는 아동에 대한 조사 · 지도 및 감독
6. 아동을 위한 지역사회자원의 활용알선
7. 지역사회의 학교 부적응아, 비행청소년에 대한 예방 · 지도 및 원조
8. 기타 아동의 복지증진 및 육성에 관한 업무

② 아동복지지도원은 사회복지전담공무원으로 하고 자격 기타 필요한 사항은 대통령령으로 정한다.

제8조(보건소) 보건소는 이 법에 의하여 다음 각호의 업무를 행한다.

1. 아동의 전염병 예방조치
2. 아동의 건강상담, 신체검사와 보건위생에 관한 지도
3. 아동의 영양개선

제9조(아동의 건강 및 안전) ① 아동의 보호자는 아동의 건강유지와 향상을 위하여 최선의 주의와 노력을 하여야 한다.

② 국가는 대통령령이 정하는 바에 따라 아동복지시설과 아동용품에 대한 안전기준을 정하고 아동용품을 제작 · 설치 · 관리하는 자에게 이를 준수하도록 하여야 한다.

③ 아동복지시설, 영유아보육시설, 유치원, 초 · 중 · 고등학교의 장은 대통령령이 정하는 바에 따라 교통안전, 실종 · 유괴의 예방과 방지, 약물오남용 예방, 재난대비 안전 및 성폭력 예방교육을 실시하여야 한다. 〈개정 2006.9.27, 2008.6.13〉

제9조의2(아동보호구역에서의 폐쇄회로 텔레비전 설치 등) ① 국가와 지방자치단체는 유괴 등 범죄의 위험으로부터 아동을 보호하기 위하여 필요하다고 인정하는 때에는 다음 각 호의 어느 하나에 해당되는 시설의 주변구역을 아동보호구역으로 지정하여 폐쇄회로 텔레비전을 설치하거나 그 밖의 필요한 조치를 할 수 있다.

1. 「유아교육법」제2조에 따른 유치원, 「초 · 중등교육법」제38조 및 제55조에 따른 초등학교 또는 특수학교
2. 「영유아보육법」제10조에 따른 보육시설
3. 「도시공원 및 녹지 등에 관한 법률」제15조에 따른 도시공원

② 제1항에 따른 아동보호구역의 지정기준 및 절차 등에 관하여 필요한 사항은 대통령령으로 정한다.

③ 이 법으로 정한 것 외에 폐쇄회로 텔레비전의 설치 등에 관한 사항은 「공공기관의 개인정보보호에 관한 법률」에 따른다. [본조신설 2008.6.13]

제10조(보호조치) ① 서울특별시장 · 광역시장 · 도지사(이하 "시 · 도지사"라 한다) 또는 시장 · 군수 · 구청장(자치구의 구청장을 말한다. 이하 같다)은 그 관할구역 안에서 보호를 필요로 하는 아동을 발견하거나 보호자의 의뢰를 받은 때에는 아동의 최상의 이익을 위하여 대통

령령이 정하는 바에 따라 다음 각호의 필요한 보호조치를 하여야 한다.
〈개정 2004.1.29, 2005.7.13, 2006.9.27〉

1. 아동복지지도원 또는 아동위원에게 보호를 필요로 하는 아동 또는 그 보호자에 대한 상담 · 지도를 행하게 하는 것
2. 보호자 또는 대리양육을 원하는 연고자에 대하여 그 가정에서 보호양육 할 수 있도록 필요한 조치를 하는 것
3. 아동의 보호를 희망하는 자에게 가정위탁하는 것
4. 보호를 필요로 하는 아동에 적합한 아동복지시설에 입소시키는 것
5. 약물 및 알콜중독 · 정서장애 · 발달장애 · 성폭력피해 등으로 특수한 치료나 요양 등의 보호를 필요로 하는 아동에 대하여 전문치료기관 또는 요양소에 입원 또는 입소시키는 것

② 시 · 도지사 또는 시장 · 군수 · 구청장은 제1항제3호 내지 제5호의 규정에 의한 조치를 할 때까지 필요한 경우에는 적당하다고 인정하는 자에게 일시 위탁하여 그 보호를 필요로 하는 아동을 보호하게 할 수 있다.

③ 시 · 도지사 또는 시장 · 군수 · 구청장은 제1항제3호 내지 제5호의 조치를 함에 있어 당해 보호를 필요로 하는 아동의 의사를 존중하여야 하며 보호자가 있을 경우에는 그 의견을 들어야 한다.

④ 시 · 도지사 또는 시장 · 군수 · 구청장은 제1항제1호 내지 제3호의 보호조치가 적합하지 아니한 자에 대하여 제1항제4호의 보호조치를 할 수 있다. 이 경우 시설의 장은 당해 보호를 필요로 하는 아동의 개별보호 · 관리계획을 세워 보호하여야 하며, 보호를 필요로 하는 아동의 보호자를 참여시킬 수 있다.

⑤ 시 · 도지사 또는 시장 · 군수 · 구청장은 그 관할구역안에서 약물 및 알콜중독, 정서장애, 발달장애 등의 문제발생 가능성이 있는 아동의 가정에 대하여 예방차원에서의 적절한 조치를 강구하여야 한다.

제11조(시설보호아동에 대한 퇴소조치 등) ① 제10조의 규정에 의하여 아동복지시설에 입소한 보호를 필요로 하는 아동의 연령이 18세에 달하였거나, 보호의 목적을 달성하였다고 인정될 때에는 당해 시설의 장은 그 보호중인 아동을 퇴소시켜야 한다.

② 제1항의 규정에도 불구하고 아동이 다음 각 호의 어느 하나에 해당하는 경우에는 시설의 장이 보호기간을 연장할 수 있다. 〈개정 2006.9.27〉

1. 「고등교육법」 제2조의 규정에 따른 대학 이하의 학교에 재학 중인 경우
2. 제16조제1항제4호의 아동직업훈련시설 또는 「근로자직업능력 개발법」 제2조제3호의 직업능력개발훈련시설에서 교육 · 훈련 중인 경우
3. 그 밖에 시설에서 계속 보호 · 양육이 필요하다고 인정하여 대통령령이 정하는 경우

제12조(친권상실 선고등의 청구) ① 시 · 도지사 또는 시장 · 군수 · 구청장은 아동의 친권자가 그 친권을 남용하거나 현저한 비행 기타 친권을 행사할 수 없는 중대한 사유가 있는 것을 발견한 경우 아동의 복지를 위하여 필요하다고 인정할 때에는 법원에 친권행사의 제한 또는 친

권상실의 선고를 청구하여야 한다.

② 제24조제1항의 규정에 따른 아동보호전문기관의 장은 제1항의 사유에 해당하는 경우 시 · 도지사 또는 시장 · 군수 · 구청장에 대하여 친권행사 제한 또는 친권상실의 선고를 청구하도록 요청할 수 있다. 〈신설 2006.9.27〉

제13조(아동의 후견인 선임청구) ① 시 · 도지사 또는 시장 · 군수 · 구청장은 친권자 또는 후견인이 없는 아동을 발견한 경우 그 복지를 위하여 필요하다고 인정할 때에는 법원에 후견인의 선임 또는 그 해임을 청구하여야 한다. 이 경우 당해 아동의 의견을 존중하여야 한다.

② 아동복지시설에 입소중인 보호를 필요로 하는 아동에 대하여는 "보호시설에있는미성년자의후견직무에관한법률"을 적용한다.

제14조(아동복지시설의 설치) ① 국가 또는 지방자치단체는 아동복지시설을 설치할 수 있다.

② 국가 또는 지방자치단체외의 자는 관할 시장 · 군수 · 구청장에게 신고하고 아동복지시설을 설치할 수 있다.

③ 아동복지시설의 시설기준 및 설치 등에 관하여 필요한 사항은 보건복지부령으로 정한다. 〈개정 2008.2.29, 2010.1.18〉

제15조(휴지 · 폐지 등의 신고) 제14조제2항의 규정에 의하여 신고한 아동복지시설을 폐지 또는 휴지하거나 그 운영을 재개하고자 하는 자는 보건복지부령이 정하는 바에 따라 미리 시장 · 군수 · 구청장에게 신고하여야 한다. 〈개정 2008.2.29, 2010.1.18〉

제16조(아동복지시설의 종류) ① 아동복지시설의 종류는 다음과 같다. 〈개정 2004.1.29〉

1. 아동양육시설 : 보호를 필요로 하는 아동을 입소시켜 보호, 양육하는 것을 목적으로 하는 시설
2. 아동일시보호시설 : 보호를 필요로 하는 아동을 일시보호하고 아동에 대한 향후의 양육대책수립 및 보호조치를 행하는 것을 목적으로 하는 시설
3. 아동보호치료시설 : 불량행위를 하거나 불량행위를 할 우려가 있는 아동으로서 보호자가 없거나 친권자나 후견인이 입소를 신청한 아동 또는 가정법원, 지방법원소년부지원에서 보호위탁된 아동을 입소시켜 그들을 선도하여 건전한 사회인으로 육성하는 것을 목적으로 하는 시설
4. 아동직업훈련시설 : 아동복지시설에 입소되어 있는 만15세 이상의 아동과 생활이 어려운 가정의 아동에 대하여 자활에 필요한 지식과 기능을 습득시키는 것을 목적으로 하는 시설
5. 자립지원시설 : 아동복지시설에서 퇴소한 자에게 취업준비기간 또는 취업후 일정기간 보호함으로써 자립을 지원하는 것을 목적으로 하는 시설
6. 아동단기보호시설 : 일반가정에 아동을 보호하기 곤란한 일시적 사정이 있는 경우 아동을 단기간 보호하며 가정의 복지에 필요한 지원조치를 하는 것을 목적으로 하는 시설
7. 아동상담소 : 아동과 그 가족의 문제에 관한 상담, 치료, 예방 및 연구 등을 목적으로 하는 시설
8. 아동전용시설 : 어린이공원, 어린이놀이터, 아동회관, 체육, 연극, 영화, 과학실험전시시설,

아동휴게숙박시설, 야영장 등 아동에게 건전한 놀이 · 오락 기타 각종 편의를 제공하여 심신의 건강유지와 복지증진에 필요한 서비스를 제공하는 것을 목적으로 하는 시설

9. 아동복지관 : 지역사회 아동의 건전육성을 위하여 심신의 건강유지와 복지증진에 필요한 서비스를 제공하는 것을 목적으로 하는 시설

10. 공동생활가정 : 보호를 필요로 하는 아동에게 가정과 같은 주거여건과 보호를 제공하는 것을 목적으로 하는 시설

11. 지역아동센터 : 지역사회 아동의 보호 · 교육, 건전한 놀이와 오락의 제공, 보호자와 지역사회의 연계 등 아동의 건전육성을 위하여 종합적인 아동복지서비스를 제공하는 시설

② 제1항의 규정에 의한 아동복지시설은 종합시설로 설치할 수 있다.

③ 아동복지시설은 각 시설의 고유업무외에도 다음 각호의 사업을 실시할 수 있다.

1. 아동가정지원사업 : 지역사회아동의 건전한 발달을 위하여 아동, 가정, 지역주민에게 상담, 조언 및 정보를 제공해 주는 사업
2. 아동주간보호사업 : 부득이한 사유로 가정에서 낮동안 보호를 받을 수 없는 아동을 대상으로 개별적인 보호와 교육을 통하여 아동의 건전한 성장을 도모하는 사업
3. 아동전문상담사업 : 학교부적응아동 등을 대상으로 올바른 인격형성을 위한 상담, 치료 및 학교폭력예방을 실시하는 사업
4. 학대아동보호사업 : 학대아동의 발견, 보호, 치료 및 아동학대의 예방 등을 전문적으로 실시하는 사업
5. 공동생활가정사업 : 보호를 필요로 하는 아동에게 가정과 같은 주거여건과 보호를 제공하는 것을 목적으로 하는 사업
6. 방과후 아동지도사업: 저소득층 아동을 대상으로 방과후 개별적인 보호와 교육을 통하여 건전한 인격형성을 목적으로 하는 사업

제17조(아동전용시설의 설치) ① 국가와 지방자치단체는 아동이 항상 이용할 수 있는 아동전용시설을 설치하도록 노력하여야 한다.

② 아동이 이용할 수 있는 문화 · 오락시설 · 교통 기타 서비스시설 등을 설치 · 운영하는 자는 대통령령이 정하는 바에 의하여 아동의 이용편의를 고려한 편익설비를 갖추고 아동에 대한 입장료와 이용료 등을 감면할 수 있다.

③ 아동전용시설의 설치기준 등에 관하여 필요한 사항은 보건복지부령으로 정한다. 〈개정 2008.2.29, 2010.1.18〉

제18조(시설의 장의 의무) 아동복지시설의 장은 보호아동의 권리를 최대한 보장하여야 하며 친권자가 있는 경우 보호아동의 가정복귀를 위하여 적절한 상담과 지도를 병행하여야 한다.

제19조(아동복지시설종사자) ① 아동복지시설에는 필요한 전문인력을 배치하여야 한다.

② 아동복지시설종사자의 직종과 수, 그 자격 및 배치기준은 대통령령으로 정한다.

제20조(아동복지시설종사자의 교육훈련) ① 보건복지부장관은 아동복지시설종사자의 양성 및 자질향상을 위한 교육 · 훈련을 실시하여야 한다. 〈개정 2008.2.29, 2010.1.18〉

② 보건복지부장관은 제1항의 교육훈련을 대학(전문대학을 포함한다) 또는 아동복지단체 기타 교육훈련시설(이하 "교육훈련시설"이라 한다)에 위탁하여 실시할 수 있다.
〈개정 2008.2.29, 2010.1.18〉

제21조(시설의 개선, 사업의 정지, 폐쇄 등) 보건복지부장관, 시·도지사 또는 시장·군수·구청장은 제14조제2항의 규정에 의하여 설치된 아동복지시설, 제20조제2항의 규정에 의한 교육훈련시설(대학 및 전문대학을 제외한다)이 다음 각호의 1에 해당하는 때에는 소관에 따라 그 시설의 개선, 사업의 정지, 위탁의 취소 또는 시설의 장의 교체를 명하거나 시설의 폐쇄를 명할 수 있다. 〈개정 2008.2.29, 2010.1.18〉

1. 시설이 설치기준에 미달하게 된 때
2. 사회복지법인 또는 비영리법인이 설치·운영하는 시설의 경우 그 사회복지법인 또는 비영리법인의 설립허가가 취소된 때
3. 설치목적의 달성 기타의 사유로 계속하여 운영될 필요가 없다고 인정할 때
4. 기타 이 법 또는 이 법에 의한 명령에 위반한 때

제22조(청문) 보건복지부장관, 시·도지사 또는 시장·군수·구청장은 제21조의 규정에 의한 위탁의 취소 또는 시설의 폐쇄명령을 하고자 하는 경우에는 청문을 실시하여야 한다.
〈개정 2008.2.29, 2010.1.18〉

제23조(아동학대의 예방과 방지의무) ① 국가와 지방자치단체는 아동학대의 예방과 방지를 위하여 다음 각 호의 조치를 취하여야 한다.

1. 아동학대의 예방과 방지를 위한 각종 정책의 수립 및 시행
2. 아동학대의 예방과 방지를 위한 연구·교육·홍보 및 아동학대 실태조사
3. 아동학대에 관한 신고체제의 구축·운영
4. 그 밖에 대통령령으로 정하는 아동학대의 예방과 방지를 위한 사항

② 국가와 지방자치단체는 아동학대를 예방하고 수시로 신고를 받을 수 있도록 긴급전화를 설치하여야 한다. 이 경우 그 설치·운영에 관하여 필요한 사항은 대통령령으로 정한다.

③ 국가와 지방자치단체는 아동학대의 실태를 파악하고, 아동학대의 예방 및 방지에 관한 정책 수립을 위하여 5년마다 아동학대 실태조사를 실시하고 그 결과를 발표하여야 한다. 이 경우 아동학대 실태조사를 위하여 필요한 사항은 보건복지부령으로 정한다.
〈개정 2010.1.18〉

④ 국가와 지방자치단체는 제24조에 따른 아동보호전문기관의 장이 학대받은 아동의 보호, 치료 등의 업무를 수행함에 있어서 학대받은 아동, 그 보호자 또는 아동학대행위자에 대한 신분조회 등 필요한 조치의 협조를 요청할 경우 정당한 사유가 없는 한 이에 적극 응하여야 한다. [전문개정 2008.6.13]

제24조(아동보호전문기관의 설치 등) ① 국가는 아동학대예방사업을 활성화하고 지역간 연계체계를 구축하기 위하여 중앙아동보호전문기관을 둔다.

② 지방자치단체는 학대받은 아동의 발견, 보호, 치료에 대한 신속처리 및 아동학대예방을 담

당하는 지역아동보호전문기관을 시 · 도 및 시 · 군 · 구에 둔다.

③ 보건복지부장관, 시 · 도지사 및 시장 · 군수 · 구청장은 아동학대예방사업을 목적으로 하는 비영리법인을 지정하여 제1항 및 제2항에 따른 중앙아동보호전문기관, 지역아동보호전문기관의 운영을 위탁할 수 있다. 〈개정 2010.1.18〉

④ 아동보호전문기관의 설치기준과 운영, 상담원의 자격과 배치기준, 제3항에 따른 지정의 요건 등에 관하여 필요한 사항은 대통령령으로 정한다. [전문개정 2008.6.13]

제25조(아동보호전문기관의 업무) ① 중앙아동보호전문기관은 다음 각 호의 업무를 수행한다.

1. 지역아동보호전문기관에 대한 지원
2. 아동학대예방사업과 관련된 연구 및 자료발간
3. 효율적인 아동학대예방사업을 위한 연계체제 구축
4. 아동학대예방사업을 위한 프로그램 개발 및 평가
5. 상담원 직무교육, 아동학대예방 관련 교육 및 홍보
6. 아동보호전문기관 전산시스템 구축 및 운영
7. 그 밖에 대통령령으로 정하는 아동학대예방사업과 관련된 업무

② 지역아동보호전문기관은 다음 각 호의 업무를 수행한다.

1. 아동학대 신고접수, 현장조사 및 응급보호
2. 학대받은 아동, 아동학대행위자를 위한 상담 및 교육
3. 아동학대예방 교육 및 홍보
4. 학대가정의 사후관리
5. 아동학대사례판정위원회 설치 · 운영 및 자체사례회의 운영
6. 그 밖에 대통령령으로 정하는 아동학대예방사업과 관련된 업무 [전문개정 2008.6.13]

제26조(아동학대 신고의무와 절차) ① 누구든지 아동학대를 알게 된 때에는 아동보호전문기관 또는 수사기관에 신고할 수 있다.

② 다음 각호의 1에 해당하는 자는 그 직무상 아동학대를 알게 된 때에는 즉시 아동보호전문기관 또는 수사기관에 신고하여야 한다.
〈개정 2002.12.18, 2004.3.22, 2005.7.13, 2006.9.27, 2007.10.17〉

1. 「초 · 중등교육법」 제19조의 규정에 따른 교원
2. 「의료법」 제3조의 규정에 따른 의료기관에서 의료업을 행하는 의료인
3. 아동복지시설의 종사자 및 그 장
4. 「장애인복지법」 제48조의 규정에 따른 장애인복지시설에서 장애아동에 대한 상담 · 치료 · 훈련 또는 요양을 행하는 자
5. 「영유아보육법」 제10조의 규정에 따른 보육시설의 종사자
6. 「유아교육법」 제7조의 규정에 따른 유치원의 장, 교직원 및 종사자
7. 「학원의 설립 · 운영 및 과외교습에 관한 법률」 제6조의 규정에 따른 학원의 운영자 · 강사 · 직원 · 종사자 및 동법 제14조의 규정에 따른 교습소의 운영자 · 교습자 · 직원 · 종사자

8. 「소방기본법」 제35조의 규정에 따른 구급대의 대원
9. 「성매매방지 및 피해자보호 등에 관한 법률」 제5조 및 제10조의 규정에 따른 지원시설 및 성매매피해상담소의 장이나 그 종사자
10. 「한부모가족지원법」 제8조 및 제19조의 규정에 따른 한부모가족복지상담소의 상담원 및 한부모가족복지시설의 종사자
11. 「가정폭력방지 및 피해자보호 등에 관한 법률」 제5조 및 제7조의 규정에 따른 가정폭력 관련 상담소의 상담원 및 가정폭력 피해자보호시설의 종사자
12. 아동복지지도원 및 「사회복지사업법」 제14조의 규정에 따른 사회복지전담공무원

③ 신고인의 신분은 보호되어야 하며 그 의사에 반하여 신원이 노출되어서는 아니된다.

제26조의2(아동학대 신고의무자 교육) 관계 중앙행정기관의 장은 제26조제2항 각 호의 어느 하나에 해당하는 자의 자격취득 교육과정에 있어 아동학대예방 및 신고의무와 관련된 교육 내용을 포함하도록 하여야 한다. [본조신설 2005.7.13]

제27조(응급조치의무등) ① 아동학대신고를 접수한 아동보호전문기관 직원이나 사법경찰관리는 지체없이 아동학대의 현장에 출동하여야 하며, 아동학대행위자로부터의 격리 또는 치료가 필요한 때에는 아동보호전문기관 또는 치료기관의 인도에 필요한 조치를 하여야 한다.

② 아동학대의 신고를 접수한 아동보호전문기관이나 수사기관은 대통령령이 정하는 바에 따라 학대받은 아동의 보호와 학대의 방지를 위하여 제10조제1항제2호 내지 제4호의 규정에 의한 조치등을 의뢰할 수 있다.

제28조(보조인의 선임등) ① 법원의 심리과정에서 변호사, 법정대리인, 직계친족,형제자매, 아동보호전문기관의 상담원은 학대아동사건의 심리에 있어서 보조인이 될 수 있다. 다만, 변호사가 아닌 경우에는 법원의 허가를 받아야 한다.

② 법원은 아동학대의 피해자를 증인으로 신문하는 경우 검사, 피해자 또는 아동보호전문기관의 신청이 있는 때에는 피해자와 신뢰관계에 있는 자의 동석을 허가할 수 있다.

③ 수사기관이 피해자를 조사하는 경우에도 제1항 및 제2항과 같다.

제28조의2(가정위탁지원센터의 설치 등) ① 국가는 가정위탁사업을 활성화하고 지역간 연계체계를 구축하기 위하여 중앙가정위탁지원센터(이하 "중앙가정위탁지원센터"라 한다)를 둔다.

② 지방자치단체(시 · 도에 한한다. 이하 이 조에서 같다)는 보호를 필요로 하는 아동에 대한 가정위탁사업을 활성화하기 위하여 지역가정위탁지원센터(이하 "지역가정위탁지원센터"라 한다)를 둔다.

③ 보건복지부장관 및 시 · 도지사는 가정위탁지원을 목적으로 하는 비영리법인을 지정하여 제1항 및 제2항의 규정에 따른 중앙가정위탁지원센터 및 지역가정위탁지원센터(이하 "가정위탁지원센터"라 한다)의 운영을 위탁할 수 있다. 〈개정 2008.2.29, 2010.1.18〉

④ 가정위탁지원센터의 상담원의 자격 및 배치기준 등 설치기준과 운영, 제3항의 규정에 따른 지정의 요건 등에 관하여 필요한 사항은 대통령령으로 정한다. [본조신설 2005.7.13]

제28조의3(가정위탁지원센터의 업무) ① 중앙가정위탁지원센터는 다음 각 호의 업무를 수행한다.

1. 지역가정위탁지원센터에 대한 지원
2. 효과적인 가정위탁사업을 위한 연계체계 구축
3. 가정위탁사업과 관련된 연구 및 자료발간
4. 가정위탁사업을 위한 프로그램의 개발 및 평가
5. 상담원에 대한 교육 등 가정위탁에 관한 교육 및 홍보
6. 가정위탁사업을 위한 정보기반 구축 및 정보제공
7. 그 밖에 대통령령이 정하는 가정위탁사업과 관련된 업무

② 지역가정위탁지원센터는 다음 각 호의 업무를 수행한다.

1. 가정위탁사업의 홍보 및 위탁가정의 발굴
2. 가정위탁을 하고자 하는 가정 및 가정위탁 대상 아동의 조사
3. 가정위탁 부모의 교육
4. 가정위탁을 하는 가정의 사후관리
5. 그 밖에 대통령령이 정하는 가정위탁사업과 관련된 업무 [본조신설 2005.7.13]

제29조(금지행위) 누구든지 다음 각호의 1에 해당하는 행위를 하여서는 아니된다.

1. 아동의 신체에 손상을 주는 학대행위
2. 아동에게 성적 수치심을 주는 성희롱, 성폭행 등의 학대행위
3. 아동의 정신건강 및 발달에 해를 끼치는 정서적 학대행위
4. 자신의 보호 · 감독을 받는 아동을 유기하거나 의식주를 포함한 기본적 보호 · 양육 및 치료를 소홀히 하는 방임행위
5. 아동을 타인에게 매매하는 행위
6. 아동에게 음행을 시키거나 음행을 매개하는 행위
7. 장애를 가진 아동을 공중에 관람시키는 행위
8. 아동에게 구걸을 시키거나 아동을 이용하여 구걸하는 행위
9. 공중의 오락 또는 흥행을 목적으로 아동의 건강 또는 안전에 유해한 곡예를 시키는 행위
10. 정당한 권한을 가진 알선기관외의 자가 아동의 양육을 알선하고 금품을 취득하는 행위
11. 아동을 위하여 증여 또는 급여된 금품을 그 목적외의 용도에 사용하는 행위

제30조(조사등) ① 보건복지부장관, 시 · 도지사 또는 시장 · 군수 · 구청장은 필요하다고 인정할 때에는 관계공무원, 아동복지지도원으로 하여금 아동복지시설과 아동의 주소 · 거소, 아동의 고용장소 또는 제29조의 금지행위를 위반할 우려가 있는 장소에 출입하여 아동 또는 관계인에 대하여 필요한 조사를 하거나 질문을 하게 할 수 있다. 〈개정 2008.2.29, 2010.1.18〉

② 제1항의 경우 관계공무원, 아동복지지도원은 그 권한을 증명하는 증표를 제시하여야 한다.

제31조(비용보조) 국가 및 지방자치단체는 대통령령이 정하는 바에 의하여 다음 각호의 1에 해당하는 비용의 전부 또는 일부를 보조할 수 있다. 〈개정 2005.7.13〉

1. 아동복지시설의 설치 및 운영과 프로그램의 운용에 필요한 비용 또는 수탁보호중인 아동의 양육 및 보호관리에 필요한 비용

2. 보호를 필요로 하는 아동의 대리양육이나 가정위탁보호에 따른 비용
3. 아동복지사업의 지도 · 감독, 계몽 및 선전에 필요한 비용
4. 아동보호전문기관의 설치 · 운영에 소요되는 비용
4의2. 가정위탁지원센터의 설치 · 운영에 소요되는 비용
5. 제37조의 규정에 의한 아동복지단체의 지도 · 육성에 필요한 비용

제32조(비용의 징수) 시 · 도지사, 시장 · 군수 · 구청장 또는 아동복지시설의 장은 제10조제1항 제3호 내지 제5호, 동조 제2항의 보호조치 또는 제25조제1호의 학대받은 아동의 보호 및 치료에 필요한 비용의 전부 또는 일부를 대통령령이 정하는 바에 의하여 각각 그 본인 또는 그 부양의무자로부터 징수할 수 있다.

제33조(보조금의 반환명령) 국가 또는 지방자치단체는 아동복지시설의 장 등 보호수탁자, 가정위탁지원센터의 장, 대리양육자 및 제37조의 규정에 의한 아동복지단체의 장이 다음 각호의 1에 해당한 때에는 이미 교부한 보조금의 전부 또는 일부의 반환을 명할 수 있다.
〈개정 2005.7.13〉

1. 보조금의 교부조건에 위반한 때
2. 사위 기타 부정한 방법으로 보조금의 교부를 받은 때
3. 아동복지시설 또는 가정위탁지원센터의 경영에 관하여 개인의 영리를 도모하는 행위를 한 때
4. 이 법 또는 이 법에 의한 명령에 위반한 때
5. 보조금의 사용잔액이 있을 때

제34조(국유재산의 무상대여) ① 국가는 이 법에 의한 아동복지시설을 설치 · 운영하는 법인에 대하여 이 법에 의하여 위탁한 업무의 처리를 위하여 필요하다고 인정할 때에는 국유재산을 무상으로 대여할 수 있다.
② 제1항의 규정에 의한 대여의 대상 · 조건 및 절차에 관하여는 국유재산법의 규정을 적용한다.

제35조(면세) 아동복지시설에서 그 보호아동을 위하여 사용하는 건물 및 토지, 시설설치 및 운영에 소요되는 비용에 대하여는 조세특례제한법 기타 관계 법령이 정하는 바에 의하여 조세 기타의 공과금을 면제할 수 있다.

제36조(압류금지) 이 법에 의하여 지급된 금품과 이를 받을 권리는 압류하지 못한다.

제37조(아동복지단체의 육성) 국가 및 지방자치단체는 아동의 권리를 보장하고 복지증진을 목적으로 설립된 기관 및 단체(이하 "아동복지단체"라고 한다)를 지도 · 육성할 수 있다.

제38조(비밀누설의 금지) 아동복지사업 또는 아동보호전문기관을 포함하여 아동복지업무에 종사하였거나 종사하는 자는 그 직무상 지득한 비밀을 누설하지 못한다.

제39조(권한의 위임) 이 법에 의한 보건복지부장관 또는 시 · 도지사의 권한은 그 일부를 대통령령이 정하는 바에 의하여 시장 · 군수 · 구청장에게 위임할 수 있다.
〈개정 2008.2.29, 2010.1.18〉

제40조(벌칙) 제29조의 규정을 위반한 자는 다음 각 호의 구분에 따라 처벌한다.
〈개정 2005.7.13〉

1. 제5호 또는 제6호에 해당하는 행위를 한 자는 10년 이하의 징역 또는 5천만원 이하의 벌금에 처한다.
2. 제1호 내지 제4호, 제7호 및 제8호에 해당하는 행위를 한 자는 5년 이하의 징역 또는 3천만원 이하의 벌금에 처한다.
3. 제10호 또는 제11호에 해당하는 행위를 한 자는 3년 이하의 징역 또는 2천만원 이하의 벌금에 처한다.
4. 제9호에 해당하는 행위를 한 자는 1년 이하의 징역 또는 500만원 이하의 벌금에 처한다.

제40조의2(상습범) 상습으로 제40조 각호의 죄를 범한 자는 그 죄에 정한 형의 2분의 1까지 가중한다. [본조신설 2004.1.29]

제41조(벌칙) 다음 각 호의 어느 하나에 해당하는 자는 1년 이하의 징역 또는 500만원 이하의 벌금에 처한다. 〈개정 2005.7.13〉

1. 제14조제2항의 규정에 의한 신고를 하지 아니하고 아동복지시설을 설치한 자
2. 제30조제1항의 규정에 의한 조사를 거부 · 방해 또는 기피하거나 질문에 대하여 답변을 거부 · 기피 또는 허위답변을 하거나, 아동에게 답변을 거부 · 기피 또는 허위답변을 하게 하거나 그 답변을 방해한 자
3. 허위서류를 작성하여 제19조제2항의 규정에 의한 아동복지시설종사자의 자격을 인정받은 자
4. 제21조의 규정에 의하여 시설폐쇄명령, 위탁의 취소 또는 사업의 정지명령을 받고 사업을 계속한 자
5. 제38조의 규정을 위반한 자

제42조(미수범) 제40조제1호의 미수범은 처벌한다.

제43조(양벌규정) 법인의 대표자 또는 법인이나 개인의 대리인, 사용인 기타의 종업원이 그 법인 또는 개인의 업무에 관하여 제40조 또는 제41조의 위반행위를 한 때에는 그 행위자를 벌하는 외에 그 법인 또는 개인에 대하여도 각 해당조의 벌금형을 과한다.

부칙 〈제10339호, 2010. 6. 4〉

제1조(시행일) 이 법은 공포 후 1개월이 경과한 날부터 시행한다. 〈단서 생략〉

제2조 및 제3조 생략

제4조(다른 법률의 개정) ① 부터 〈51〉 까지 생략

〈52〉 아동복지법 일부를 다음과 같이 개정한다.

제4조의2제3항제1호 중 "노동부장관"을 "고용노동부장관"으로 한다.

〈53〉 부터 〈82〉 까지 생략

제5조 생략

유아교육법

[시행 2010. 3.24] [법률 제10176호, 2010. 3.24, 일부개정]

제1장 총칙

제1조(목적) 이 법은 「교육기본법」 제9조에 따라 유아교육에 관한 사항을 정함을 목적으로 한다. 〈개정 2010.3.24〉

제2조(정의) 이 법에서 사용하는 용어의 뜻은 다음 각호와 같다. 〈개정 2010.3.24〉

1. "유아"란 만 3세부터 초등학교 취학전까지의 어린이를 말한다.
2. "유치원"이란 유아의 교육을 위하여 이 법에 따라 설립 · 운영되는 학교를 말한다.
3. "보호자"란 친권자 · 후견인 그 밖의 자로서 유아를 사실상 보호하는 자를 말한다.
4. "반일제"란 1일 3시간 이상 5시간 미만의 교육과정을 말한다.
5. "시간연장제"란 1일 5시간 이상 8시간 미만의 교육과정을 말한다.
6. "종일제"란 1일 8시간 이상의 교육과정을 말한다.

제3조(책임) 국가 및 지방자치단체는 보호자와 더불어 유아를 건전하게 교육할 책임을 진다.

제4조(유아교육 · 보육위원회) ① 유아교육 및 「영유아보육법」 제2조에 따른 보육에 관한 다음 각호의 사항을 심의하기 위하여 국무총리 소속으로 유아교육 · 보육위원회를 둔다. 〈개정 2010.3.24〉

1. 유아교육 및 보육에 관한 기본계획
2. 유치원과 보육시설간의 연계운영
3. 그 밖에 위원장이 회의에 부치는 사항

② 제1항에 따른 위원회는 위원장을 포함한 11명의 위원으로 구성하되, 위원장은 국무조정실장이 되고 위원은 다음 각 호에 해당하는 사람이 된다. 〈개정 2005.3.24, 2008.2.29, 2010.1.18, 2010.3.24〉

1. 기획재정부차관 · 교육과학기술부차관 · 보건복지부차관 및 여성가족부차관
2. 교육과학기술부차관 · 보건복지부차관 및 여성가족부차관이 추천하여 국무총리실장이 위촉하는 유아교육계 · 보육계 및 여성계를 대표하는 사람 각 2명

③ 제1항에 따른 위원회의 구성 및 운영에 필요한 사항은 대통령령으로 정한다. 〈개정 2010.3.24〉

제5조(유아교육위원회) ① 유아교육에 관한 정책, 사업의 기획 · 조사 등에 관한 사항을 심의하기 위하여 교육과학기술부에 중앙유아교육위원회를 두고, 특별시 · 광역시 · 도 및 특별자치도(이하 "시 · 도"라 한다) 교육청에 시 · 도 유아교육위원회를 둔다. 〈개정 2008.2.29, 2010.3.24〉

② 중앙유아교육위원회와 시 · 도 유아교육위원회는 유아교육전문가, 유치원대표, 유치원교사대표, 학부모대표 및 관계공무원 등으로 구성한다. 〈개정 2010.3.24〉

③ 중앙유아교육위원회와 시 · 도 유아교육위원회의 조직 · 운영 등에 필요한 사항은 대통령

령으로 정한다. 〈개정 2010.3.24〉

제6조(유아교육진흥원) ① 국가 및 지방자치단체는 유아교육에 관한 연구와 정보제공, 프로그램 및 교재 개발, 유치원교원 연수 및 평가를 담당하는 유아교육진흥원을 설치하거나 해당 업무를 교육관련연구기관 등에 위탁할 수 있다. 〈개정 2010.3.24〉

② 제1항에 따른 유아교육진흥원의 설치 · 운영 및 위탁 등에 필요한 사항은 대통령령으로 정한다. 〈개정 2010.3.24〉

제2장 유치원의 설립 등

제7조(유치원의 구분) 유치원은 다음 각호와 같이 구분한다. 〈개정 2010.3.24〉

1. 국립유치원 : 국가가 설립 · 경영하는 유치원
2. 공립유치원 : 지방자치단체가 설립 · 경영하는 유치원(설립주체에 따라 시립유치원과 도립유치원으로 구분할 수 있다)
3. 사립유치원 : 법인 또는 사인(私人)이 설립 · 경영하는 유치원

제8조(유치원의 설립 등) ①유치원을 설립하려는 자는 시설 · 설비 등 대통령령으로 정하는 설립기준을 갖추어야 한다. 〈개정 2010.3.24〉

② 사립유치원을 설립하려는 자는 특별시 · 광역시 · 도 및 특별자치도 교육감(이하 "교육감"이라 한다)의 인가를 받아야 한다. 〈개정 2010.3.24〉

③ 사립유치원을 설립 · 경영하는 자가 유치원을 폐쇄하려는 경우나 대통령령으로 정하는 중요사항을 변경하려는 경우에는 교육감의 인가를 받아야 한다. 〈개정 2010.3.24〉

제9조(유치원의 병설) 유치원은 「초 · 중등교육법」 제2조에 따른 초등학교 · 중학교 및 고등학교에 병설될 수 있다. 〈개정 2010.3.24〉

제10조(유치원규칙) ① 유치원의 장(유치원을 설립하는 경우에는 해당 유치원을 설립하려는 자를 말한다. 이하 "원장"이라 한다)은 법령의 범위에서 지도 · 감독기관(국립유치원인 경우에는 교육과학기술부장관, 공립 · 사립유치원인 경우에는 교육감을 말한다. 이하 "관할청"이라 한다)의 인가를 받아 유치원규칙을 제정할 수 있다. 〈개정 2008.2.29, 2010.3.24〉

② 유치원규칙의 기재사항 및 제정절차 등에 관하여 필요한 사항은 대통령령으로 정한다.

제11조(입학연령) 유치원에 입학할 수 있는 사람은 유아로 한다. 〈개정 2010.3.24〉

제12조(학년도 등) ① 유치원의 학년도는 3월 1일부터 다음해 2월 말일까지로 한다.

② 유치원은 보호자의 요구 및 지역실정에 따라 반일제 · 시간연장제 · 종일제 등을 운영할 수 있다.

③ 유치원의 학기 · 수업일수 · 학급편성 · 휴업일 및 반의 편성 · 운영 등에 필요한 사항은 대통령령으로 정한다. 〈개정 2010.3.24〉

제13조(교육과정 등) ① 유치원은 교육과정을 운영하여야 한다.

② 교육과학기술부장관은 제1항에 따른 교육과정의 기준과 내용에 관한 기본적인 사항을 정하며, 교육감은 교육과학기술부장관이 정한 교육과정의 범위에서 지역 실정에 적합한 기준과 내용을 정할 수 있다. 〈개정 2008.2.29, 2010.3.24〉

③ 교육과학기술부장관은 유치원의 교육과정 운영을 위한 프로그램 및 교재를 개발하여 보급할 수 있다. 〈개정 2008.2.29〉

제14조(유치원생활기록) 원장은 유아의 생활지도 및 초등학교 교육과의 연계지도에 활용할 수 있도록 유아의 발달 등을 종합적으로 관찰하고 평가하여 교육과학기술부장관이 정하는 기준에 따라 생활기록부를 작성 · 관리하여야 한다. 〈개정 2008.2.29, 2010.3.24〉

제15조(특수학교 등) ① 특수학교는 신체적 · 정신적 · 지적 장애 등으로 특수교육이 필요한 유아에게 유치원에 준하는 교육과 실생활에 필요한 지식 · 기능 및 사회적응 교육을 하는 것을 목적으로 한다. 〈개정 2010.3.24〉

② 국가 및 지방자치단체는 특수교육이 필요한 유아가 유치원에서 교육을 받으려는 경우에는 따로 입학절차 · 교육과정 등을 마련하는 등 유치원과의 통합교육 실시에 필요한 시책을 마련하여야 한다. 〈개정 2010.3.24〉

제16조(외국인유치원) ① "외국인유치원"이란 국내에 체류중인 외국인의 자녀를 교육하기 위하여 설립된 유치원을 말하며, 외국인유치원에 대하여는 제11조부터 제14조까지, 제17조, 제18조제2항, 제19조, 제22조, 제24조부터 제26조까지, 제26조의2부터 제26조의5까지 및 제27조를 적용하지 아니한다. 〈개정 2010.3.24〉

② 외국인유치원의 설립기준 · 교육과정 · 수업연한 · 학력인정과 그 밖에 설립 · 운영에 필요한 사항은 대통령령으로 정한다. 〈개정 2010.3.24〉

제17조(건강검진 및 급식) ① 원장은 교육하고 있는 유아에 대하여 건강검진을 실시하고, 그 결과 치료가 필요한 유아에게는 보호자와 협의하여 필요한 조치를 하여야 한다. 〈개정 2010.3.24〉

② 원장은 교육하고 있는 해당 유치원의 유아에게 적합한 급식을 할 수 있다. 〈개정 2010.3.24〉

③ 제1항에 따른 건강검진의 실시시기 및 그 결과처리에 관한 사항과 제2항에 따른 급식 시설 · 설비기준 등에 관하여 필요한 사항은 교육과학기술부령으로 정한다. 〈개정 2008.2.29, 2010.3.24〉

제18조(지도 · 감독) ① 국립유치원은 교육과학기술부장관의 지도 · 감독을 받으며, 공립 · 사립유치원은 교육감의 지도 · 감독을 받는다. 〈개정 2008.2.29, 2010.3.24〉

② 교육과학기술부장관과 교육감은 유아교육을 충실히 하기 위하여 유치원의 교육과정 운영에 대한 장학지도를 할 수 있다. 〈개정 2008.2.29, 2010.3.24〉

제19조(평가) ① 교육과학기술부장관은 유아교육을 효율적으로 하기 위하여 필요하면 유치원 운영실태 등에 대한 평가를 할 수 있다. 〈개정 2008.2.29, 2010.3.24〉

② 제1항에 따른 평가의 대상 · 기준 및 절차와 평가결과의 공개 등에 필요한 사항은 대통령령으로 정한다. 〈개정 2010.3.24〉

제3장 교직원

제20조(교직원의 구분) ① 유치원에는 교원으로 원장 · 원감 및 교사를 두되, 대통령령으로 정

하는 일정 규모 이하의 유치원에는 원감을 두지 아니할 수 있다. 〈개정 2010.3.24〉

② 유치원에는 교원외에 촉탁의사, 영양사, 간호사 또는 간호조무사, 행정직원 등을 둘 수 있다.

③ 유치원에 두는 교원과 직원(이하 "교직원"이라 한다)의 정원 · 배치기준 등에 관하여 필요한 사항은 대통령령으로 정한다.

제21조(교직원의 임무) ① 원장은 원무를 총괄하고 소속교직원을 지도 · 감독하며 해당 유치원의 유아를 교육한다. 〈개정 2010.3.24〉

② 원감은 원장을 보좌하여 원무를 관리하고 해당 유치원의 유아를 교육하며, 원장이 부득이한 사유로 직무를 수행할 수 없을 때에는 그 직무를 대행한다. 다만, 원감을 두지 아니하는 유치원은 원장이 미리 지명한 교사가 그 직무를 대행한다. 〈개정 2010.3.24〉

③ 교사는 법령에서 정하는 바에 따라 해당 유치원의 유아를 교육한다. 〈개정 2010.3.24〉

④ 행정직원 등 직원은 원장의 명을 받아 유치원의 행정사무와 그 밖의 사무를 담당한다.

제22조(교원의 자격) ① 원장 및 원감은 별표 1의 자격기준에 해당하는 사람으로서 대통령령으로 정하는 바에 따라 교육과학기술부장관이 검정 · 수여하는 자격증을 받은 사람이어야 한다. 〈개정 2008.2.29, 2010.3.24〉

② 교사는 정교사(1급 · 2급) · 준교사로 나누되, 별표 2의 자격기준에 해당하는 사람으로서 대통령령으로 정하는 바에 따라 교육과학기술부장관이 검정 · 수여하는 자격증을 받은 사람이어야 한다. 〈개정 2008.2.29, 2010.3.24〉

③~⑤ 삭제 〈2010.3.24〉

제23조(강사 등) ① 유치원에는 교육과정 운영에 필요한 경우 제20조제1항에 따른 교원외에 강사, 기간제 교사 또는 명예교사 등을 두어 유아교육을 담당하거나 보조하게 할 수 있다. 〈개정 2010.3.24〉

② 제1항에 따라 유치원에 두는 강사 등의 종류 · 자격기준 및 임용 등에 필요한 사항은 대통령령으로 정한다. 〈개정 2010.3.24〉

제4장 비용

제24조(무상교육) ① 초등학교 취학직전 1년의 유아교육은 무상으로 하되, 대통령령으로 정하는 바에 따라 순차적으로 실시한다. 〈개정 2010.3.24〉

② 제1항에 따라 무상으로 실시하는 유아교육에 드는 비용은 국가 및 지방자치단체가 부담하되, 유아의 보호자에게 지원하는 것을 원칙으로 한다. 〈개정 2010.3.24〉

③ 제2항에 따른 지원방법 등에 관하여 필요한 사항은 교육과학기술부령으로 정한다. 〈개정 2008.2.29, 2010.3.24〉

제25조(교육비용 등) ① 유치원의 설립 · 경영자는 교육과학기술부령으로 정하는 바에 따라 수업료 등의 교육비용과 그 밖의 납부금을 받을 수 있다. 이 경우 다음 각 호의 기준에 따라 교육비용과 그 밖의 납부금을 달리 정할 수 있다. 〈개정 2008.2.29, 2010.3.24〉

1. 제12조제2항에 따른 유치원의 이용형태
2. 교육 대상인 유아가 「국민기초생활 보장법」에 따른 수급권자의 자녀인지 여부

3. 해당 지역이 저소득층 밀집지역 또는 농어촌지역 등 사회적 취약지역인지 여부

② 제1항제3호에 따른 사회적 취약지역의 결정기준에 대하여는 대통령령으로 정하고, 교육비용과 그 밖의 납부금 징수방법 등에 필요한 사항은 교육과학기술부령으로 정한다. 〈개정 2008.2.29, 2010.3.24〉

제26조(비용의 부담 등) ① 국가 및 지방자치단체는 제24조제1항에 따른 무상교육 대상이 아닌 유아 중에서 「국민기초생활 보장법」에 따른 수급권자와 대통령령으로 정하는 저소득층 자녀의 유아교육에 필요한 비용의 전부 또는 일부를 예산의 범위에서 부담하되, 유아의 보호자에게 지원하는 것을 원칙으로 한다. 〈개정 2010.3.24〉

② 제1항에 따른 지원의 방법 등에 관하여 필요한 사항은 교육과학기술부령으로 정한다. 〈개정 2008.2.29, 2010.3.24〉

③국가 및 지방자치단체는 대통령령으로 정하는 바에 따라 사립유치원의 설립 및 유치원교사의 인건비 등 운영에 드는 경비의 전부 또는 일부를 보조한다. 〈개정 2010.3.24〉

제26조의2(비용 지원의 신청) ① 유아의 보호자는 제24조제2항 및 제26조제1항에 따라 유아교육을 위한 비용 지원을 신청할 수 있다.

② 제1항에 따른 신청을 할 때에는 다음 각 호의 자료 또는 정보의 제공에 대한 보호자 및 그 가구원의 동의 서면을 제출하여야 한다.

1. 「금융실명거래 및 비밀보장에 관한 법률」 제2조제2호 및 제3호에 따른 금융자산 및 금융거래의 내용에 대한 자료 또는 정보 중 예금의 평균잔액과 그 밖에 대통령령으로 정하는 자료 또는 정보(이하 "금융정보"라 한다)
2. 「신용정보의 이용 및 보호에 관한 법률」 제2조제1호에 따른 신용정보 중 채무액과 그 밖에 대통령령으로 정하는 자료 또는 정보(이하 "신용정보"라 한다)
3. 「보험업법」 제4조제1항 각 호에 따른 보험에 가입하여 납부한 보험료와 그 밖에 대통령령으로 정하는 보험 관련 자료 또는 정보(이하 "보험정보"라 한다)

③ 제1항에 따른 비용 지원의 신청 방법 · 절차 및 제2항에 따른 동의의 방법 · 절차 등에 필요한 사항은 교육과학기술부령으로 정한다. [본조신설 2010.3.24]

제26조의3(금융정보등의 제공) ① 교육과학기술부장관 또는 교육감은 제24조제2항 및 제26조제1항에 따라 유아교육을 위한 비용을 지원할 때에는 제26조의2에 따른 비용 지원을 신청한 자(이하 "비용 지원 신청자"라 한다) 및 그 가구원의 재산을 평가하기 위하여 「금융실명거래 및 비밀보장에 관한 법률」 제4조제1항과 「신용정보의 이용 및 보호에 관한 법률」 제32조제2항에도 불구하고 비용 지원 신청자 및 그 가구원이 제26조의2제2항에 따라 제출한 동의 서면을 전자적 형태로 바꾼 문서로 금융회사 등(「금융실명거래 및 비밀보장에 관한 법률」 제2조제1호에 따른 금융기관, 「신용정보의 이용 및 보호에 관한 법률」 제2조제6호에 따른 신용정보집중기관을 말한다. 이하 같다)의 장에게 금융정보 · 신용정보 또는 보험정보(이하 "금융정보등"이라 한다)의 제공을 요청할 수 있다.

② 제1항에 따라 금융정보등의 제공을 요청받은 금융회사 등의 장은 「금융실명거래 및 비밀

보장에 관한 법률」 제4조제1항과 「신용정보의 이용 및 보호에 관한 법률」 제32조제1항 및 제3항에도 불구하고 명의인의 금융정보등을 제공하여야 한다.

③ 제2항에 따라 금융정보등을 제공한 금융회사 등의 장은 금융정보등의 제공사실을 명의인에게 통보하여야 한다. 다만, 명의인의 동의가 있는 경우에는 「금융실명거래 및 비밀보장에 관한 법률」 제4조의2제1항과 「신용정보의 이용 및 보호에 관한 법률」 제32조제5항에도 불구하고 통보하지 아니할 수 있다.

④ 제1항 및 제2항에 따른 금융정보등의 제공요청 및 제공은 「정보통신망 이용촉진 및 정보보호 등에 관한 법률」 제2조제1항제1호에 따른 정보통신망을 이용하여야 한다. 다만, 정보통신망의 손상 등 불가피한 경우에는 그러하지 아니하다.

⑤ 제1항 및 제2항에 따른 업무에 종사하거나 종사하였던 자와 제29조에 따라 권한을 위임 또는 위탁받거나 받았던 자는 업무를 수행하면서 취득한 금융정보등을 이 법에서 정한 목적 외의 다른 용도로 사용하거나 다른 사람 또는 기관에 제공하거나 누설하여서는 아니 된다.

⑥ 제1항, 제2항 및 제4항에 따른 금융정보등의 제공요청 및 제공 등에 필요한 사항은 대통령령으로 정한다. [본조신설 2010.3.24]

제26조의4(조사 · 질문) ① 교육과학기술부장관 또는 교육감은 비용 지원 신청자 또는 지원이 확정된 자에게 비용 지원대상 자격확인을 위하여 필요한 서류나 그 밖의 소득 및 재산 등에 관한 자료의 제출을 요구할 수 있으며, 지원대상 자격확인을 위하여 필요한 자료 확보가 곤란하거나 제출한 자료가 거짓 등의 자료라고 판단되는 경우 소속 공무원으로 하여금 관계인에게 필요한 질문을 하게 하거나, 비용 지원 신청자 및 지원이 확정된 자의 동의를 받아 주거 또는 그 밖의 필요한 장소에 출입하여 서류 등을 조사하게 할 수 있다.

② 교육과학기술부장관 또는 교육감은 제1항에 따른 조사 또는 비용 지원업무를 수행하기 위하여 필요한 국세 · 지방세, 토지 · 건물 또는 건강보험 · 국민연금 · 고용보험 · 산업재해보상보험 등에 관한 자료의 제공을 관계 기관의 장에게 요청할 수 있다. 이 경우 자료의 제공을 요청받은 관계 기관의 장은 특별한 사유가 없으면 이에 따라야 한다.

③ 제1항에 따라 출입 · 조사 또는 질문을 하는 자는 그 권한을 표시하는 증표를 지니고 이를 관계인에게 내보여야 한다.

④ 교육과학기술부장관 또는 교육감은 비용 지원 신청자 또는 지원이 확정된 자가 제1항에 따른 서류 또는 자료의 제출을 거부하거나 조사 또는 질문을 거부 · 방해 또는 기피하는 경우에는 제26조의2에 따른 비용 지원의 신청을 각하하거나 지원결정을 취소 · 중지 또는 변경할 수 있다.

⑤ 제1항에 따른 출입 · 조사 또는 질문의 범위 · 시기 및 내용에 관하여 필요한 사항은 교육과학기술부령으로 정한다. [본조신설 2010.3.24]

제26조의5(무상교육 및 비용부담 업무의 전자화) ① 교육과학기술부장관과 교육감은 제24조제1항과 제26조제1항 및 제3항의 업무를 효율적으로 처리하기 위한 전자시스템을 구축 · 운

영할 수 있다.

② 제1항에 따른 전자시스템은 「사회복지사업법」 제6조의2에 따른 시스템과 연계하여 활용될 수 있다. [본조신설 2010.3.24]

제27조(종일제 운영 등에 대한 지원) 국가 및 지방자치단체는 종일제를 운영하거나 제12조제3항에 따라 대통령령으로 정하는 수업일수를 초과하여 운영하는 유치원에 대하여는 대통령령으로 정하는 바에 따라 운영에 드는 경비를 보조할 수 있다. 〈개정 2010.3.24〉

제28조(보조금의 반환) 국가 및 지방자치단체는 사립유치원의 장이 다음 각 호의 어느 하나에 해당하는 경우에는 이미 지급한 보조금의 전부 또는 일부의 반환을 명할 수 있다.
〈개정 2010.3.24〉

1. 유치원 목적외에 보조금을 사용한 경우
2. 거짓이나 그 밖의 부정한 방법으로 보조금을 지급받은 경우
3. 제22조에 따른 교원자격기준을 갖추지 아니한 사람을 교원으로 임용한 경우

제5장 보칙 및 벌칙

제29조(권한 등의 위임 및 위탁) ① 이 법에 따른 교육과학기술부장관의 권한은 대통령령으로 정하는 바에 따라 그 일부를 교육감에게 위임할 수 있다.

② 이 법에 따른 교육과학기술부장관 및 교육감의 업무는 대통령령으로 정하는 바에 따라 그 일부를 보건복지부장관 또는 지방자치단체의 장에게 위탁할 수 있다.
[전문개정 2010.3.24]

제30조(시정 또는 변경 명령) ① 관할청은 유치원이 시설 · 설비, 교육과정 운영 및 그 밖의 사항에 관하여 교육관계법령 또는 이에 따른 명령이나 유치원규칙을 위반한 경우에는 원장 또는 그 설립 · 경영자에게 기간을 정하여 그 시정 또는 변경을 명할 수 있다. 〈개정 2010.3.24〉

② 관할청은 제1항에 따른 시정 또는 변경 명령을 받은 자가 정당한 사유없이 지정된 기간에 이를 이행하지 아니하면 대통령령으로 정하는 바에 따라 해당 유치원의 정원감축, 학급감축 또는 유아모집정지 등의 조치를 할 수 있다. 〈개정 2010.3.24〉

제31조(휴업 및 휴원 명령) ①관할청은 재해 등의 긴급한 사유로 정상적인 교육이 불가능하다고 인정하는 경우에는 원장에게 휴업을 명할 수 있다.

② 제1항에 따른 명령을 받은 원장은 지체없이 휴업을 하여야 한다. 〈개정 2010.3.24〉

③ 관할청은 원장이 제1항에 따른 명령에도 불구하고 휴업을 하지 아니하거나 특별히 긴급한 사유가 있는 경우에는 휴원처분을 할 수 있다. 〈개정 2010.3.24〉

④ 제1항과 제2항에 따라 휴업된 유치원은 휴업기간중 해당 유치원에서 교육받는 유아의 등교와 교육이 정지되며, 제3항에 따라 휴원된 유치원은 휴원기간중 단순한 관리업무 외에 유치원의 모든 기능이 정지된다. 〈개정 2010.3.24〉

제32조(유치원의 폐쇄) ① 관할청은 유치원이 다음 각 호의 어느 하나에 해당하여 정상적인 교육과정 운영이 불가능한 경우에는 그 폐쇄를 명할 수 있다. 〈개정 2010.3.24〉

1. 원장 또는 설립 · 경영자가 고의 또는 중대한 과실로 이 법 또는 이 법에 따른 명령을 위반

한 경우

2. 원장 또는 설립 · 경영자가 이 법 또는 그 밖의 교육관계법령에 따른 관할청의 명령을 3회 이상 위반한 경우

3. 휴업기간을 제외하고 계속하여 3개월 이상 교육과정을 운영하지 아니한 경우

② 관할청은 제8조제2항에 따른 유치원 설립인가를 받지 아니하고 유치원의 명칭을 사용한 자에 대하여 그 시설의 폐쇄를 명할 수 있다. 〈개정 2010.3.24〉

제33조(청문) 관할청은 제32조에 따라 유치원 또는 시설의 폐쇄를 명하려면 청문을 하여야 한다 〈개정 2010.3.24〉

제34조(벌칙) ① 제26조의3제5항을 위반하여 금융정보등을 이 법에서 정한 목적 외의 다른 용도로 사용하거나 다른 사람 또는 기관에 제공하거나 누설한 자는 5년 이하의 징역 또는 3천만원 이하의 벌금에 처한다. 〈신설 2010.3.24〉

② 다음 각 호의 어느 하나에 해당하는 자는 3년 이하의 징역 또는 2천만원 이하의 벌금에 처한다. 〈개정 2010.3.24〉

1. 제8조제2항에 따른 유치원 설립인가를 받지 아니하고 유치원을 운영한 자
2. 제8조제3항을 위반하여 폐쇄인가 또는 변경인가를 받지 아니한 자
3. 거짓이나 그 밖의 부정한 방법으로 제8조제2항 또는 제3항에 따른 유치원의 설립인가 · 폐쇄인가 또는 변경인가를 받은 자

③다음 각 호의 어느 하나에 해당하는 자는 1년 이하의 징역 또는 500만원 이하의 벌금에 처한다. 〈개정 2010.3.24〉

1. 제30조제1항에 따른 명령을 위반한 자
2. 제32조제1항에 따른 명령을 위반한 자

부칙 〈제10176호, 2010. 3.24〉

이 법은 공포한 날부터 시행한다.

저자소개

이은화(李恩和)
이화여자대학교 졸업
미국 George Peabody 대학교 대학원 석사(유아교육)
연세대학교 대학원 박사(교육학)
전 : 이화여자대학교 유아교육학과 교수

이경우(李京雨)
이화여자대학교 대학원 석사
미국 Bryn Mawr 대학교 대학원 석사(유아교육)
미국 Temple 대학교 대학원 박사(유아교육)
전 : 이화여자대학교 유아교육학과 교수

유희정(柳熙貞)
이화여자대학교 졸업
중앙대학교 대학원 석사(유아교육)
이화여자대학교 대학원 박사(유아교육)
현재 : 한국여성개발원 기획조정본부 본부장

문미옥(文美玉)
이화여자대학교 대학원 석사(유아교육)
이화여자대학교 대학원 박사(유아교육)
현재 : 서울여자대학교 아동학과 교수

조한숙(趙漢淑)
가톨릭대학교 교육대학원 석사(유아교육전공)
가톨릭대학교 일반대학원 박사(아동학 전공)
현재 : 가톨릭대학교 강사

개정

유아를 위한 복지의 이론과 실제

초 판 1쇄 발행 1999년 8월 6일
12쇄 발행 2010년 8월 28일
개정판 1쇄 발행 2011년 2월 18일
개정판 3쇄 발행 2016년 1월 8일

지 은 이 | 이은화 · 이경우 · 유희정 · 문미옥 · 조한숙
펴 낸 이 | 김기섭
책임편집 | 박연순
펴 낸 곳 | 창지사 www.changjisa.com
153-802 서울시 금천구 가산디지털 1로 83 파트너스타워1차 (9F, B1F)
전화 (02)719-2211~3
팩스 (02)701-9386
등 록 | 1977년 4월 28일 · 제1-421호

ISBN 978-89-426-0584-2 (93370)
값 15,000원